Les secrets de l'Apocalypse

© Édition°1, 1999

GÉRARD BODSON

LES SECRETS DE L'APOCALYPSE

EDIT1IONS

Remerciements

Je tiens à remercier tout particulièrement Anne Akrich pour sa précieuse collaboration.
Une pensée aussi pour André Journo qui a bien voulu consacrer de longues heures à m'éclairer, à *nous* soutenir de ses conseils.

PROLOGUE

Tout ce qui arrive d'important à n'importe qui était imprévu et imprévisible. Lorsqu'on s'est guéri de la curiosité, il reste sans doute à se guérir aussi de la prudence.

Rien ne pourrait mieux résumer cette folle aventure que ces mots. L'imprévu initia cet ouvrage ; l'imprudence nous a permis d'aller de l'avant. La petite équipe de chercheurs qui m'a entouré quatre années durant est composée de trois hommes et d'une femme, certes grandement qualifiés en leur domaine respectif, mais que rien n'avait préparés à un tel travail. Ce qui, au départ, ressemblait à une sorte de défi se transforma progressivement en une véritable passion. Et cette passion bouleversa notre existence ; parfois à notre insu, parfois en pleine conscience.

Aujourd'hui encore, je ne sais pas si nous avons ouvert une brèche dans le mur du temps, je ne sais pas si ce que nous y avons entrevu, dans le passé et dans l'avenir, peut s'inscrire dans le livre des certitudes « scientifiques », tout ce que je sais, c'est que pour Myriam la théologienne, David l'informaticien, Jean-Pierre le sémiologue, Dimitri l'historien et moi-même, plus rien ne sera pareil, plus jamais nous ne verrons le monde avec le même regard. Nous avons connu des moments de doute, de découragement profond, des heures d'exaltation proches du bonheur, notre vie familiale s'en est trouvée bouleversée, nos amitiés en ont souffert, et nous-mêmes avons failli plus d'une fois nous déchirer irrémédiablement. Mais ce livre est là.

Au début, il ne fut jamais question dans nos esprits d'envisager de publication à ces travaux et ce, pour une raison précise. Compte tenu de nos découvertes, compte tenu du fait qu'elles concernaient le sort de milliards d'individus, nous estimions que nous n'avions pas le droit de semer le trouble dans les esprits, de provoquer un sentiment d'angoisse, voire de frayeur.

Il a fallu qu'un événement se produise au cours du mois de septembre 1998, pour que notre décision fût remise en question. Cet événement – dont nous reparlerons plus tard et qui a été relaté par la presse internationale – fut suffisamment grave pour provoquer un débat entre nous : fallait-il publier ou non ? Nous étions cinq. Trois d'entre nous optèrent pour la publication. Nous vous livrons donc tel quel l'ensemble des notes que j'ai commencé à recueillir à partir du jour où j'ai senti que le jeu n'avait plus rien de ludique. Pour éviter que la lecture ne fût trop ardue, trop hermétique et à la demande de l'éditeur, le style en a été quelque peu remanié ; mais l'essentiel est reproduit dans son intégralité. En fin d'ouvrage, nous avons jugé utile d'inclure le texte original de l'Apocalypse, ainsi que l'alphabet hébreu avec ses correspondances numériques. Et cela, dans un souci de clarté.

À ce propos, nous aimerions prévenir le lecteur qui voudra bien parcourir ces pages qu'il rencontrera – comme nous – certains passages parfois plus difficiles à la compréhension que d'autres : surtout qu'il ne se décourage pas. Pour rendre la découverte de ce livre accessible à tous, nous nous sommes efforcés de gommer, chaque fois que cela fut possible, les termes et les expressions qui n'auraient trouvé d'écho qu'auprès d'un petit groupe d'initiés. Mais cette volonté de transparence n'a pu être accomplie de façon systématique et pour l'ensemble de l'ouvrage. Qu'on nous pardonne donc les « moments difficiles ». Mais, après tout, un lecteur ne devrait-il pas aller aussi à la rencontre du livre ?

Qu'est-ce que l'Apocalypse ?

L'Apocalypse (du grec *apokalupsis*, révélation) est le dernier des livres du Nouveau Testament. Le soixante-sixième[1].

---
1. Voir le texte intégral en fin d'ouvrage.

Il s'agit indiscutablement du livre le plus mystérieux, le plus déconcertant, le plus complexe d'entre tous les livres que contient la Bible.

Peu d'écrits sacrés ont frappé autant l'imaginaire. Non sans raison : l'Apocalypse passe pour détenir les secrets de la fin de l'humanité, de la même façon que la Genèse contiendrait l'histoire de ses origines. La violence des visions exprimées, l'utilisation répétée de symboles, denses et souvent confus, l'atmosphère dramatique et les scènes grandioses qui y sont décrites, ont contribué à faire de l'Apocalypse une véritable énigme.

Selon la tradition la plus répandue cette « Révélation » aurait été rédigée en langue grecque, aux alentours de l'an 95 par l'apôtre Jean, exilé sur l'île de Patmos sous le règne de l'empereur Domitien (81-96). Revenu à Éphèse sous Nerva (96-98), c'est là qu'il serait mort, au début du règne de Trajan (98-117).

Qui est Jean ?

Fils de Zébédée et de Salomé, né à Bethsaïde, il exerçait le métier de pêcheur. Avant le ministère de Jésus, il semble probable qu'il ait été d'abord disciple de saint Jean Baptiste. Il devint ensuite l'un des Douze et faisait partie du groupe privilégié des disciples de Jésus.

Avant, comme après la résurrection du Christ, Jean est souvent nommé avec Pierre[2]. Le collège de Jérusalem envoie les deux apôtres ensemble à Samarie[3]. Dans le quatrième Évangile, Jean est appelé le « disciple que Jésus aimait » et il est le seul des Douze à être mentionné au pied de la croix, au moment de la mort de Jésus.

---

2. Luc, XXII, 8 ; Jean, XVIII, 16 ; XX, 2-10 ; XXI, 15-23 ; Actes, III, 1-11 ; IV, 13 et 19.
3. Actes, VIII.

Avec plus ou moins de nuances et de réserves, on attribue à ce même apôtre d'autres ouvrages : le quatrième Évangile, trois Épîtres, dits de Jean, la *Dormition de Marie* et... l'Apocalypse.

Avant de poursuivre, il nous paraît indispensable de préciser que de nombreux historiens sont convaincus que Jean dit de Zébédée n'a pu être l'auteur de l'Apocalypse. La date même de la mort de l'apôtre est controversée : se fondant sur Marc X, 35-37, certains placent le martyre de Jean en 62 ou 70. Soit trente ans environ avant la date présumée de la rédaction de l'Apocalypse. Néanmoins, nous avons opté délibérément pour la version « traditionnelle » car notre propos ici n'est pas de participer à un débat sur le sujet, encore moins sur la paternité ou la datation des Saintes Écritures, d'autant que, pour employer le terme de Gérard Mordillat et Jérôme Prieur, nous sommes conscients que toute la Bible est « un terreau de controverse »[4].

Le contenu

Que nous apprend l'Apocalypse ? Disons-le d'emblée, à première vue elle est aussi complexe que confuse :

Dans l'île de Patmos, un visionnaire qui se donne le nom de Jean, plongé en pleine extase, voit apparaître le Fils de l'Homme. Celui-ci le charge d'une mission pour les sept communautés chrétiennes d'Asie Mineure dont la principale est celle d'Éphèse, la capitale. Il s'agit sur-

---

4. *Historia,* décembre 1998.

tout d'exhortations morales dans la plus pure tradition des oracles de prophètes bibliques.

Ensuite, le visionnaire aperçoit Dieu dans sa gloire. Il tient un livre scellé que descelle un Agneau. La rupture des sceaux provoque l'apparition de quatre chevaux de couleur. Au sixième sceau, se déclenchent les prodromes ou signes précurseurs du règne de Dieu. À la rupture du septième sceau, interviennent sept anges munis de trompettes, nouveaux signes des épreuves qui précèdent le règne des élus.

Un ange paraît ensuite, porteur d'un petit livre que le voyant doit « dévorer » (comme l'avait fait Ézéchiel lors de sa première vision). De même qu'Ézéchiel, Jean est chargé de mesurer la cité céleste. Mais la septième trompette sonne. Le ciel s'ouvre et le visionnaire assiste au combat de la femme et du dragon, monstre auquel succèdent deux bêtes, la première à sept têtes, la seconde à deux cornes. De nouveau paraît l'Agneau triomphant. Après une vendange de sang, Jean assiste au déferlement des sept fléaux de la colère de Dieu, par sept anges tenant sept coupes.

Alors commence le châtiment de Babylone, la prostituée. Le ciel triomphe, avec l'apparition d'un cheval blanc et son cavalier qui capture la bête et l'enchaîne pour mille ans. Les martyrs règnent. Satan resurgit mais il est abattu à nouveau, les nations sont jugées et la Jérusalem céleste rayonne.

La forme et le fond

À côté des Évangiles, des Actes des Apôtres et des Épîtres, force est de constater que l'Apocalypse représente un genre littéraire entièrement différent. Cet aspect mystérieux est encore renforcé par le contraste qui se manifeste entre le contenu de l'Apocalypse et le reste du Nouveau Testament.

Bien que l'on puisse y discerner certains liens avec d'autres écrits canoniques, spécialement avec l'Épître aux Hébreux, l'aspect « historique » du message chrétien est presque entièrement passé sous silence.

Dès les premiers temps de la chrétienté des doutes se sont élevés quant à l'authenticité de ce livre étrange. Il est très vite apparu peu vraisemblable que le même personnage ait pu être l'auteur de deux ouvrages aussi dissemblables (tant pour le fond que pour la forme), que sont l'Apocalypse et l'Évangile de Jean.

Au IIIe siècle, Denys d'Alexandrie faisait déjà valoir les disparités qui séparaient les deux livres, laissant entendre qu'il était peu plausible que le voyant de l'Apocalypse fût un apôtre, et surtout l'apôtre Jean. De même certains pères de l'Église tels que Cyrille de Jérusalem, Grégoire de Nazianze[5], Théodoret ou encore Jean Chrysostome niaient la doctrine contenue dans l'ouvrage ou s'abstenaient d'en parler. Ce qui explique sans doute que, durant plus de trois cents ans, l'Église ait rejeté le texte. Bien que cité avec éloge par plusieurs auteurs anciens, il ne rencontra à Rome

---
5. Ville de Cappadoce, en Turquie.

même que des adversaires, lesquels voyaient en lui l'ouvrage d'un hérétique du nom de Cérinthe[6].

Pareillement, l'ensemble de l'Église d'Orient manifestait à son égard la plus grande réserve, au point qu'il fut positivement exclu de son catalogue des Livres saints.

Il faudra attendre le concile de Laodicée, en 397, pour qu'enfin l'Apocalypse trouve grâce aux yeux des théologiens de ce temps. L'Église s'appuya alors sur des données fournies par Irénée de Lyon[7], dont l'autorité chassa les doutes.

---

6. Hérétique judéo-chrétien qui aurait enseigné en Asie Mineure à la fin du Ier siècle. Pour lui, le monde est l'œuvre d'une puissance étrangère au Dieu suprême, le Dieu inconnu ; Jésus n'est qu'un homme, né de Joseph et de Marie ; l'Esprit descendit sur lui lors du baptême dans le Jourdain, mais le quitta avant la Passion.
7. *Adversus haereses*, V, 33, 3.

Chapitre premier

*La création appelle la fin du monde,
tout comme la naissance annonce déjà la mort...*

Tout a commencé le 24 septembre 1992 très précisément.

En parcourant le journal officiel des Communautés européennes, je tombai sur une question écrite de M. David Martin. À l'époque, M. Martin était vice-président du Parlement européen, membre du groupe socialiste représentant le Royaume-Uni. La question, datée du 6 avril 1992, s'adressait à la Commission.

En voici la teneur :

> Question écrite N° 739/92
> La Commission sait-elle que certaines personnes s'opposent, au nom de leur foi chrétienne, à l'apposition obligatoire du symbole de la Communauté ?
> La Commission pourrait-elle dresser la liste des

directives qui imposent l'emploi du symbole de la communauté et préciser si des exemptions à l'utilisation de ce symbole peuvent être autorisées et, dans l'affirmative, indiquer dans quel cas ?

Et voici la réponse donnée par M. Bangemann, à l'époque vice-président de la Commission, responsable du marché intérieur, des affaires industrielles et des relations avec le Parlement européen.

> Au nom de la Commission (2 juin 1992) :
> Il est vrai qu'il a été signalé à la Commission que certaines personnes, au nom de leur foi chrétienne, s'opposent à l'apposition obligatoire de la marque **CE**, qu'ils associent à la marque de la Bête dans l'Apocalypse, chapitre XIII. À ce jour le Conseil des ministres a adopté dans le cadre de la nouvelle approche dix directives qui prévoient l'apposition de la marque **CE**, ces directives sont les suivantes...

Géopoliticien de formation, mais passionné depuis toujours des choses de la religion, il me souvenait que cette question avait trait à un passage de l'Apocalypse de saint Jean. Toute affaire cessante, je me précipitai sur ma bible et retrouvai le verset en question :

> [...] et nul ne pourra rien **acheter ni vendre** s'il n'est marqué au nom de la Bête ou au chiffre de son nom[8].

---
8. XIII, 17.

Qu'est-ce que cela signifiait, sinon que certains chrétiens faisaient un rapprochement entre ce verset et le label **CE** apposé obligatoirement à tous les produits vendus au sein de la Communauté européenne. Naïveté ? Excès de crédulité ?

D'ailleurs en quoi ces initiales représentaient-elles le « nom de la Bête ou le chiffre de son nom » ? En vérité – nous le verrons –, ce n'est que beaucoup plus tard que ce parallèle devait prendre forme et apparaître dans toute sa clarté. Pour l'heure, je reposai ma bible sur son étagère et je n'y pensai plus.

Quelque temps plus tard, l'Apocalypse devait se rappeler à mon souvenir.

Nous étions en septembre 1993. Je m'étais rendu à ma banque pour effectuer une opération de change. J'attendais mon tour devant le guichet, lorsque mon regard croisa le panneau sur lequel étaient affichés les cours du jour : florins, francs suisses, yen, dollars et… Ecu, devenu depuis l'Euro.

Le cours de la monnaie européenne était fixé à… 6,66 francs.

Aussitôt un deuxième verset me revint en mémoire ; le plus frappant sans doute de tous les versets qui composent l'Apocalypse, puisque lié à un nombre, un nombre bien spécifique qui avait inspiré pléthore de films traitant du diable ou de l'Antéchrist : 666.

> […] Que l'homme doué d'esprit calcule le chiffre de la
> Bête, c'est un chiffre d'homme : son chiffre, c'est 666[9].

---
9. XIII, 18.

Nous étions vraiment dans le domaine de l'anecdote ! Si, par rapport au franc, nous obtenons 6,66, cette parité ne se retrouve évidemment pas vis-à-vis des autres monnaies de la Communauté. Je souriais dans mon for intérieur de me trouver si « vulnérable », et le temps passa.

Vers la fin du mois de mai 1994, je me trouvais en Grèce pour défendre ma candidature aux élections européennes. Les réunions politiques terminées, je décidai de me rendre en un lieu que j'affectionnais par-dessus tout : le mont Athos, culte de la religion orthodoxe, site magique s'il en est.

C'est au Xe siècle que des moines s'étaient établis sur cette « sainte montagne » aussitôt rejoints par leurs coreligionnaires venus de tout l'univers orthodoxe : Grecs, Géorgiens, Slaves du Sud, Russes, Italiens et Roumains. Depuis, vingt grands monastères quasi souverains se partageaient cette péninsule organisée en une sorte de fédération autonome et figée hors du temps.

Souvent, par le passé, j'avais éprouvé le besoin de venir me réfugier ici pour réfléchir, méditer, prendre du recul. Au fil des années, j'y avais noué des liens d'amitié avec un prêtre, le père Alexandre, grand érudit, féru lui aussi de théologie et maîtrisant admirablement l'hébreu. Ce fut naturellement dans son monastère que je me rendis en premier. Je lui fis part des deux « événements » dont j'avais été le témoin, à savoir la question parlementaire et la parité de l'Ecu par rapport au franc. Je m'attendais à quelque remarque condescendante, voire ironique, mais ce fut le contraire. Le moine hocha gravement la tête :

— Mon ami, le hasard n'existe pas. Il est seulement le pseudonyme de Dieu lorsqu'il veut conserver l'anonymat. Soyez convaincu que la clef de l'Apocalypse est dans **le chiffre de la Bête.** Nulle part ailleurs. Je le sais, moi qui, depuis plus de dix ans, tente de trouver cette clef. Vous vous en doutez : en vain.

— D'où vous vient cette certitude ?

Il éluda la question et me dit :

— Suivez-moi.

Un instant plus tard nous nous retrouvions tous les deux devant un lutrin sur lequel le pope avait posé l'Apocalypse.

— Écoutez-moi attentivement, c'est très important, dit-il en pointant son index sur le verset 18, du treizième chapitre :

« Que l'homme doué d'esprit calcule le chiffre de la Bête, **c'est un chiffre d'homme :** son chiffre, c'est **666.** » Vous n'êtes pas sans savoir que, aussi bien dans la langue hébraïque que dans la langue grecque, ainsi que dans nombre d'alphabets antiques, les lettres ont une valeur numérique très précise. Ainsi, on peut utiliser la valeur des lettres d'un mot pour l'interpréter, en le comparant à un autre mot qui aurait la même valeur numérique. Par exemple, si vous prenez le passage de la Genèse XXXII, 5 : « J'ai séjourné chez Laban », la valeur numérique de « J'ai séjourné » est égale à 613, ce qui pourrait signifier que, « pendant son séjour chez Laban, Jacob a observé les 613 commandements ».

> On trouve la première mention de ce procédé dans une inscription de Sargon II[10] (~727-~707) faisant état de la construction d'un temple dont les dimensions correspondent à la valeur numérique du nom du roi.
> Connu des anciens Grecs, il apparaît dans la littérature hébraïque à l'époque du Second Temple et fut couramment employé dans le Talmud[11], le midrash[12] et, au Moyen Âge, dans les spéculations des hassidim[13] d'Allemagne.

Il marqua une pause avant d'enchaîner :
— Oui, je sais, mon ami. L'explication qui suit va vous sembler ardue et passablement ennuyeuse, mais je suis contraint de vous la livrer, car c'est d'elle dont dépend toute la compréhension du mécanisme. Cette méthode de codage, appelée « Guématria », était extrêmement répandue à l'époque de Jean, surtout, pour ne pas dire essentiellement, chez les kabbalistes[14] juifs qui tentaient de percer les mystères de la Thora. De même, lorsque l'on évoque l'arithmologie (surnommée communément « numérologie »), on ne peut éviter de se référer au mathématicien-religieux de génie que fut Pythagore. Pour lui, toutes choses **sont des nombres.** Partant peut-être de considérations sur l'accord musical qui se laisse ramener à une proportion mathématique, il serait arrivé à la conclusion que les nombres sont pour ainsi dire le principe, la source et la

---

10. Sharrou Ken en assyrien. Roi d'Assyrie.
11. La loi orale.
12. Terme dérivé de la racine *dorash*, qui signifie, en hébreu biblique, « rechercher », « examiner ». Il acquiert à l'époque du second Temple le sens d'éducation et d'étude (cf. II Chron., XIII, 22).
13. Pluriel de *Hassid*, homme pieux.
14. Le terme *kabbala*, littéralement « tradition », désignait à l'origine toute tradition doctrinale, même biblique à l'exclusion du Pentateuque, et plus particulièrement la transmission, d'abord orale, ensuite écrite, d'enseignements concernant la pratique religieuse. C'est seulement au XIIIe siècle que ce terme désignera un système doctrinal particulier et au XIVe siècle que les penseurs de ce courant sont appelés « kabbalistes » de préférence à toute autre désignation.

racine de toutes choses. Pour cette pensée – qui ne distingue pas arithmétique, géométrie et physique –, l'unité arithmétique ne fait qu'un, avec le point géométrique. De ce type de spéculation relèveraient les découvertes mathématiques que la tradition attribue à Pythagore.

Le moine marqua un temps de silence avant d'enchaîner :

– Pour ce qui concerne l'Apocalypse, Jean lui-même fait sans cesse appel à la Guématria. Cette méthode d'analyse est donc la seule possible si l'on veut essayer de décoder le sens secret que l'apôtre a glissé dans son ouvrage. Car – soyez-en convaincu – ce sens secret existe.

Ainsi, selon saint Jean, le chiffre de la bête est **666**. Ce chiffre étrange éveilla – vous vous en doutez – la curiosité des exégètes et érudits chrétiens qui, spontanément, cherchèrent (après la mort de saint Jean) à l'attribuer à un empereur romain ; une démarche naturelle lorsque l'on sait les souffrances dont la chrétienté fut victime, tout particulièrement sous le règne de Néron et de Domitien. On s'efforça donc – en s'appuyant sur la **numération grecque** – de trouver une corrélation entre un empereur et le nombre 666[15]. D'emblée, l'empereur Domitien (755) fut éliminé. On prit Néron, mais Néron équivaut à 1005 ! Le nom composé César-Dieu fut lui aussi envisagé. Or, César (332) et Dieu (284) correspondent à 616.

On imagina alors un autre nom composé : César-Néron. Mais, là encore, la somme obtenue (332 + 1005 = 1337) ne s'accordait pas.

---

15. Voir en fin d'ouvrage le tableau de l'alphabet hébraïque et sa correspondance numérique.

En désespoir de cause on décida de changer de méthode et l'on prit comme référence, non plus la numération grecque, mais **hébraïque** et l'on trouva 676. Ce chiffre, on le voit bien, est imparfait puisqu'il ne correspond toujours pas à celui proposé par Jean qui est, rappelons-le, 666. Cependant, c'est bien par la numération hébraïque que l'on obtient ce nombre. Vous comprenez à présent ?

À ma grande honte, je fus contraint d'avouer que j'avais du mal à suivre.

Il reprit patiemment :

— L'une des lettres hébraïques qui forment César-Néron (קיסר נרון) n'est autre que le *Yod* (י) qui a pour valeur 10. Dix, en arithmosophie, représente le chiffre de Dieu et la lettre Yod, la première des lettres sacrées, entre dans la composition du nom divin. Souvenez-vous : *Yod, hé, vav, hé,* (יהוה), c'est le nom que choisit Elohim pour se révéler à Moïse dans le buisson ardent.

Il cita de mémoire :

« Moïse dit alors à Dieu : Soit ! Je vais trouver les enfants d'Israël et je leur dis : Le Dieu de vos pères m'a envoyé vers vous ! Mais s'ils demandent quel est son nom, que leur répondrai-je ? Dieu dit alors à Moïse : ... »

Le père Alexandre s'interrompit, saisit une feuille de papier, un crayon et nota :

יהוה. « Ehyeh, acher, Ehyeh. » Je serai ce que je serai[16].

Puis il enchaîna :

— Le chiffre 10 est donc nécessairement indissociable de Dieu, et Dieu ne pouvant en aucun cas être ratta-

---

16. Que d'aucuns traduisent aussi : « Je suis qui je suis. »

ché à Néron, empereur païen s'il en fut, nous sommes donc tenus de retrancher 10 du nombre global. C'est ainsi que l'on obtient 666.

— Et alors ? qu'est-ce que cela signifie ?

Cette fois, il eut un geste de lassitude :

— Je ne sais pas... La seule conclusion à laquelle je sois parvenu est que Jean ne pouvait ignorer qu'en langue grecque 666 ne correspondait à rien. Mais, en tant que juif, il devait parfaitement savoir que ce même nombre, calculé selon la tradition hébraïque – c'est-à-dire la Guématria, déboucherait sur César-Néron. Il n'en demeure pas moins que vouloir à tout prix trouver un lien entre un empereur romain, comme Néron, et le « chiffre de la bête » est totalement inepte puisque Jean écrit dans le chapitre I, verset 1 :

> Révélation de Jésus Christ : Dieu la lui donna pour montrer à ses serviteurs **ce qui doit arriver** bientôt...

— Et au chapitre I, verset 19 :

> Écris donc ce que tu as vu : le présent et **ce qui doit arriver plus tard.**

— L'Apocalypse, rappelons-le, fut rédigée en 95 ap. J.-C. La grande persécution infligée aux chrétiens par Néron remonte aux alentours de l'an 65. Néron lui-même est mort en 68. Par conséquent, quelle sorte de prophétie est-ce là qui se veut prédire un événement survenu trente ans plus tôt ?

Profondément troublé, je décidai, de retour en France, de réunir un groupe d'amis chercheurs, avec pour mission de décrypter le mystérieux texte de saint Jean. Une étonnante aventure allait commencer, dont j'ignorais alors totalement les retombées.

Chapitre deuxième

*Un fil tiré, dans un labyrinthe,
peut restituer tout l'écheveau.*

Convaincre les autres – je l'avoue – ne fut pas chose aisée. Si certains furent d'emblée acquis à la cause, d'autres se montrèrent plus réticents. Non point que les personnes concernées aient douté de la logique du raisonnement du père Alexandre, mais la tâche leur semblait démesurée. À quoi s'ajoutaient des problèmes plus terre à terre. Chacun d'entre nous avait une occupation ; qui dans l'informatique, qui dans l'enseignement ou, comme c'était mon cas, dans un milieu tout aussi prenant, à savoir chargé de mission auprès d'un organisme officiel. Finalement, ce fut la passion, la curiosité et certainement le rêve qui l'emportèrent.

C'est ainsi que nous nous retrouvâmes à Paris, au milieu de l'automne 1994, pour une première réunion de travail. Nous étions cinq, dont deux Français : Jean-

Pierre, sémiologue, et moi-même. Un informaticien anglais, protestant, David. Un Grec, Dimitri, historien, linguiste, enseignant à Paris, et une jeune femme brillante, Myriam, théologienne, originaire de Haïfa, pour qui la « numérologie » n'avait plus de secret, maniant le français avec autant d'aisance que l'hébreu[17]. Ce fut d'ailleurs elle qui amorça en préalable une précision aux propos du père Alexandre au sujet de la Guématria :

— Votre ami a omis de développer un point qui a son importance. Il est exact que nous obtenons 666 pour César-Néron en soustrayant 10. Mais il faut savoir aussi que nous pouvons effectuer la même manipulation avec le 1. Je m'explique :

« Le א (aleph) est la première lettre de l'alphabet hébraïque, elle correspond au chiffre 1. Ce chiffre – tout comme le chiffre 10 – figure Dieu dans la Science des Nombres, l'Unité suprême. Et, à l'instar du chiffre 10, la Science des Nombres nous autorise à soustraire 1 des mots qui expriment une opposition au divin.

« Pour information, sachez que la lettre א (aleph) est silence. En effet, elle n'a pas de son qui lui est propre et ne peut se vocaliser sans l'aide d'une voyelle.

Elle marqua une pause, un vague sourire sur les lèvres :

— Vous imaginez la symbolique ? Le Nom de Dieu est silence. Il est par définition imprononçable. Et, de leur côté, les musulmans condamnent toute reproduction de son image. Nul ne peut articuler le nom sacré,

---

17. Tous travaillent dans des milieux scientifiques ou théologiques, et pour des raisons liées à la protection et au respect de leur vie professionnelle, aucune de ces personnes n'a souhaité que l'on révèle son identité.

de même qu'il est interdit à l'imaginaire de l'homme de le représenter de quelque manière que ce soit. Mais revenons à la Guématria. Observez comment fonctionne le mécanisme. C'est à la fois subtil et brillant :

« Prenons un mot comme EMETH (אמת). Il signifie Vérité. Il a pour valeur 441 soit, 4 + 4 + 1 = 9.

« Depuis le péché d'Adam, l'homme le plus parfait ne pourra jamais se hisser au-delà de ce chiffre. En revanche, Dieu, qui est vérité suprême, est le seul à avoir pour valeur 10. Dans le mot Emeth le chiffre 1, placé à la fin, représente l'Oméga (la fin). En ajoutant l'alpha – le commencement –, (1) en tête du nombre, nous obtenons **1441,** égale 10, vérité absolue. Le message est clair : sans l'Éternel, point de vérité absolue.

Elle écrivit les quatre chiffres sur une feuille et demanda :

– Que remarquez-vous ?

Tour à tour, chacun d'entre nous exprima une suggestion. Aucune ne l'agréa.

Elle s'amusa un instant de notre manque de sens d'observation et ironisa :

– Vous n'êtes que des hommes après tout... Regardez : que vous lisiez de gauche à droite ou de droite à gauche, vous obtiendrez toujours 144.

– Et alors ? Qu'y a-t-il de si révélateur ?

– La boucle est bouclée. Dieu, la vérité absolue, englobe l'univers, et d'où que nous nous tournions, cette vérité est omniprésente. D'autre part, si nous retirons la lettre aleph (א) du mot Emeth, (comme si nous retirions le **E** de Emeth) il reste Meth (מת) qui signifie

« mort ». Le message est simple : sans l'aide et le soutien du divin, l'homme est voué au néant. Mais j'aimerais encore préciser quelque chose. La Guématria peut être complétée par ce que l'on appelle communément la « réduction théosophique », technique connue de toute l'Antiquité, qui consiste à réduire tous les nombres formés de deux ou plusieurs chiffres en nombres d'un seul chiffre, et cela en additionnant jusqu'à ce qu'il n'en reste plus qu'un. Un exemple : 153 = 1 + 5 + 3 = 9. Est-ce clair ?

L'ensemble du groupe approuva.

Cette mise au point terminée, notre première démarche fut, bien entendu, d'essayer de définir ce que le père Alexandre avait appelé « la clef ».

Lorsque l'on parcourt l'Apocalypse, on est tout de suite frappé de constater que la syntaxe grecque est parfois impropre et l'on sent que l'auteur maîtrisait assez mal cette langue. Et pour cause : Jean était avant tout juif et sa langue natale était l'hébreu ou, plus probablement encore, l'araméen. Alors pourquoi écrire dans une langue qui vous est étrangère lorsque l'on a la possibilité de faire usage de la sienne propre ? Simplement parce que, en ce temps-là, le grec était la langue la plus répandue dans le bassin méditerranéen. Par conséquent, il était naturel que Jean optât pour celle-ci s'il voulait que son texte fût lu par le plus grand nombre.

D'autre part, l'Apocalypse foisonne de réminiscences, de rappels, de reports ayant trait à ce que l'on appelle communément l'Ancien Testament ou la

Thora. Il saute aux yeux que l'auteur pense et raisonne en fonction de sa culture juive et de sa langue maternelle, l'hébreu ou l'araméen.

Les symboles, la numération, le caractère eschatologique[18] du texte rendent un son juif. Il est indiscutable que l'auteur s'exprime en images ou en termes bibliques empruntés aux livres d'Isaïe, de Jérémie et d'Ézéchiel, à l'Apocalypse de Daniel[19], aux Psaumes, bref, à la Thora en général. Ce qui prouve bien que Jean avait une connaissance parfaite de l'Ancien Testament dans le texte original hébreu ou araméen. À aucun moment ses citations ne sont prises dans ce que l'on appelle couramment la Bible des Septante[20]. D'ailleurs, le tout est pétri d'expressions araméennes d'où transpire, du début jusqu'à la fin, l'empreinte d'une prophétie typiquement hébraïque.

Tous ces symboles, ces visions fantastiques où s'entremêlent dragons et anges, chandeliers, étoiles, agneaux, ces combats de bêtes monstrueuses, au terme desquels Dieu triomphe, étaient bien connus des lecteurs d'ouvrages tels que les *Livres de Baruch,* ou *d'Enoch*[21]. Et nombreuses sont les ressemblances avec le IVe livre d'Esdras. La vision du petit livre que Jean doit « avaler » n'est pas sans rappeler des passages d'Ézéchiel :

> II.8 – Et toi, fils d'homme, écoute ce que je vais te dire,
> ne sois pas rebelle comme cette engeance de rebelles.
> **Ouvre la bouche et mange** ce que je vais te donner.

---

18. Qui se rapporte à l'eschatologie, c'est-à-dire l'étude des fins dernières de l'homme et du monde.
19. In le Livre de Daniel.
20. Le nom qu'elle porte, la version des Septante, lui vient du fait que, sur l'ordre de Ptolémée Philadelphe, soixante-douze sages israélites traduisirent en soixante-dix jours l'ensemble de la Bible hébraïque.
21. Ouvrages, précisons-le, qui sont en marge de la Thora.

Les diverses plaies qui accablent la terre font naturellement penser aux fléaux qui s'abattent sur l'Égypte. Et la liste est loin d'être exhaustive. Toutefois, on ne saurait interpréter le texte comme la transcription naïve de l'expérience mystique d'une sorte d'illuminé. C'est au contraire un livre savamment conçu qui fourmille de symboles érudits.

Plus déterminant encore le fait que l'Apocalypse contient **285 citations textuelles de l'Ancien Testament sur un total de 405 versets !** Avec en moyenne **cinq citations** pour **sept versets**. Soit bien plus que dans les quatre Évangiles réunis. De surcroît, il est composé de 22 chapitres, qui trouvent leur équivalent dans les 22 lettres de l'alphabet hébraïque.

Parfois même, Jean évite de développer certains passages et se contente de renvoyer aux Prophètes. Il en est ainsi du combat final entre Gog et Magog et l'Éternel[22].

S'il était acquis que nous étions devant une œuvre écrite en grec, mais par un Juif, une conclusion s'imposait à nos yeux : pour décoder sa symbolique il fallait lire l'ouvrage dans le texte, c'est-à-dire en hébreu, ainsi que Jean l'avait pensé.

Si à ce jour l'Apocalypse était restée réfractaire à toutes les tentatives de décryptage, c'est parce que les différents théologiens – majoritairement catholiques –, qui se sont penchés sur le sujet, ont persisté à ne l'aborder qu'au travers de la langue grecque, négligeant l'essentiel, c'est-à-dire l'esprit même de l'auteur, sa pensée, sa culture, ses racines. Quant aux kabbalistes juifs, il va de soi qu'ils furent bien rares ceux qui s'intéressèrent à

---

22. Apo., XX, 7-9 et Ézéchiel, XXXVIII et XXXIX.

un livre « chrétien ». Toutefois, dès l'instant où l'on se préoccupe de l'aspect ésotérique de l'ouvrage, on voit bien qu'il ne s'adresse pas uniquement au christianisme et à lui seul, mais interpelle l'humanité tout entière.

Car il est là le message le plus émouvant et le plus inattendu : Jean, disciple du Christ, le plus grand des derniers apôtres, se tourne dans son exil vers le monde, vers les hommes, qu'ils soient juifs, chrétiens ou enfants d'Ismaël[23].

À mesure que nos recherches progressaient, ce que nous pressentions, sans en être sûrs, allait nous être dévoilé. Une réalité troublante, bouleversante, tant par sa violence que par son aspect visionnaire. Très vite, nous fûmes contraints de nous rendre à l'évidence : **l'Apocalypse contenait un message,** complexe, étonnamment judicieux. Plus troublant encore, la clef permettant de le déchiffrer c'est Jean lui-même qui nous la tendait.

Par deux fois, l'apôtre nous met en garde :

> C'est ici qu'il faut de la finesse ! Que l'homme doué d'esprit calcule le chiffre de la Bête, c'est un chiffre d'homme : son chiffre, c'est 666[24].

Et encore :

> C'est ici qu'il faut un esprit doué de finesse[25] !

C'est naturellement le premier verset mentionné par le père Alexandre qui captiva en priorité notre attention.

---

23. L'Islam, bien entendu, n'existait pas encore du temps de Jean. C'est dans sa perception à venir que nous utilisons ce mot.
24. XIII, 18.
25. XVII, 9.

Nous voyons bien que l'apôtre a utilisé la numération hébraïque tout en rédigeant sa phrase en grec. Pourquoi s'est-il servi de ce stratagème ? Par jeu ? Par inadvertance ? Difficile à envisager. En vérité, la seule raison plausible est qu'il a voulu communiquer au futur lecteur, « doué de finesse », le « mode d'emploi » de sa Révélation. En se servant sciemment de deux langues, il a cherché à nous dire qu'il existait deux sens à son texte : l'un « exotérique », du grec *exoterikos,* du dehors, l'autre « ésotérique », *esôterikos,* de l'intérieur, réservé aux seuls adeptes.

Le premier sens est celui qui, à ce jour, a prévalu. Pour l'Église, l'Apocalypse se résume à la lutte du christianisme contre la Bête, symbolisée par l'Empire romain. Seulement voilà, se limiter à cette analyse – c'est-à-dire à une explication uniquement « exotérique » –, serait trahir le sens profond du message de Jean. D'ailleurs, nous l'avons vu, une prophétie qui se réfère à des événements passés n'est plus une prophétie.

En réalité, 666 est bien la clef de voûte du mécanisme qui permet de déchiffrer les secrets de l'Apocalypse. Lorsque Jean précise ce nombre, que fait-il sinon de nous prévenir qu'il opère une transition qui va du grec à l'hébreu ? Par conséquent, si l'on veut se servir de cette clef que nous propose l'apôtre, on est forcé d'appliquer la même méthode que lui.

En dehors du sens exotérique, que pourrait bien représenter la bête qui domine l'Apocalypse du début à la fin ?

Reprenons le verset de Jean :

> C'est ici qu'il faut de la finesse ! Que l'homme doué d'esprit calcule le chiffre de la Bête, c'est un **chiffre d'homme :** son chiffre, c'est **666**.

Il nous donne clairement trois indications :
1. Rechercher un nom d'homme.
2. Accoler une précision à ce nom, à l'instar de César pour Néron.
3. Additionner l'ensemble des lettres selon la numérologie hébraïque pour obtenir le chiffre 666.

Toute la difficulté, on s'en doute, réside dans la multitude de noms possibles. Tâche immense, insoluble, à laquelle il faudrait consacrer plusieurs vies.

Nous n'avions pas le choix. Le seul moyen de surmonter cette difficulté, c'était de faire appel à l'informatique. Ce fut le travail de David. Néanmoins, un ordinateur si puissant fût-il n'a jamais été qu'une machine. Elle n'est, ni douée d'esprit, ni de finesse. Et imaginer que l'on soit capable de résoudre tout par le seul biais de l'informatique serait faire injure à l'esprit humain et à son génie. Après tout, ce n'est pas la machine qui inventa l'homme…

Nous avons donc – que l'on nous pardonne – fait aussi usage de notre matière grise.

À l'unanimité, nous étions convaincus que la Bête personnifiait un personnage d'une envergure exceptionnelle. Quelqu'un d'unique. Un de ces êtres qui laissèrent une trace indélébile dans l'existence de l'humanité. Cet homme – si l'on en juge par la description que Jean en fait tout au long du texte – n'aurait pu être qu'un conquérant :

> [...] la Bête qui surgit de l'Abîme viendra guerroyer contre eux, les vaincre et les tuer[26].
> [...] La Bête que je vis ressemblait à une panthère, avec les pattes comme celles d'un ours et la gueule comme une gueule de lion ; et le Dragon lui transmit sa puissance et son trône et un pouvoir immense[27].

Nous épargnerons au lecteur la liste fastidieuse de noms composés que nous avons établie en préalable pour ensuite l'insérer dans l'ordinateur.

Succinctement, elle s'étendait de Gengis-Khan, Gengis-Mongolie, Napoléon-Bonaparte, Napoléon-France, Jules-César-Rome, Hannibal-Carthage, Alexandre-le-Grand-Macédoine, en passant par Tamerland. Le programme élaboré par David imposait à l'ordinateur d'extraire de ces noms leurs équivalences numéraires, selon la numérologie hébraïque et que le total de ces équivalences débouchât sur le nombre 666.

Ce soir-là, nous étions tous les cinq réunis devant l'écran – oserai-je l'avouer ? –, aussi fébriles qu'une bande d'adolescents, à la fois anxieux et brûlant d'impatience. Allions-nous trouver quelque chose qui fût digne d'intérêt ? Étions-nous sur la bonne voie ? Cette entreprise n'était-elle pas pure utopie ?

L'attente ne fut pas longue. Au bout de quelques minutes, un seul nom composé apparut sous nos yeux ;

---
26. XI, 7.
27. XIII, 2.

un seul qui répondait à nos exigences. Je me souviens comme si c'était hier des lettres noires qui scintillaient sur fond bleuté :

ADOLF-HITLER-AUTRICHE
אדולף היטלר אוסטריה

Un rapide calcul, une double vérification ne fit que confirmer l'incroyable résultat proposé par l'ordinateur :

Adolf =	**121**
Hitler =	**254**
Autriche =	**291**
Total =	**666**

Nous étions – on peut l'imaginer – totalement subjugués. Était-ce possible ? Et que pouvait signifier cette information ?

David coupa court à notre étonnement :

– Un instant ! Myriam nous a bien spécifié que, selon la Guématria, nous étions tenus de soustraire le nombre 10 ou le nombre 1 des mots ou expressions qui traduisaient une opposition au Divin. Nous devrions donc logiquement retirer de ce total l'un des deux chiffres.

Ce fut la théologienne qui répliqua :

– C'est faux. Lorsque Jean cite 666, que les commentateurs ont assimilé à tort à César-Néron, il fait – nous l'avons vu –, une prédiction sur l'avenir, et non sur le passé. Par conséquent, en soustrayant 10 de César-Néron qui en réalité fait 676, c'est un nombre, si j'ose dire « pur », que Jean nous propose. Un nombre déjà amputé du chiffre 10.

Un silence tendu succéda à l'explication de la jeune femme.

L'Apocalypse annonçait donc l'avènement du Führer ? La Seconde Guerre mondiale ? À ce stade, rien ne permettait une telle affirmation.

Ce n'était peut-être qu'une coïncidence, un accident. À moins que ce ne fût un clin d'œil du hasard… ?

Chapitre troisième

Une clameur géante sortait des choses comme un prélude d'apocalypse jetant l'effroi des fins du monde.

— Prenons garde, lança Jean-Pierre, de ne pas nous embarquer dans une de ces conclusions trop hâtives, fondées sur du sable mouvant. L'utopie veille. Méfions-nous de nous-mêmes. Essayons d'être le plus rigoureux possible.

Nous ne nous pouvions que lui donner raison. Si la « présence » du Führer avait une raison d'être, si elle cachait autre chose de plus profond, nous devions le prouver. Cependant comment fouiller dans un dédale sans se fourvoyer ? Quelle voie emprunter ?

Je proposai :

— En supposant que les mots Adolf-Hitler-Autriche ne soient pas le fait d'une coïncidence, la logique ne voudrait-elle pas que nous cherchions tout de même dans cette direction ?

— Sans doute, mais comment s'y prendre ?

— Nous devrions relire encore et encore le texte, l'analyser, le scruter dans ses moindres détails pour essayer de découvrir un lien, des mots, des noms qui ont trait au personnage ou à l'époque.

— Autant chercher une aiguille dans une botte de foin…

C'est à quoi nous nous sommes attelés.

Plusieurs jours s'écoulèrent, stériles, mais exaltants. Nous étions tenus en éveil par une fièvre intérieure, quelque chose d'indéfinissable qui nous soutenait dans notre quête.

Ce fut au cours de l'une de nos séances de travail que David suggéra :

— Il me semble qu'il y a peut-être un indice dans ces versets :

> XI.8 — Et leurs cadavres, sur la place de la **Grande Cité, Sodome ou Égypte** comme on l'appelle symboliquement.

> XVI.19 — **La Grande Cité se scinda en trois parties,** et les cités des nations croulèrent ; et **Babylone** la grande, Dieu s'en souvint pour lui donner la coupe où bouillonne le vin de sa colère.

Il enchaîna :

— De quoi nous parle-t-on ? Essentiellement de villes et de pays : Sodome, Babylone, l'Égypte.

— Certes, mais où est le lien avec Hitler ?

— Il se peut que derrière ces indications se cache le

nom d'une ville allemande, éventuellement Berlin, ou celui d'un pays, l'Allemagne.

Nous ne pouvions qu'approuver.

— Pour commencer, prenons la première information du verset : La Grande Cité (העיר הגדולה).

Il se tourna vers Myriam :

— Quelle valeur numérique a-t-elle ?

La théologienne se livra en quelques secondes à l'opération et annonça :

— 338.

— Comparons avec Allemagne.

— Allemagne (גרמניה) fait 308. Fausse piste.

— Et Sodome ?

Un temps, puis :

— 110. Aucun rapport non plus.

La déception commençait à pointer sur les visages.

— Essayons Babylone ?

Myriam repartit dans ses calculs, puis :

— 34. Je crois bien que nous nous égarons.

— Peut-être faut-il comparer ces noms de villes avec Berlin ?

Myriam poussa un soupir :

— Désolée. Berlin fait 292. Aucune corrélation avec Sodome ou Babylone.

Il y eut un long moment de silence. Manifestement, nous tournions en rond. C'est alors qu'une idée me vint à l'esprit :

— Attendez un instant ! Relisez le verset de Jean : « **La Grande Cité** se scinda en trois parties. » J'ai l'impression que le message est quelque part dans ces deux mots : Grande Cité.

Tous les visages convergèrent dans ma direction, tandis que je précisais :

— À la fin de la guerre, et après la défaite des troupes allemandes, l'Allemagne fut divisée en trois parties : Berlin, qui disposait d'un statut particulier ; la zone soviétique appelée par les Allemands « Die Zone » et qui donnera naissance à la RDA et enfin la zone occupée par les Alliés, divisée elle-même en trois et qui formera la RFA. Vous avez compris ?

Je répétais :

— En trois parties… « **La Grande Cité se scinda en trois parties.** »

Il se produisit un flottement au sein du groupe.

— C'est effectivement possible, concéda Dimitri. Mais ce n'est toujours qu'une hypothèse ; elle reste à démontrer.

Je repris :

— Le verset nous dit : « **La Grande Cité, Sodome ou Égypte** comme on l'appelle symboliquement. » Ce qui peut vouloir dire que la Grande Cité c'est aussi l'Égypte.

Je me tournai vers Myriam, mais elle avait anticipé :

— Égypte (מצרים) égale 380 !

Elle avait énoncé le chiffre, comme s'il se fût agi d'un cri de victoire.

— Égypte (מצרים), 380 et Allemagne (גרמניה), 308. Nous avons le même nombre, mais dans le désordre !

— On dirait que les choses se précisent…

Il y eut un nouveau silence. La tension était presque palpable.

— C'est encourageant, fit David. Mais cela reste insuffisant. Nous devons approfondir. Trouver d'autres confirmations.

Je proposai, toujours dans le droit fil d'une pensée géopolitique :

— Si saint Jean évoque l'Allemagne, il doit certainement l'impliquer dans la « bataille finale ».

— Tu veux parler d'Harmagedôn ? interrogea Myriam.

— Bien sûr.

Je citai le verset en question.

— « Ils les rassemblèrent au lieu dit, en hébreu, Harmagedôn[28]. »

— Harmagedôn…, répéta la jeune femme. Vous n'êtes pas sans savoir que ce mot est déjà une énigme en soi.

Sans attendre notre réponse, elle poursuivit sur sa lancée :

— Il est la transition du mot hébreu *har-m'giddô*, (הרמגדון) « La montagne de Megiddo ». Le lieu est situé dans une plaine, et la montagne la plus proche, le Carmel, se trouve à plus de dix kilomètres. Il est cité une dizaine de fois dans la Thora. C'est au sud-est de Megiddo, que Saül trouva la mort, et c'est au mont Carmel, au nord-ouest de Megiddo, que les prophètes de Baal furent massacrés sur l'ordre d'Élie. Dans le *Livre des Juges,* au chapitre V, verset 20, on laisse entendre qu'à Megiddo : « Du haut des cieux les étoiles ont combattu. » Certains commentateurs sont convaincus que la future bataille d'Harmagedôn embrasera tout le Moyen-Orient.

— Quoi qu'il en soit, rétorqua David, l'apôtre lui aussi semble y accorder une grande importance, puis-

---

28. XVI, 16.

qu'il écrit : « Ils les rassemblèrent au lieu dit, en hébreu, Harmagedôn. » Selon lui, c'est là que devrait se dérouler la bataille finale. Il confirme en cela la prophétie d'Ézéchiel : le combat entre Gog et Magog. Si Gérard est dans le vrai, il pourrait s'agir de la bataille finale qui s'acheva par la chute de Berlin, le 30 avril 1945.

Je m'impatientai :

— Que donne Harmagedôn ?

Myriam se replongea dans ses opérations, puis leva vers nous un regard troublé.

— Je crois que cette fois nous tenons quelque chose.

— Quelle est sa valeur numérique ?

Elle articula :

— 308…

— 308 ! Le même chiffre que l'Allemagne ! En es-tu certaine ?

Elle confirma d'un mouvement de la tête.

Je bondis de mon siège.

— Résumons-nous :

1. La Grande Cité ou Égypte, (מצרים) 380,
2. Allemagne, (גרמניה) 308,
3. Harmagedôn (הרמגדון), 308.

— Nous ne sommes pas au bout de la démonstration, mais pour ma part j'ai de plus en plus de mal à imaginer que les mots Adolf-Hitler-Autriche soient là par accident, et que cet accident se répète avec les équivalences numériques des mots Allemagne, Grande Cité et Harmagedôn.

– Tu as sans doute raison, intervint David. Cependant, sans vouloir jouer les trouble-fête, ces indices – qui sont non négligeables, je l'admets – ne prouvent toujours pas que l'ensemble du texte de l'Apocalypse a trait à la Seconde Guerre mondiale. Je dis bien l'ensemble.

– L'inverse serait impensable. Sinon pour quelle raison sont-ils mentionnés dans le texte ?

Il leva les bras au ciel.

– Si j'avais la réponse, nous ne serions pas ici. Je le répète : je trouve ces indices non négligeables, mais insuffisants. J'aimerais que nous confirmions.

David avait sans doute raison, mais nous étions vidés. Ce n'était certainement pas cette nuit que nous irions chercher cette confirmation, d'autant que Myriam devait rentrer le lendemain en Israël. Nous garderions le contact avec elle via Internet. Précisons qu'en cette fin d'automne 1994 ce moyen de communication, qui depuis a connu le succès que l'on sait, n'en était en France qu'à ses balbutiements. Nous étions en quelque sorte des pionniers.

Environ deux semaines plus tard, nous nous sommes retrouvés à quatre, David, Dimitri, Jean-Pierre et moi. À chacune de ces retrouvailles, mon appartement ressemblait à un caravansérail, encombré de lits d'appoint, de boîtes de conserve, d'ordinateurs, de scanners, le tout noyé de café à haute dose…

D'emblée, nous décidâmes de nous attaquer à une piste qui nous paraissait digne d'intérêt. Et pour cause, elle s'inscrivait dans la logique qui nous avait entraînés jusqu'au mot Harmagedôn. Ce mot n'était-il pas en prise directe avec la bataille finale ? Qui dit bataille dit aussi protagonistes. Que suggère l'apôtre ?

> XX.8 – […] les nations des quatre coins de la terre, **Gog** et **Magog,** et les rassembler pour la guerre, aussi nombreux que le sable de la mer ;

Hors saint Jean, les noms de Gog et Magog apparaissent dans le *Livre d'Ézéchiel,* la *Genèse* et dans les *Chroniques.* Et ce qu'on en dit est de toute façon d'une grande confusion. Certains kabbalistes laissent même entendre que, selon les circonstances, Gog pourrait être aussi Magog et inversement.

Notre nouvelle approche se résumait en quelques mots : Si Harmagedôn figurait réellement l'Allemagne, dans ce cas il y avait une chance que Gog et Magog représentent l'Allemagne et son vainqueur : les États-Unis d'Amérique.

Notre première démarche fut de transmettre à Myriam les deux noms. Rivés devant l'écran de l'ordinateur, nous avons guetté la réponse. Elle ne fut pas longue à apparaître.

Gog (גוג) = 12
Magog (מגוג)= 52

Nous avions du mal à cacher notre désappointement. Ni l'un ni l'autre de ces nombres ne correspondait à la valeur numérique d'Allemagne (308) ou Amérique (356).

Le château de cartes s'écroulait.

Où était la solution ?

Nous avions tout à coup l'impression de nous être glissés dans un labyrinthe dont l'architecte lui-même eût été incapable de trouver la sortie.

C'était sans compter avec l'intuition. Mais l'intuition peut se révéler aussi une arme à double tranchant. Je ne sais plus qui a écrit : « Les découvertes de l'intuition doivent toujours être mises en œuvre par la logique. Dans la vie ordinaire comme dans la science, l'intuition est un moyen de connaissance puissant, mais dangereux. Il est difficile parfois de la distinguer de l'illusion. »

L'écueil que nous avions à éviter était bien celui de l'illusion.

La voix de Dimitri, notre linguiste grec, me tira de mes réflexions :

— Te souviens-tu de la remarque que le père Alexandre avait faite à propos de la méthode de l'apôtre ?

— Laquelle ?

— Si ma mémoire ne me fait pas défaut, il t'avait dit à propos du chiffre de la Bête : « Lorsque Jean précise ce nombre, que fait-il sinon de nous prévenir qu'il opère une transition qui va du grec à l'hébreu ? »

— C'est exact.

— Pourquoi l'apôtre n'effectuerait-il pas la démarche dans le sens inverse ? Pour le seul plaisir de brouiller les cartes.

Jean-Pierre et moi ouvrîmes de grands yeux.

— Tu veux dire qu'un mot pourrait aussi être utilisé dans sa langue originale ? Le grec ?

— C'est une supposition. De toute évidence nous sommes devant un personnage d'une grande érudition, et qui en a pleinement conscience. Il connaît admirablement l'Ancien Testament, et tous les textes sacrés. Il écrit en grec, mais pense en juif. Il disperse les informations comme autant de cailloux pour un petit Poucet à venir. S'il est fidèle à sa méthode, qui consiste à écrire en grec un texte chiffré en hébreu, l'inverse est aussi envisageable.

— Ce qui signifierait que les mots Gog et Magog devraient être calculés en fonction de l'alphabet grec et non hébraïque.

— Je le crois.

Il gribouilla sur une feuille les deux noms : Gog et Magog et calcula leur valeur.

— Alors ?

Il ne répondit pas, continua d'écrire puis, finalement, il éclata d'un rire saccadé dont on n'aurait su dire s'il était provoqué par la joie ou la nervosité.

— Jugez-en vous-mêmes, dit-il en pointant son index sur la feuille.

Gog (Γω γ) =   **806** = 8 + 6 = 14 ou 1 + 4 = **5**
Magog (Μαγωγ) = **847** = 8 + 4 + 7 = **19**

Plus bas on pouvait lire :
Allemagne (גרמניה) =   **308** = 3 + 8 = 11 soit 1 + 1 = **2**
Amérique (אמריקה) =   **356** = 3 + 5 + 6 = 14
                          ou 4 + 1 = **5**

Dimitri poursuivit :

— J'avais raison. Gog a la même valeur qu'Amérique : 5.

Jean-Pierre protesta :

— Je ne suis pas d'accord. Magog (847) ne correspond pas avec le mot Allemagne (2). Or, en aucun cas nous ne pouvons dissocier Gog de Magog. Les deux doivent trouver leur équivalence ; un seul ne suffit pas !

Nouveau tunnel, nouvelle désillusion... Pourtant Dimitri avait vu juste, en partie. Nous estimions qu'il n'y avait rien de fortuit dans le rapprochement entre Gog et les États-Unis d'Amérique. Mais alors, pourquoi l'enchaînement ne se faisait-il pas pareillement avec Magog et Allemagne ? Il devait y avoir une faille dans notre raisonnement. Laquelle ?

C'est au petit matin, alors que nous allions nous séparer, que la réponse surgit.

J'étais sur le palier, prêt à m'engouffrer dans l'ascenseur lorsque brusquement me revint l'image de la guerre et des adversaires qui s'étaient affrontés. D'un côté, essentiellement, toute la puissance des États-Unis, sans laquelle il est fort probable que l'Europe serait aujourd'hui territoire germanique. De l'autre, l'Allemagne, mais pas seulement l'Allemagne.

Je fis demi-tour entraînant les autres dans mon sillage.

L'ordinateur était encore allumé. Je rédigeai un nouveau courrier à l'intention de Myriam et je l'expédiai via Internet.

Maintenant, il n'y avait plus qu'à croiser les doigts et espérer...

Chapitre quatrième

La vie ne serait rien qu'une pièce de théâtre.
L'auteur serait Dieu.
Les acteurs, nous-mêmes.
Le souffleur, Satan ?

Le lendemain, à l'aube, je vérifiai mon courrier.

J'y trouvai la réponse de Myriam aux interrogations que je lui avais soumises :

Allemagne (גרמניה)= 308
Japon (יפן) = 140
Italie (איטליה) = 65
Roumanie (רומניה)= 311
Hongrie (הונגריה) = 279
Finlande (פינלנד) = 224
Bulgarie (בְּלגריה) = 250

Total = 1577 ou **20**

Et la jeune théologienne de préciser, en vérité nous obtenons **19**. Car, ainsi que je vous l'ai expliqué, on est tenu de soustraire 1 ou 10, qui sont les deux chiffres sacrés du nombre qui serait en opposition avec le divin.

La valeur numérique de Magog ! Sept pays. Les sept têtes du Dragon…

D'une part nous avions l'Amérique et Gog, tous deux égalant **5** ; de l'autre Magog, qui totalisait **19**.

En effet, c'était bien ainsi qu'il fallait lire le message de l'apôtre. Car, face à la puissance militaire américaine, il n'y eut pas uniquement l'Allemagne, mais une coalition composée de 7 pays qui – de plein gré ou non – se retrouvèrent aux côtés du IIIe Reich.

Lorsque l'Allemagne envahit l'Union soviétique, la Roumanie se joignit à elle pour recouvrer la Bessarabie. Elle dépassa le Dniestr, annexa Odessa. Cette action impliqua la guerre avec la Grande-Bretagne et les États-Unis.

Quant au gouvernement hongrois, après avoir réclamé une révision du traité de Trianon, il se rallia, sans beaucoup d'illusion, à la cause du Reich qui lui laissa reprendre Koflice et récupérer une partie de la Transylvanie. En revanche il fut contraint d'entrer en guerre contre l'Union soviétique et dut participer sans enthousiasme aux opérations sur le front russe.

Côté finlandais, dès l'été de 1940, des rencontres discrètes eurent lieu à très haut niveau avec des émissaires allemands. Elles furent poursuivies dans les mois suivants. En avril 1941, le pacte germano-finlandais fut signé. Le 25 juin 1941, la Finlande entra officiellement dans la guerre, suite à un bombardement d'Helsinki par des avions soviétiques. Dans un premier temps, les armées de Mannerheim remportèrent des succès importants. À l'automne de 1941, elles atteignirent la ville de Petroskoï, sans toutefois participer directement au siège de Leningrad.

En Bulgarie, avec les officiers nationalistes du groupe Zveno, dès 1935, on s'oriente de plus en plus vers les formules autoritaires. Le glissement de la politique intérieure vers le fascisme s'accompagne d'une évolution analogue de la politique étrangère : affinités politiques avec les pays de l'Axe, mais aussi adhésion à un système économique d'échanges, qui paraît alors offrir la seule issue possible à la crise. Pendant la Seconde Guerre mondiale, le gouvernement Filov prend parti pour l'Allemagne nazie et, en mars 1941, ouvre le territoire bulgare aux troupes allemandes qui vont envahir la Grèce et la Yougoslavie. En récompense, la Bulgarie pourra occuper la Macédoine et la Thrace tant convoitées.

La séance de travail qui suivit fut on ne peut plus houleuse. La place prépondérante occupée par l'Amérique n'emportait pas l'adhésion de deux d'entre nous : Jean-Pierre, éternel sceptique, et David qui, en bon Anglo-Saxon, refusait – à juste titre – que l'on atténuât le rôle joué par l'Angleterre.

Il fut d'ailleurs le premier à protester :

– Tu accordes un rôle essentiel aux États-Unis, et tu le fais de façon purement subjective ! Si la bataille d'Angleterre n'avait pas été gagnée par Churchill, l'Angleterre aurait été conquise et l'Europe tout entière eût été nazie. De plus, ce sont bien les Anglais qui ont stoppé la marche de Rommel à El-Alamein !

Jean-Pierre surenchérit :

— Et ce sont les Russes qui ont brisé la Wehrmacht au prix de millions de morts, à Moscou, à Stalingrad et à Koursk. Ce sont eux qui ont littéralement éreinté les forces allemandes !

Je répliquai :

— J'aurais mauvaise grâce à vous contredire. Il serait stupide, sinon absurde de vouloir atténuer en quoi que ce soit le rôle joué par les Alliés, mais il n'en demeure pas moins que, sans l'intervention américaine, l'histoire de la guerre aurait été bouleversée ! Les États-Unis ne sont intervenus qu'à partir de décembre 1941, après la tragédie de Pearl Harbor, mais, dès cet instant, leur participation est allée grandissant. Leur rôle fut prépondérant face aux Japonais, vital lors du débarquement en Normandie. C'est ce rôle que l'apôtre semble nous indiquer. Rien de plus. D'autre part, si nous réfléchissons bien, ne peut-on concevoir que le grand gagnant de cette guerre fût tout de même les États-Unis ? L'Europe en est sortie exsangue, l'ex-URSS, laminée.

— Je maintiens que tu accordes beaucoup trop d'importance aux États-Unis…

Je l'interrompis :

— Ce n'est pas moi qui l'accorde, mais le texte de Jean ! De plus, le mot Gog ne correspond ni à l'Angleterre, ni à la France, ni à l'Union soviétique ! C'est donc bien Jean qui nous l'indique !

— Très bien, alors prouve-le ! Démontre-le-nous clairement, objectivement. Sans ambiguïté, sans a priori ! Trouve-nous une autre indication qui vienne conforter ton appréciation !

Je restai silencieux, à court d'arguments.

Irrités, tendus, nous avons jugé plus sage de reporter notre réunion à plus tard.

Je ne sais plus combien de jours s'écoulèrent, à méditer sur ce nouvel obstacle dressé devant nous, qui avait la forme d'un défi. Comment confirmer cette position dominante que j'attribuais aux États-Unis ? Et pourtant nous avions progressé.

Je dressais un tableau récapitulatif de nos découvertes :

La Bête :
Adolf-Hitler-Autriche = **666**

L'Allemagne : = **308** = La Grande Cité ou Égypte, **380** ou Harmagedôn, **308**.

Magog : Allemagne = **308**
Japon = **140**
Italie = **65**
Roumanie = **311**
Hongrie = **279**
Finlande = **224**
Bulgarie = **250**

Total = 1577 ou 19 = **Magog**
Gog 5
Amérique = **5**

Soutenu par Dimitri qui approuvait mon hypothèse, nous avons planché sur le texte des journées entières, sans parvenir à trouver cette confirmation exigée par David et Jean-Pierre. Mais, curieusement, lorsque nous nous sommes réunis à nouveau, je perçus que l'attitude de nos deux « critiques » avait quelque peu évolué. Mieux même, il se dégageait d'eux une certaine sérénité ; comme s'ils étaient soudainement rassurés. Ils avaient perdu ce mordant qui avait prédominé lors de nos derniers échanges. Comme je m'en étonnais, Jean-Pierre répondit non sans un certain embarras :

— Je me suis montré trop excessif. Et je m'en excuse. Entre-temps j'ai beaucoup réfléchi au problème. Tu as vu juste. Le statut dominant des Américains est confirmé.

Je le dévisageai, déconcerté.

Il poursuivit :

— Qui gouvernait les États-Unis à l'époque ?

— Roosevelt, bien entendu.

— Nous avons donc Roosevelt et Hitler son alter ego.

J'acquiesçai.

Il se tourna vers David :

— Remets-lui le courrier de Myriam.

David s'exécuta.

Je parcourus le texte transmis par la théologienne et j'avoue que dans l'instant j'ai cru que j'allais défaillir sous le coup de l'émotion.

Hitler, (היטלר) Valeur numérique **254**.
Roosevelt, (רוזבלט) Valeur numérique **254**.

Ces nombres, en tous points identiques, symbolisent la dualité absolue ou la lutte des contraires.
254 = 2 + 5 + 4 = 11 soit 1 + 1 = **2**

À titre d'information, ajoutait Myriam, vous trouverez un document ci-joint. Il s'agit du discours prononcé par Hitler le 11 décembre 1941 au Reichstag :

> Un abîme infranchissable sépare les conceptions de Roosevelt des miennes.
> Cet homme, issu d'une famille riche, appartient depuis sa naissance à cette classe dite privilégiée dont les origines – dans les pays démocratiques – aplanissent les problèmes de l'existence.
> Je suis, moi, l'enfant d'une famille pauvre et j'ai dû me frayer mon chemin de haute lutte par un travail acharné et sans merci. Roosevelt a vécu la Première Guerre mondiale à l'ombre protectrice de Wilson dans la sphère des profiteurs. Aussi ne connaît-il que les agréables séquences des querelles entre peuples et dont bénéficient ceux qui brassent des affaires pendant que d'autres versent leur sang.
> J'étais, moi, le simple soldat qui exécute les ordres de ses chefs. Parti pauvre pour la guerre, j'en suis revenu pauvre... J'ai partagé le sort de millions d'hommes et Roosevelt celui des privilégiés qu'on appelle « Les Dix Mille ».
> Après la guerre il s'empressa d'exploiter ses aptitudes de spéculateur en tirant parti de l'inflation,

c'est-à-dire de la misère des autres, alors que, moi, je gisais sur un lit d'hôpital[29]...

Comment, à la lecture de ce texte, ne pas éprouver un certain froid dans le dos ?

Mais il y avait une autre information dans le E-Mail de Myriam. En la parcourant j'eus l'impression de rêver. Je vous la livre telle quelle :

> Vous souvenez-vous du premier verset du cinquième chapitre ? Il m'a toujours intriguée :
> « Et je vis dans la main droite de Celui qui siège sur le trône **un livre roulé,** écrit au recto et au verso, et scellé de sept sceaux. »
> Suite à la découverte du parallèle entre Roosevelt et Hitler, je me suis intéressée à ce livre roulé et à sa valeur numérique. Voici ce que j'ai trouvé :
> Livre roulé (ספר מגוללגל) = 452.
>
> C'est exactement le même nombre que celui des deux chefs d'État (254). Le même nombre, mais inversé. Pour moi cela ne peut vouloir dire qu'une seule chose : le destin de ces deux hommes était scellé dans le Livre, depuis l'aube des temps. Aucun des deux n'aurait pu modifier une lettre de son avenir. Ils étaient voués à s'affronter. L'un était l'antithèse de l'autre. Reste à trouver la suite.

– Qu'en pensez-vous ? s'enquit Jean-Pierre.
Dimitri fronça les sourcils.

---

29. *Le troisième Reich des origines à la chute*, William L. Schirrer.

— Un point me tracasse : Pourquoi Roosevelt et pas Churchill ?

Sans le savoir, il venait de soulever un point qui depuis quelque temps déjà me tourmentait.

Je répondis :

— Je n'en sais rien. Je reconnais que dans notre décryptage subsistent des hiatus. Des trous. Et je n'ai pas d'explication.

— Moi j'en ai une, rétorqua Jean-Pierre. Et elle risque de heurter votre ego. Le mien aussi. Mais je crois qu'il est temps que nous abordions ce problème et que nous crevions l'abcès.

Il marqua un temps d'arrêt avant de reprendre :

— Nous ne trouvons pas Churchill, pas plus que nous n'avons trouvé Mussolini, ou Staline. Et il y a toutes les chances que ces lacunes perdurent. Pourquoi ? Parce que nous sommes incapables de les combler pour l'instant. Nous nous sommes lancés dans cette aventure avec cette énergie formidable que déclenche parfois l'inconscience. Décrypter l'Apocalypse ? Mais c'est une vie entière, que dis-je, plusieurs vies, qui seraient nécessaires pour soulever entièrement le voile qui recouvre ce texte. Plusieurs vies. Qu'avez-vous imaginé ? Qu'il suffirait de se baisser pour moissonner ? Staline, Roosevelt, Truman et les autres ? Allons, un peu de modestie. Acceptons de n'être que des pionniers. D'autres, qui sait ?, marcheront sur nos traces et il leur sera peut-être accordé d'aller mieux et plus loin que nous… Nous ne faisons qu'effleurer ce récit sacré qui, dois-je vous le rappeler, est resté sous scellés pendant près de deux mille ans.

Acceptons une fois pour toutes l'idée que nous ne sommes pas des génies à l'état pur et qu'aucun d'entre nous ne possède la science infuse. Ce serait tellement plus « pratique » de trouver Churchill et les autres...

Il secoua la tête à plusieurs reprises :

— Non... Désolé... Nous ne déchiffrerons pas tout, tout le temps... systématiquement. Et cela s'appelle : l'intégrité morale.

Il y eut un bref silence, puis il conclut :

— La Bête, Adolf-Hitler-Autriche, l'Allemagne, l'Amérique, Hitler et Roosevelt à quoi se greffe ce message en guise de confirmation : « Le Livre roulé ». Nous aurions en tout cas mauvaise grâce à nier ces indices. Il ne peut plus être question de simples coïncidences. L'Apocalypse traite bien de l'avènement du Führer et de la Seconde Guerre mondiale.

C'est à ce moment que David intervint. Il le fit non sans une certaine gravité dans la voix :

— Si c'est vraiment le cas, il ne peut s'agir que d'une partie seulement de l'Apocalypse car, si l'on se réfère au texte, saint Jean signale, non pas une, mais **deux** bêtes :

> XIII.1 – Alors je vis surgir de la mer une Bête ayant **sept têtes et dix cornes,** sur ses cornes dix diadèmes, et sur ses têtes des titres blasphématoires.

Théoriquement, ce verset se rapporte à Hitler. Par contre, saint Jean poursuit :

> XVII.3 – Il me transporta au désert, en esprit. Et je vis une femme, assise sur une **Bête écarlate** couvertes de titres blasphématoires et portant **sept têtes et dix cornes.**

— Cette deuxième Bête est littéralement le reflet de la première, sept têtes, dix cornes, à une différence près : Jean la qualifie « d'écarlate ».

J'étais dépassé :

— Il y aurait donc deux Apocalypses ?

— Savamment imbriquées, oui, j'en suis certain.

Il avait raison. D'ailleurs l'avenir confirmerait son analyse.

Nous le savons, le texte de l'apôtre présente un certain nombre de doublets, de ruptures des passages apparemment hors contexte. La plupart des commentateurs ont bien évidemment essayé d'expliquer ces anomalies de multiples façons : compilation de sources différentes, déplacements accidentels de certains passages ou chapitres. Certains ont laissé entendre que la partie prophétique (Chapitres IV à XXII) serait composée de **deux Apocalypses distinctes,** écrites par le même auteur à des dates différentes, puis fondues en un seul recueil par une autre main. Quant aux « lettres aux 7 Églises », elles auraient existé primitivement à l'état de texte séparé.

En réalité, il n'y a pas deux Apocalypses fondues dans un seul texte et dont l'une serait la répétition de l'autre, mais deux Apocalypses se déroulant **à deux époques différentes,** représentées par les deux Bêtes. Le Dragon et Satan jouant quant à eux un rôle constant dans les deux Apocalypses.

De plus, à l'instar du Coran, il saute aux yeux que les versets ne sont pas rédigés selon un ordre chronologique. On est donc obligé de considérer l'ensemble comme un gigantesque puzzle et non comme une rédaction classique fondée sur une unité de temps et de lieu. Les éléments de ce puzzle sont, la plupart du temps, dispersés à travers les versets. Dès lors, toute la difficulté consiste à les rassembler pour en extraire un texte homogène et surtout cohérent.

En conclusion, nous avions acquis la certitude que l'une des Apocalypses concernait directement l'épopée du IIIe Reich. Quant à l'autre, elle devait prophétiser un autre cataclysme, plus éloigné dans le temps, en l'occurrence, une Troisième Guerre mondiale.

En ce mois d'automne 1994, quelque chose au tréfonds de nous nous soufflait que cette guerre à venir serait, en n'en point douter, bien plus terrifiante, bien plus effroyable que toutes les atrocités commises par les hommes à ce jour.

Nous nous apprêtions à nous séparer lorsque Jean-Pierre qui jusque-là était resté silencieux laissa tomber :

– Je vous signale qu'il n'y a pas deux Bêtes, mais trois.

– Que dis-tu ?

Il cita :

> XIII.11 – Je vis ensuite surgir de la terre une autre Bête ; elle avait deux cornes comme un Agneau, mais parlait comme un dragon.

Et, devant notre mine dubitative, il s'empressa de nous rassurer :

— N'ayez crainte, il ne s'agit pas d'une nouvelle ouverture vers une troisième Apocalypse, ni de l'avènement d'un « troisième Hitler ». Non. Cette Bête n'a rien en commun avec les deux autres. Il suffit de comparer les descriptions. Alors que cette dernière n'a que deux cornes, les autres ont sept têtes et dix cornes.

— Mais alors de qui s'agit-il ?

— Bonne question... Nous ne sommes encore qu'au tout début du chemin...

Mais y aura-t-il jamais une fin ?

Chapitre cinquième

*La propagande, la torture
sont des moyens directs de désintégration.
Camus,* L'Homme révolté.

Noël était à nos portes. Paris se couvrait de sapins et de guirlandes, et en observant ces gens qui se pressaient dans les boutiques je ne pouvais m'empêcher de m'interroger sur les paradoxes de l'existence. La naissance de ce Christ que la planète s'apprêtait à célébrer n'était-elle pas directement rattachée à l'Apocalypse ? Mais quelle opposition il y avait ce soir-là dans mon esprit entre cette ambiance de fête, d'apparente insouciance et le visage trouble et torturé des versets que nous mettions à jour ! Je reconnais qu'une certaine angoisse s'était emparée de nous tous à des degrés divers. Eût-il été possible qu'un livre rédigé il y a deux mille ans pût contenir une description aussi précise de l'avenir ? Le texte du visionnaire de Patmos ouvrait-il réellement une brèche dans le mur du temps ?

Les premiers indices semblaient confirmer notre intuition : une partie de l'Apocalypse racontait la Seconde Guerre mondiale. Mais n'étant ni jurés, ni dans un tribunal où l'intime conviction suffit pour absoudre ou condamner un être, nous avions besoin de plus de preuves, et plus de certitudes encore.

Gravée dans les chapitres XVI, XIX et XX, une expression revenait par trois fois comme un blasphème : « faux prophète ».

> XVI.13 – Puis, de la gueule du Dragon, et de la gueule de la Bête, et de la gueule du **faux prophète,** je vis surgir trois esprits impurs, comme des grenouilles.

> XIX.20 – Mais la Bête fut capturée, avec le **faux prophète** – celui qui accomplit au service de la Bête des prodiges par lesquels il fourvoyait les gens ayant reçu la marque de la Bête et les adorateurs de son image.

> XX.10 – Alors, le diable, leur séducteur, fut jeté dans l'étang de feu et de soufre, y rejoignant la Bête et le **faux prophète,** et leur supplice durera jour et nuit, pour les siècles des siècles.

Je confesse que, grâce à mes études de géopolitique, je maîtrise assez bien la Seconde Guerre mondiale en général, et le IIIe Reich en particulier. Ce fut très certainement la raison qui me poussa, avant mes complices, à m'intéresser de plus près à ce « faux prophète ».

Qu'est-ce qu'un faux prophète, sinon un personnage qui manipule l'information, qui la travestit, voire qui l'invente de toutes pièces ?

S'il est un homme que l'on peut affubler – sans le moindre état d'âme – de ce qualificatif ; un homme passé maître dans la tromperie, c'est bien Joseph Paul Goebbels. Je proposai à l'équipe cette hypothèse. La réponse fut unanime : si c'était bien le cas, nous n'avions pas droit à l'erreur. Si un lien existait entre Hitler et son âme damnée, il devait être clair, sans détour, sans faille.

Étrangement, une fois cela convenu, la suite fut d'une facilité désarmante. Qu'on en juge :

Adolf Hitler (אדולף היטלר) = 375
soit 3 + 7 + 5 = 15 ou 1 + 5 = **6**

Nous avions sous les yeux le premier chiffre de la Bête.

Joseph Paul Goebbels (יוסף פול גבלס) = 357[30]
soit 3 + 5 + 7 = 15 ou 1 + 5 = **6**

Détail pour le moins troublant : on constate que la valeur numérique du Führer (**375**) n'est autre que celle de son ministre de la Propagande, mais dans le désordre (**357**)

Et enfin :

---
30. En soustrayant le nombre 10.

Faux prophète (נביא שׁקר) = 663
soit 6 + 6 + 3 = 15 ou 1 + 5 = **6**

Voici qu'à nouveau resurgissait le chiffre de la Bête : 666. Mais cette fois avec encore plus d'ampleur. Qu'ajouter ?

Dès 1929, Goebbels frappé d'infirmité (il boitait) fut nommé chef de la propagande du Parti national-socialiste, avec pour mission de répandre – par tous les moyens nécessaires – les idées de son maître. Il réussira au-delà des espérances du Führer. C'est grâce à lui que le Parti obtiendra des succès spectaculaires lors des élections de 1930. On battit ce jour-là le record du nombre de votants : trente-cinq millions, soit quatre cent mille de plus qu'en 1928. Les nazis obtenaient plus de 18 % de l'ensemble et leur représentation passait de douze à cent sept sièges.

Le 30 janvier 1933, le Führer devenait chancelier du Reich ; dès le 11 mars 1933, un ministère de l'Information et de la Propagande fut créé et Goebbels en prit possession le 14 mars.

Dès son arrivée à ce poste, le petit homme (il mesurait à peine 1,50 mètre) met au point le système qui sera instauré ensuite dans les pays occupés : fermer les frontières à toutes les sources d'information étrangères et faire main basse sur tous les organes d'information intérieure, celle-ci s'étendant à tous les domaines, qu'ils soient intellectuels ou culturels : presse, édition, cinéma, théâtre et radio dont Joseph Goebbels sut admirablement utiliser l'impact sur les masses. C'est la nazification de la culture qui commença par un immense autodafé des livres existant dans le Reich et jugés contraires à l'esprit nationalsocialiste. On muselle la littérature, on étouffe l'Art, on conditionne l'enseignement. Les réfractaires sont éliminés ainsi que les tièdes et, comme sous l'Espagne inquisitoriale, les racialement impurs.

Le chant lui aussi devint un instrument de propagande et l'on enseigna aux enfants des écoles à rendre hommage au Führer :

> Adolf Hitler est notre sauveur, notre héros,
> L'être le plus noble de la terre entière,
> Pour Hitler nous vivons,
> Pour Hitler nous mourons,
> Notre Hitler est notre Seigneur
> Qui gouverne un merveilleux monde neuf[31].

Pendant douze ans, la population allemande vécut sous le matraquage de la propagande Goebbels.

L'Histoire des hommes a rarement connu « faux prophète » plus talentueux.

En découvrant Goebbels nous apportions en même temps la réponse à la question que Jean-Pierre et nous-mêmes nous étions posée dans le chapitre précédent. Nous avions recensé trois Bêtes et nous avions identifié deux d'entre elles.

La première : « Alors je vis surgir de la mer une Bête ayant **sept têtes et dix cornes,** sur ses cornes dix diadèmes[32]. », figurait Hitler.

La deuxième : « Et je vis une femme, assise sur une Bête écarlate couverte de titres blasphématoires et por-

---
31. Chant : Gregor Ziemmer, *Education for Death* (Londres et New York, 1941).
32. XIII, 1.

tant **sept têtes et dix cornes**[33]. », annonce un Führer à venir.

Seule la dernière Bête posait problème. Désormais nous avions la réponse : « Je vis ensuite surgir de la terre une autre Bête ; elle avait **deux cornes** comme un Agneau, mais parlait comme un dragon[34]. »

Cette dernière Bête à **deux cornes** n'est autre que Joseph Paul Goebbels, le faux prophète. Il suffit de parcourir les versets reconstitués pour en être persuadé :

XIII.12 – **Au service de la première Bête, elle en établit partout le pouvoir,** amenant la terre et ses habitants à adorer cette première Bête […]

XIII.14 – et, par les prodiges qu'il lui a été donné d'accomplir au service de la Bête, elle fourvoie les habitants de la terre, leur disant de **dresser une image en l'honneur de cette Bête** […]

XIII.15 – On lui donna même **d'animer l'image de la Bête** pour la faire parler, et de faire en sorte que fussent mis à mort tous ceux qui n'adoreraient pas l'image de la Bête.

Si le Führer et Goebbels étaient si intimement proches au point d'avoir la même valeur numérique, il devait être possible de trouver dans le destin des deux hommes d'autres similitudes.

---

33. XVII, 3.
34. XIII, 11.

A) Hitler s'est suicidé le 30 avril.

B) Goebbels l'a suivi le 1ᵉʳ mai, en se faisant tirer une balle dans la nuque par un SS.

Au fil de la recherche nous devions découvrir un autre élément

Jean écrit, toujours à propos du faux prophète :

> XIII.15 – On lui donna même **d'animer l'image** de la Bête […]

Comment ne pas penser à cet outil prodigieux qu'est le cinéma ? Est-ce autre chose qu'une image animée ?

Si nous calculons la valeur du mot : « image » (תמונה), nous obtenons 501 soit, 5 + 1 = **6**

Et l'expression « le cinéma » (הקולנוע), nous donne 267, ou 2 + 6 + 7 = 15 ou 1 + 5 = **6**

En 1934, un grand spectacle fut organisé pour commémorer, à Nuremberg, la fête du Parti.

Hitler choisit Albert Speer comme régisseur. Celui-ci supprima les gradins provisoires du terrain Zeppelin et, s'inspirant des autels de Pergame, éleva une structure de pierre longue de près de quatre cents mètres et haute de près de vingt. Un aigle gigantesque de trente mètres d'envergure couronnait le stade et, de tous côtés, des milliers de bannières à croix gammée flottaient au vent. Cent trente projecteurs de l'armée de l'Air, d'une portée de plus de sept mille mètres, entouraient le terrain. Mais à quoi ces démonstrations auraient-elles servi si on ne pouvait les graver dans la mémoire des hommes, pour l'éternité ? C'est à ce moment que, à l'instigation de Goebbels, on fit appel aux services de l'actrice et réalisatrice bien connue de son époque, Leni Riefenstahl. Femme de grand talent au demeurant, très appréciée du Führer. Elle commença par refuser, puis céda sous la pression.

Elle travailla six jours durant, avec une équipe de cent vingt personnes, dont seize cameramen, à ce film entièrement consacré à la gloire du Parti.

Le Triomphe de la volonté obtint le prix de « l'œuvre culturelle » du Premier Mai au titre de meilleur film de l'année ; par la suite il devait être reconnu universellement comme l'un des plus importants documentaires jamais réalisés ; enfin, à l'Exposition universelle de 1937 à Paris, il remporta une médaille d'or pour ses mérites artistiques.

Sur la pellicule on voit, entre autres, une foule en délire hurler : « *Sieg Heil !* » (Victoire !). C'était capiteux, exaltant, mais pour ceux qui ne se trouvaient pas sous le charme de la Bête, ces cris glaçaient le sang. Et, pour reprendre l'expression d'un témoin, on eût dit un « rugissement de fauve, une clameur des cavernes[35] ».

Le chapitre XIX, verset 20 nous offre une conclusion que nous n'espérions pas aussi frappante :

> XIX.20 – Mais **la Bête fut capturée, avec le faux prophète** – celui qui accomplit au service de la Bête des prodiges par lesquels il fourvoyait les gens

---
35. Cf. *Hitler,* John Toland, Robert Laffont, 1976.

ayant reçu la marque de la Bête et les adorateurs de son image –, **on les jeta tous deux, vivants, dans l'étang de feu,** de soufre embrasé.

Les dépouilles d'Hitler et de son ministre furent arrosées d'essence et brûlées.

À noter qu'avant de se suicider Goebbels empoisonna ses **6** enfants...

On le voit, ce chiffre 6 revient tel un leitmotiv, et résonne comme un glas tout au long du texte de saint Jean.

Après ce parallèle confirmé entre le Führer et Goebbels, nous ne pouvions que nous interroger sur l'aspect philosophique de cette aventure.

Un seul d'entre nous pouvait être qualifié réellement de croyant, dans le sens absolu du terme : notre amie Myriam.

Jean-Pierre, David et Dimitri faisaient partie des « tièdes ». Quant à moi, si j'avais la foi, si toute ma vie je m'étais passionné pour les textes sacrés, si j'étais un amoureux des choses spirituelles, il n'en était pas de même de mes rapports avec l'Église. Je n'étais pas un adepte de la messe dominicale. À tort ou à raison, c'était ma manière à moi de bouder les princes du Vatican que je considérais – trop sévèrement peut-être – comme des personnages anachroniques. Et paradoxalement, dans le même temps, ma foi en le Christ et son message ne fut jamais altérée. Je jugeais, mais je ne condamnais pas. En bref, j'étais en « désamour » avec l'Église. Comme se plaisait à dire l'un de mes proches, j'étais un musicien amoureux de la musique, mais réticent sur les instruments.

Il n'en demeurait pas moins que, depuis quelque temps, très précisément depuis le jour où nous avions commencé à nous intéresser au livre de Jean, un certain trouble s'était emparé de notre esprit. Sans qu'aucun d'entre nous l'avouât ouvertement, on sentait bien qu'une invisible et minuscule graine avait été semée dans nos cerveaux divinement cartésiens, et qu'elle était en train de pousser, insidieusement, insensiblement. Seule, je le répète, Myriam demeurait imperturbable. Pour elle, ces « découvertes » n'avaient rien de surprenant. À la limite, elle ne comprenait pas notre fièvre, nos étonnements renouvelés. Pour elle, Jean était un prophète, à l'instar d'Isaïe, d'Ézéchiel et des autres. Et tout était inscrit dans le grand livre de la vie : c'est-à-dire la Bible. Dans les gènes de la jeune femme, il y avait deux mille ans de quête, de réflexion, celle entreprise par les premiers kabbalistes, les sages *amoraïm*[36], les talmudistes et les autres, pour qui il n'existait pas un mot de la Thora, pas une lettre qui n'eût un sens caché. Non seulement ces séances de décryptage n'avaient rien d'extraordinaire à ses yeux, mais elle trouvait naturel qu'à force de patience l'hermétique devînt transparent.

Ce fut d'ailleurs elle qui nous signala un verset où s'affirmait – une fois encore – le chiffre de la Bête.

La période des fêtes passée, nous nous sommes attelés de plus belle à la tâche. Ce matin-là, dans un geste

---

36. Pluriel d'*Amora*. Terme qui désignait les sages qui discutèrent sur plusieurs générations des points de doctrine.

devenu machinal, j'allumai mon ordinateur pour vérifier mon courrier. J'y trouvai quelques mots de Myriam, rédigés en forme d'énigme :

> Salut à vous les goys ! Je livre à votre perspicacité un petit rébus, question de vous voir ingurgiter quelques aspirines pour commencer la nouvelle année.

Et, plus bas, la jeune femme ajoutait :

> « Et l'on relâcha les quatre Anges qui se tenaient prêts pour l'heure et le jour et le mois et l'année, afin d'exterminer le tiers des hommes. Leur armée comptait deux cents millions de cavaliers : on m'en précisa le nombre. Alors le tiers des hommes fut exterminé. »
> Bonne chance !

Manifestement, elle avait trouvé la solution et nous narguait.

Nous ne fûmes pas longs à nous apercevoir que ce texte qui, en apparence, formait une entité, était en réalité composé des versets 15, 16 et 18, du chapitre IX.

Le tiers des hommes ? Deux cents millions de cavaliers ?

Après avoir séché plusieurs jours durant, nous nous décidâmes à transmettre les versets à Dimitri, à Athènes. Peut-être que, à l'instar de Gog et Magog, une approche en grec déboucherait sur la solution, car cette fois, la méthode hébraïque semblait dénuée d'intérêt. Nous avions affaire à des nombres bien déterminés. Les traduire en hébreu ne nous aurait rien révélé de particulier. Dimitri ne tarda pas à jeter l'éponge.

En désespoir de cause, nous nous sommes résignés à mettre notre orgueil au placard et nous avons prié notre théologienne de bien vouloir faire preuve d'indulgence et de miséricorde pour les simples d'esprit que nous étions, et de nous communiquer son interprétation des versets.

Il n'y eut pas de réponse.

C'était un vendredi, veille de shabbat. Il ne fallait pas compter qu'elle se manifestât avant la fin du rituel.

Nous piaffions d'impatience et, dans mon for intérieur, je pestais contre ces traditions, chrétiennes, juives ou islamiques qui immobilisaient l'homme dans un carcan. Mais l'heure n'était pas à la polémique. Surtout pas avec un être aussi religieux que l'était Myriam…

Le shabbat terminé, la réponse nous fut enfin donnée.

Dès les premières lignes il me souvient d'avoir éprouvé une certaine frustration, doublée de colère. Il en était de même pour David et Jean-Pierre, assis à mes côtés. Comment n'avions-nous pas pensé à effectuer un calcul aussi enfantin ?

La théologienne avait recopié les versets dans leur intégralité :

> IX.15 – Et l'on relâcha les quatre Anges qui se tenaient prêts pour l'heure et le jour et le mois et l'année, afin d'exterminer **le tiers des hommes.**

IX.16 – Leur armée comptait **deux cents millions de cavaliers** : on m'en précisa le nombre.

IX.18 – Alors le **tiers des hommes** fut exterminé.

Suivait une question :

– Quel est le tiers de 200 ?
Et plus bas :
– Mazel Tov !

C'était tout.
Mais la réponse était bien là.

En quelques secondes le calcul était fait :
Le tiers de deux cents millions : 66, 6666...

Avec une simplicité désarmante, notre amie venait de nous livrer (à travers Jean), le nombre de victimes tuées, Asie comprise, lors de la Seconde Guerre mondiale : soixante-six millions de morts...
Précisons, tout de suite, que personne à ce jour n'est en mesure de déterminer avec **une absolue certitude** le nombre exact des disparus au cours de ce conflit. Il oscille entre trente-cinq et quarante millions pour l'Europe et les États-Unis. Par contre, si l'on ajoute à ce chiffre les millions de morts asiatiques, on atteint un chiffre compris entre soixante-cinq et soixante-dix millions de victimes, ce qui nous autorise à accorder foi au chiffre énoncé par l'apôtre.

Je ne pouvais m'empêcher de repenser aux semaines passées, mais surtout à nos échanges avec le père Alexandre, au mont Athos. Sa voix résonnait en moi, émouvante, insistante. Jamais les conseils, les affirmations qu'il avait émis lors de nos retrouvailles n'avaient revêtu autant d'ampleur :

> Soyez convaincu que la clef de l'Apocalypse est dans le chiffre de la Bête. Nulle part ailleurs.

Se doutait-il alors de l'importance de ses réflexions ? En me les confiant, était-il conscient des conséquences qu'elles entraîneraient ? Le hasard est le pseudonyme de Dieu..., disait-il. Quelle était la part de Dieu dans cette affaire ? Aurions-nous une chance d'entrevoir ses initiales en filigrane au bas de la page ?

Adolf-Hitler-Autriche
L'Allemagne
L'Amérique
Gog et Magog
Le livre roulé
Roosevelt/Hitler
Goebbels, le faux prophète, l'image animée.
Soixante-six millions de morts

Où était la signature du Hasard ?

Chapitre sixième

*Dieu créa l'homme à son image,
à l'image de Dieu il le créa,
homme et femme il les créa.*
Genèse, I,27

Les réticences du début avaient été balayées par ces premiers résultats que nous considérions – à tort ou à raison – comme des signes d'encouragement. Toutefois, avant d'aller plus loin, il nous fallait « débroussailler » le texte pour essayer d'y voir un peu plus clair. Myriam était venue passer quelques jours à Paris, et ce fut à nouveau tous les cinq réunis que nous nous sommes lancés dans cette nouvelle étape.

Quels étaient les « acteurs » que nous retrouvions sans discontinuer tout au long du récit de Jean ? Quels étaient les versets détenteurs d'un sens réel ? Si nous analysons attentivement l'ouvrage, force est de nous apercevoir que de nombreux versets ne sont là, en quelque sorte que pour « la forme ». Ils jouent plus un rôle littéraire que « pragmatique ». À titre d'exemple, nous pourrions citer des expressions telles que :

I.3 – Heureux le lecteur et les auditeurs de ces paroles prophétiques s'ils en retiennent le contenu, car le Temps est proche !

Ou encore :

I.5 – et par Jésus Christ, le témoin fidèle, le Premier-né d'entre les morts, le Prince des rois de la terre. Il nous aime et nous a lavés de nos péchés par son sang,

I.6 – il a fait de nous une Royauté de Prêtres, pour son Dieu et Père ; à lui donc la gloire et la puissance pour les siècles des siècles. Amen.

I.7 – Voici, il vient avec les nuées ; chacun le verra, même ceux qui l'ont transpercé, et sur lui se lamenteront toutes les races de la terre. Oui, Amen !

Nous nous devions donc de réduire l'Apocalypse à l'essentiel et d'en extraire, pour commencer, les figures dominantes et surtout récurrentes.

Nous en trouvons quatre :

1. Agneau
2. Bête
3. Dragon
4. Satan

Ce sont eux les héros de l'Apocalypse.

À ce jour, tous les commentateurs se sont limités à une seule explication : pour eux, l'Agneau ne peut être que l'église du Christ. Pourtant, nous le verrons, on ne peut le dissocier de la Bête. Ils sont pour ainsi dire complémentaires. Et si nous partons du principe que le sens caché de l'Apocalypse ne concerne pas uniquement les chrétiens, mais l'Humanité tout entière, alors « Agneau et Bête » revêtent un sens totalement différent.

Comme nous en avions désormais l'habitude, Myriam se livra à l'analyse des valeurs numériques des deux mots :

Bête (חיה) =   23
Agneau (גדיה) =   22
Total =   **45**

Pour un profane, ce nombre ne signifie pas grand-chose. En revanche, l'explication trouvée, nous voyons qu'un nombre, en apparence anodin, se drape aussitôt d'un sens aussi imprévu qu'émouvant.

En hébreu, le nombre 45 symbolise le premier homme de l'humanité, c'est-à-dire Adam (אדם)[37].

Comment ne pas déduire que la Bête et l'Agneau sont **une seule et même entité** qui exprime le combat de l'homme contre l'homme, la lutte du bien et du

---

[37]. Le mot Agneau-Gadia est le terme araméen utilisé au temps de Jésus et que les juifs citent encore dans leur liturgie de Pessah (Pâques) quand ils récitent une *Haggada* ou *Hadgadia*.

mal. Ces deux visages qui s'affrontent en l'être humain depuis la nuit des temps, et qui s'affronteront jusqu'au jugement dernier.

D'ailleurs, Jean le dit clairement :

[…] le chiffre de la Bête, c'est un chiffre d'homme.

Sans désir de provocation, tout bien pesé, ne pourrait-on se demander à quoi serviraient Dieu et le diable s'ils n'avaient l'homme à se disputer ?
— Et la femme ? s'enquit tout à coup Myriam.
— Comment cela ? Que veux-tu dire ?
— Ma question est pourtant logique. Nous venons de mentionner Adam. Mais Ève aussi est présente.

Elle s'empara de l'Apocalypse et pointa son doigt sur une suite de versets.

XII.1 – Un signe grandiose apparut au ciel : **une Femme !** le soleil l'enveloppe, la lune est sous ses pieds et douze étoiles couronnent sa tête ;

— Ce n'est pas tout. L'apôtre décrit une seconde femme :

XVII.3 – Il me transporta au désert, en esprit. Et je vis **une femme,** assise sur une Bête écarlate couverte de titres blasphématoires et portant sept têtes et dix cornes.

— Vous voyez bien que la femme n'est pas oubliée. Il n'est guère besoin d'être un théologien averti pour constater que les deux personnages n'ont rien en commun ; en apparence tout du moins. L'une semble figurer le beau, le bien ; l'autre l'horreur et la déchéance.

Qu'est-ce que cela signifiait ? Nous nous étions donné comme postulat que la Bête et l'Agneau étaient une seule et même personne : Adam, et qu'ils exprimaient la lutte de l'homme-mensonge opposé à l'homme-vérité. Et s'il en était de même pour la femme ?

Au départ, ÈVE (חוה) a pour valeur numérique 19. Soit 1 + 9 = **10**.

Ce chiffre est le symbole de la **vérité absolue** dans la tradition hébraïque. Mais une fois pécheresse Ève n'est plus qu'une femme.

La valeur numérique du mot femme est 306. Soit **9**.

Souvenons-nous de la valeur numérique d'Adam : 45. 4 + 5 = **9.**

Ce qui fit dire à Myriam :

— N'en déplaise aux misogynes, la femme est bien l'égale de l'homme dans sa quête de vérité !

Nous ne pouvions qu'adhérer.

— Mais alors ? Qu'en est-il de la seconde femme : remplie d'abominations et des souillures de sa prostitution ?

Deux autres versets de Jean nous précisent :

> XVII.1 – Alors l'un des sept Anges aux sept coupes s'en vint me dire : Viens, que je te montre le jugement de la **Prostituée fameuse,** assise au bord des grandes eaux ;

XVII.3 – Il me transporta au désert, en esprit. Et je vis **une femme, assise sur une Bête écarlate couverte de titres blasphématoires** et portant sept têtes et dix cornes.

Et l'apôtre d'ajouter :

XVII.5 – Sur son front, un nom était inscrit – un mystère ! – « **Babylone** la Grande, **la mère des prostituées** et des **abominations** de la terre. »

Babylone qui signifie « Porte de Dieu », (en hébreu babel) connut son heure de gloire entre 1894 et 301 av. J.C. Une forte valeur symbolique fut rattachée à cette capitale qui, avec ses monuments imposants, impressionna le peuple de la Bible. Cette ville est si magnifique, écrivait Hérodote, qu'il n'y a pas au monde une cité qu'on puisse lui comparer. Ses murs d'enceinte, ses jardins suspendus comptaient parmi les sept merveilles du monde.

Un récit de la Genèse y situe la tour de Babel, symbole de l'orgueil humain. Babylone est l'antithèse de la Jérusalem céleste et du Paradis. Derrière cette « porte de Dieu » réside un monde perverti, gouverné par l'instinct de domination et la luxure. Le symbole de Babylone n'est pas celui d'une splendeur condamnée pour sa beauté, c'est celui d'une splendeur viciée, qui s'est condamnée elle-même en détournant l'homme de sa vocation spirituelle. Lorsqu'en 587 Nabuchodonosor profana le Temple de Jérusalem, les Prophètes firent de

Babylone la « Grande Prostituée », l'agent du mal et lui prédirent sa destruction :

> Et Babylone, la perle des royaumes, le superbe joyau des Chaldéens, sera comme Sodome et Gomorrhe, dévastées par Dieu[38].

Mais il y a bien longtemps que Babylone a perdu sa gloire d'antan. Son déclin remonte à l'époque de Cyrus, qui s'empara de la ville en 539 av. J.-C., Dans ce cas, pour quelle raison saint Jean accole-t-il son nom à celui de la seconde femme, si ce n'est pour nous faire comprendre que, à l'instar de Babylone la prostituée, elle représente le mal absolu.

Quel personnage biblique est le reflet néfaste d'Ève ? Tous les écrits désignent Lilith. D'ailleurs, elle était parfaitement connue du monde babylonien sous le nom de *lilù* ou *lilîtù* en akkadien, et personnifiait le démon.

Elle n'est citée qu'une seule fois dans la Bible, chez Isaïe :

> XXXIV.14 – Les chats sauvages rencontreront les hyènes, le satyre appellera le satyre, là encore se tapira Lilith, elle trouvera le repos.

Qui est Lilith ?

Dans la tradition kabbalistique, elle serait la femme que Dieu aurait créée avant Ève et en même temps qu'Adam. Comme Adam, elle fut tirée de la glaise du sol. Revendiquant haut et fort son égalité, elle s'opposa

---

38. *Isaïe*, XIII, 19.

à son compagnon puis, furieuse, quitta le Paradis pour se consacrer à une carrière démoniaque.

Dès ce jour, elle devint l'ennemie d'Ève, l'instigatrice des amours illégitimes, la perturbatrice du lit conjugal. Elle vit dans les profondeurs de la mer où des admonestations tendent à l'y maintenir pour l'empêcher de troubler la vie des hommes et des femmes sur terre.

En tant que femme supplantée ou abandonnée, au bénéfice d'une autre, Lilith représente les haines antifamiliales, la haine des couples et des enfants. Elle est aussi la tentatrice nocturne qui s'efforce de séduire Adam. C'est elle qui engendre les créatures fantomatiques du désert. Elle est comparée au versant noir de l'inconscient, aux obscures pulsions.

Quelle est la valeur numérique de Lilith (לִלִת) ? 460. 4 + 6 = **10.**

Comme nous pouvons le constater, cette valeur est identique à celle d'Ève : **10.** Mais à la différence que l'une personnifie la vérité absolue, et l'autre le mal absolu.

Nous avions là une nouvelle confirmation de l'extraordinaire subtilité du texte de saint Jean. Manifestement rien n'avait été négligé. Les détails les plus subtils étaient inscrits dans un désir d'équilibre et de sagesse absolus.

La seule question qui nous tourmentait à présent était : aurons-nous suffisamment d'énergie et de lucidité pour aller au terme de notre quête ?

Chapitre septième

*Car de la souche du serpent sortira une vipère,
et son fruit sera un dragon volant.*
Isaïe, XIV, 29

Cette nuit-là, il faisait un froid de loup. Il ne me souvenait pas d'avoir connu un mois de février aussi glacial, à moins que ce ne fût la tension nerveuse et la fatigue des heures de veille qui nous rendaient tout à coup si vulnérables. Pourtant, il commençait à se profiler un fil d'Ariane, ténu, infiniment fragile ; mais nous pouvions l'entrevoir. La présence de Myriam à Paris pour vingt-quatre heures fut l'occasion d'une nouvelle réunion de travail.

Puisque nous avions commencé à nous intéresser aux « figures récurrentes » de l'Apocalypse nous ne pouvions que poursuivre dans cette direction. Nous en avions recensé six :

1. Agneau
2. Bête
3. Ève
4. Lilith
5. Dragon
6. Satan

Nous savions désormais que l'Agneau et la Bête, à l'instar d'Ève et de Lilith, symbolisaient le combat de l'homme contre l'homme ; la vérité opposée au mensonge ; le mal contre le bien. Qui était le Dragon ?

Dans les textes anciens, le mot s'applique généralement à un monstre fabuleux, conçu comme un reptile vivant en mer. On le compare aussi au Léviathan, autre monstre marin à sept têtes que Yahvé aurait pourfendu en triomphant du chaos primordial.

> Ce jour-là, Yahvé châtiera avec son épée dure, grande et forte, Léviathan, le serpent fuyard, **Léviathan,** le serpent tortueux ; il tuera le dragon qui habite la mer[39].

Mais qu'en était-il du rôle tenu par le Dragon que décrit saint Jean ?

Il est cité pour la première fois dans le chapitre XII, verset 3 :

> Puis un second signe apparut au ciel : un énorme **Dragon** rouge feu, à **sept têtes et dix cornes,** […]

Et ne cesse d'intervenir avec force durant tout le récit.

David pointa son doigt sur l'Apocalypse :

— Myriam a chiffré la valeur du Dragon (דרקון) : **360**. Autant les mots « Agneau » et « Bête » affichent leur

---

[39]. *Isaïe*, XXVII, 1.

symbolique, autant la signification du Dragon semble hermétique.

Je fis observer :

— Patience. Nous avons maintenant la preuve qu'il existe une approche logique dans l'élaboration du texte de Jean ; j'allais presque dire « arithmétique ». Que remarquons-nous dans un premier temps ? La description que l'apôtre nous propose du Dragon est exactement la même que celle qu'il fait des deux Bêtes : **sept têtes et dix cornes.** L'apparence de la troisième Bête est différente et, nous l'avons démontré, elle se rapporte à Goebbels, le faux prophète.

— Que faut-il en conclure ?

— Je pose une question : pourquoi l'apôtre dresserait-il un portrait jumeau des deux Bêtes et du Dragon, si ce n'est parce qu'il veut nous faire comprendre que les deux créatures sont, si j'ose dire, apparentées ?

Il y eut un temps de réflexion.

David suggéra que nous dressions la liste des versets où le mot Dragon était cité. Il y en avait onze en tout[40]. Ils furent passés au crible des heures durant. A priori rien ne semblait les différencier. Tous décrivaient le même scénario : ravages, destructions, haine, batailles, toujours à l'instigation du Dragon.

Nous avons tenté de comparer la valeur numérique du Dragon avec chacun des éléments que nous avions recensés : Hitler, Führer, Allemagne, Goebbels, Roosevelt, Berlin, Ève, Lilith, Babylone, etc. Pas un seul ne correspondait.

Et, cependant, nul doute que la clef devait être là, cachée quelque part, comme toujours en filigrane. Mais

---

40. XII, 3 ; XII, 4 ; XII, 7 ; XII, 9 ; XII, 13 ; XII, 16 ; XII, 17 ; XIII, 2 ; XIII, 4 ; XVI, 13 ; XX, 2.

dans lequel des onze versets ? Après je ne sais combien de relectures, Jean-Pierre proposa le verset 9 du chapitre XII :

> On le jeta donc, l'énorme Dragon, l'antique Serpent, le Diable ou le Satan, comme on l'appelle, le séducteur du monde entier, on le jeta sur la terre et ses Anges furent jetés avec lui.

— Observez ce passage. Jean se livre à une comparaison qu'il réitère au chapitre XX, verset 2 :

> Il maîtrisa le Dragon, l'antique Serpent – c'est le Diable, Satan […]

Il répéta en détachant les mots :
— « L'énorme Dragon, l'antique Serpent, c'est le Diable, Satan. » Vous voyez ce que je veux dire ?
— Il me semble, répondit David. Si je traduis bien ta pensée, nous serions devant une répétition du système comparatif utilisé par l'apôtre dans le cas de Babylone et de Lilith.
— Parfaitement. Saint Jean construit les énigmes et il y insère les réponses par analogies. Si nous lisons attentivement les versets, nous nous apercevons que Dragon et Diable font un.
— Quelle est la valeur chiffrée de « Satan » ?
— **359**, répondit Myriam.
— Et Dragon, **360**. Aucun rapport.
— Détrompe-toi, répliqua Myriam. 359 est la valeur

numérique, mais elle ne correspond pas à la tradition juive. Chez nous, la vraie valeur du Diable est 364. Non sans raison. Pour les chrétiens, le Satan est un ange déchu qui agit en toute liberté du fin fond des enfers. Alors que, pour les juifs, il réside aux côtés du Tout-Puissant et n'a le droit d'intervenir qu'avec Son approbation. À cet égard, le prologue du Livre de Job est tout à fait révélateur. Permettez-moi de citer :

> Le jour où les Fils de Dieu venaient se présenter devant Yahvé, le Satan aussi s'avançait parmi eux. Yahvé dit alors au Satan : « D'où viens-tu ? »
> – « De parcourir la terre, répondit-il, et de m'y promener. »
> Et Yahvé reprit : « As-tu remarqué mon serviteur Job ? Il n'a point son pareil sur la terre : c'est un homme intègre et droit, qui craint Dieu et s'écarte du mal ! »
> Et le Satan de répliquer à Yahvé : « Est-ce pour rien que Job craint Dieu ? Ne l'as-tu pas entouré d'une haie, ainsi que sa maison et tout ce qu'il possède alentour ? Tu as béni toutes ses entreprises, ses troupeaux pullulent dans le pays. Mais étends la main et touche à tout ce qu'il possède ; je gage qu'il te maudira en face ! »
> – « Soit ! dit Yahvé au Satan, tout ce qu'il possède est en ton pouvoir. Évite seulement de porter la main sur lui. »
> Et le Satan sortit de devant Yahvé.

Elle marqua une pause avant de poursuivre :

— Vous le constatez : Dieu autorise le Satan à intervenir.

J'interrogeai :

— Mais pourquoi lui accorde-t-on la valeur numérique 364 ?

— Parce que l'Éternel veut bien lui concéder de tenter les hommes tous les jours de l'année, sauf un : le jour de Kippour ou jour du « Grand Pardon ».

Je me tournai vers les autres :

— Si nous adoptons cette version, cela signifierait que le mot « Dragon » aurait donc pour valeur **364** et non 360. Puisqu'il nous précise : « Le Dragon *c'est* le Diable. »

C'est à ce moment que la décision à prendre sur la marche à suivre provoqua au sein du groupe un débat plutôt houleux.

Dès lors que nous avions eu la preuve que le nombre 666, attribué à la Bête, se rapportait à Adolf Hitler et à travers lui à la Seconde Guerre mondiale, dès lors que nous avions décodé Goebbels, Roosevelt, l'Allemagne, l'Amérique, etc., certains d'entre nous estimaient logique de limiter nos recherches à cette période très précise de l'Histoire.

D'autres, Dimitri et, je le reconnais, moi-même, pensions le contraire. Élargir le débat nous semblait plus rigoureux « scientifiquement parlant ». Disons-le tout de suite, d'entre les cinq, c'est Dimitri et moi qui étions dans l'erreur. Car, élargir le débat à toutes les périodes et tous les événements de l'Histoire de l'humanité eût été non seulement absurde, mais totalement chimérique. De surcroît, cela eût signifié que nos découvertes n'étaient que de simples « accidents » dénués de fondement et dont il ne fallait pas tenir compte.

C'est pourquoi, au terme de l'échange, nous sommes convenus de maintenir le cap et de persévérer sur la voie tracée par les premiers mots décryptés : la Seconde Guerre mondiale et rien d'autre.

Ainsi que nous l'avons expliqué plus haut, le dernier recours du raisonnement demeurait l'informatique. Sans nous égarer dans des arguments par trop techniques, il faut savoir que les données programmées par David étaient chargées d'une myriade de références relatives au IIIe Reich : termes, doctrine, armements, noms de personnages et de lieux. À quoi s'ajoutaient les 22 lettres de l'alphabet hébraïque et leur correspondance numérique.

Hélas, ce programme si savamment élaboré fut incapable de nous proposer une solution. L'écran demeura désespérément vide.

David chercha à défendre son univers informatique, mais sans conviction.

– Après tout, un ordinateur ne fait que restituer ce qu'on lui a injecté. Le raisonnement, la déduction, sont autant de comportements qu'il ignore.

– Très bien, rétorqua Myriam. Dans ce cas travaillons « logiquement ». Posons-nous des questions simples. Quelles sont les caractéristiques du Dragon ? Jean le définit tantôt comme un dévoreur d'enfants, comme un séducteur, comme une puissance capable de transmettre son pouvoir, qui livre combat aux enfants de Dieu. Que vous l'admettiez ou non, toutes ces descriptions me font penser à une idéologie, une représentation philosophique plutôt qu'à une entité « matérielle » physique. Pour moi, le Dragon n'est pas un personnage, c'est une idée.

– C'est un point de vue, admit David. Il reste à démontrer.

Et le débat s'interrompit. En désespoir de cause nous nous sommes lancés dans l'étude d'un autre verset. Je ne me souviens plus à quel moment Myriam décida de revenir à la charge. Il me reste seulement le souvenir du mot qu'elle lança à brûle-pourpoint :

– Fascisme !

Je la dévisageai, interloqué. Je n'étais pas le seul.

– Fascisme ?

– Bien sûr ! Le fascisme n'est-il pas directement lié au IIIe Reich ? À l'Italie sous le Duce, à l'Espagne sous le Caudillo ? Ne fut-il pas l'idéologie responsable de toutes les atrocités commises ? Le noyau central de cette tragédie ? En un mot : le Dragon. Et je vous le prouve :

Elle effectua rapidement une série de calculs sur une page et nous la tendit.

Fascisme (פשיזם) = **436**

Et elle se hâta de poursuivre :

– L'intégrité intellectuelle m'impose de vous préciser que nous obtenons ce chiffre en soustrayant – toujours selon les principes fondamentaux de la Guématria – le nombre 1. C'est-à-dire, 437, **moins** un. Souvenez-vous, au tout début de nos recherches, je vous avais expliqué que le 1 est la première lettre de l'alphabet hébraïque, qu'il figure Dieu, l'Unité suprême, ce qui nous autorise à le soustraire (tout comme d'ailleurs le chiffre 10) des mots qui sont une offense au divin. Pensez-vous que le fascisme soit l'idéal du divin ? Le Dragon-Satan égale **364**, fascisme **436**. Vous saisissez ?

Quoique peu convaincus, nous ne pouvions réfuter totalement sa déduction. Comme pour Égypte (מצרים), 380 et Allemagne (גרמניה), 308, nous avions le même chiffre, mais dans le désordre. Le résultat n'était pas dépourvu d'intérêt. Mais – et cette fois dans une parfaite harmonie –, nous avons jugé qu'il était indispensable d'aller beaucoup plus loin dans le raisonnement.

– Quelle conclusion tirer de cette information ? lança Dimitri, sinon que Satan, Dragon et fascisme ont la même valeur.

David s'étonna :

– Ta question est absurde ! Le Dragon est l'inspirateur, le manipulateur de tout. Que nous dit le verset 2 du chapitre XIII ?

> […] et le Dragon lui **transmit** [à la Bête] sa puissance et son trône et un pouvoir immense.

– Et le chapitre XIII, verset 4 :

> On se prosterna devant le Dragon, **parce qu'il avait remis le pouvoir à la Bête ;** et l'on se prosterna devant la Bête en disant : « Qui égale la Bête, et qui peut lutter contre elle ? »

— C'est clair. Le fascisme (Dragon) transmet son pouvoir destructeur à la Bête (Hitler).

Myriam, toujours plongée dans ses opérations mathématiques, confirma :

— Pendant votre discussion, je me suis livrée à la réduction théosophique. Le résultat est encore plus probant :

Fascisme = **436** = 4 + 3 + 6 = **13**
Dragon = **364** = 3 + 6 + 4 = **13**

— Je maintiens que le Dragon figure bel et bien le fascisme. Mais il y a aussi autre chose... Jugez-en vous-mêmes :

666 = 6 + 6 + 6 = **18** (la Bête)
3 + 6 + 4 = **13** (le Dragon)
4 + 3 + 6 = **13** (le fascisme)

— Ces trois chiffres : 18, 13, 13 sont présents dans l'Apocalypse au chapitre XIII, verset 18...

À ce point de l'exposé, précisons que l'expression fascisme doit être prise non dans le sens de « doctrine politique », mais dans une acception plus profonde, à savoir : la négation de l'homme dans tout ce qu'il représente de noble, de beau, de divin, de digne. Pris dans son sens littéral, le terme désigne le mouvement fondé en Italie en 1919 et le système politique érigé en 1922 après la prise du pouvoir par le chef de ce mouvement, Benito Mussolini. Mais, en réalité, les doctrines fascistes se définissent par le rejet des principes du libéralisme traditionnel, un refus systématique de l'ordre politique, économique et social qui s'était progressivement instauré, au cours du XIXe siècle, dans la plupart des sociétés occidentales et dont le parlementarisme, le multipartisme, la garantie des droits et des libertés individuelles, constituaient les caractères essentiels. Tout parti fasciste est animé de la volonté de conquérir l'État et de le façonner à son image ; par conséquent, de faire en sorte que son idéologie devienne l'idéologie de l'État et par là même celle de la collectivité tout entière. Une doctrine que l'on pourrait associer au communisme.

Lorsque, dans les années 1935-1936, Staline se lance dans l'épuration, édictant des lois démentielles, entre autres celle qui prévoit la peine de mort pour les enfants au-dessus de douze ans, lorsqu'il élimine, entre 1937 et 1938, trois maréchaux sur cinq ; soixante généraux de corps d'armée sur quatre-vingt-cinq ; cent trente-six généraux de division sur cent quatre-vingt-dix-neuf et environ trente-cinq mille officiers sur soixante-dix mille ; lorsque sous l'égide de Beria on arrête plus de sept millions de citoyens, pour en éliminer froidement plus de la moitié, cela s'appelle aussi la négation de l'homme.

Il se faisait tard. Nous nous sommes littéralement écroulés. J'ignore si mes camarades trouvèrent rapidement le sommeil. Pour ma part, j'avais le cerveau en ébullition. Des sarabandes de chiffres se bousculaient dans ma tête. On eût dit un manège infernal, un enchevêtrement obsessionnel d'images et de mots.

Quelques heures plus tard j'entrouvris les yeux, avec la nette impression de n'avoir pas fermé l'œil. Je me levai, et trouvai un mot de Myriam, et quelques feuillets posés sur la table de la cuisine.

Mon avion décolle tout à l'heure... Voici quelques notes qui viennent étayer mon hypothèse :
Primo : le tétragramme sacré qui, je vous le rappelle, est formé des 4 lettres (*Yod, hé, vav, hé*) est évalué à 26. Sa moitié était donc 13[41].
Deuzio : 13, dans la tradition hébraïque, symbolise le « visage de Dieu » : (פני יהוה). Égal à 166 soit 13. Par conséquent, il serait naturel d'imaginer que le 13 représentant le fascisme et le Dragon figure le « dos » de Dieu et les Ténèbres.
Je me suis penchée sur le verset 2 du chapitre XIII.

[...] et le Dragon lui transmit sa puissance et son **trône** et un **pouvoir immense.**

Il est intéressant de constater que la valeur de « trône » est égale à 576.
Soit 5 + 7 + 6 = 18 = **9**
Que les mots « pouvoir immense » représentent 234.
Soit 2 + 3 + 4 = **9**
Et que Führer est égal à 495.
Soit 4 + 9 + 5 = 18 soit 1 + 8 = **9**
Cela étant, vous ne me l'avez pas dit ouvertement, mais mon instinct de femme m'a clairement laissé percevoir que vous trouviez mon interprétation Dragon = fascisme, quelque peu... bancale. Vous n'aviez qu'en partie raison. Et là, je me fais l'avocat

---

41. *Yod, hé, vav, hé,* c'est le nom que choisit Elohim pour se révéler à Moïse dans le buisson ardent. Cf, l'explication du père Alexandre, au chapitre 1.

du… diable. Rien ne prouve, c'est vrai, qu'il existe un rapport direct entre le Dragon et les deux Bêtes citées dans l'Apocalypse, celle annonçant Hitler et celle prophétisant son successeur. Que le Dragon-Satan ait pour valeur 364 et Fascisme 436 ne suffit pas. Il faut une corrélation immédiate et imparable entre les deux éléments, à savoir Adolf-Hitler-Autriche = 666 et le mot Dragon.

J'ai donc repris le verset 3 du chapitre XII :

> Puis un second signe apparut au ciel : un énorme Dragon rouge feu, à sept têtes et dix cornes, chaque tête surmontée d'un diadème.

Quels sont les mots à retenir ? Un Dragon, bien sûr. Sept têtes et dix cornes.
Nul besoin de se lancer dans des calculs savants.

1
7
10
———
18 soit **6 + 6 + 6**

Voici le premier verset du chapitre XIII, celui qui évoque la première Bête : Adolf Hitler.

> Alors je vis surgir de la mer une Bête ayant sept têtes et dix cornes, sur ses cornes dix diadèmes, et sur ses têtes des titres blasphématoires.

Là aussi, les chiffres parlent d'eux-mêmes :

1 Bête
7 têtes
10 cornes

―――
18 soit **6 + 6 + 6**

Et enfin, voici le verset relatif à la deuxième Bête, puisque nous savons qu'il y a deux Apocalypses imbriquées, et que ce verset annonce la venue d'un autre dément dans les temps à venir...

> XVII.3 – [...] Et je vis une femme, assise sur une Bête écarlate couverte de titres blasphématoires et portant sept têtes et dix cornes.

1 Bête
7 têtes
10 cornes

―――
18 soit **6 + 6 + 6**

L'aspect numéraire des deux Bêtes (7 têtes, dix cornes) est donc bien identique à celui du Dragon ! Démonstration faite, doutez-vous encore de mon hypothèse concernant le Dragon-fascisme ?
Permettez-moi aussi cet aparté : l'Éternel ayant conçu « l'homme à son image », que doit faire Satan sinon s'efforcer d'arracher l'image de Dieu qui est en

l'homme. C'est-à-dire en chacun de nous. Depuis la Genèse, le péché originel et le meurtre d'Abel, n'est-ce pas vers ce but que le Prince des Ténèbres tend inexorablement ? Et, pour briser l'homme, que fait-il sinon se servir… de l'homme, mais pas de n'importe lequel, un homme à qui il confie les plus grands pouvoirs, une puissance telle qu'elle lui permet de livrer combat au restant de la terre, à l'humanité détentrice de la foi ; que cette foi soit fondée sur le judaïsme, le christianisme ou l'islam… Hitler fut son instrument. Le prochain le deviendra aussi…
Je vous embrasse. Myriam.

Ce matin-là, en lisant les notes de Myriam, nous eûmes l'impression de progresser, tout en étant conscients de n'être qu'à l'orée d'un chemin, dont aucun d'entre nous n'aurait pu affirmer s'il menait à la lumière ou à l'abîme.

De plus, à nos états d'âme s'insinuait – à notre insu –, un vœu pieux que pas un seul n'eût voulu formuler à voix haute ; nous ne devions nous l'avouer que plus tard, bien plus tard.

Nous étions cinq. Des hommes somme toute guère différents de la plupart des hommes. Deux catholiques, un Grec-orthodoxe, un protestant et une juive. On a beau se vouloir un être avant tout universel, bardé de tolérance, il n'en demeure pas moins qu'au fond de soi, et dans certaines situations, se met à briller cette flamme stérile que Kant baptisa en son temps : « l'unité transcendantale du moi ». Plus communément appelé l'Ego.

Inconsciemment, chacun d'entre nous entretenait le secret espoir de trouver dans le texte de Jean son Apocalypse ; celle qui épouserait le mieux ses propres convictions. Il en sera peut-être de même si nos travaux devaient voir le jour. Certains esprits chagrins jugeront, qui sait, blasphématoire ou inopportun que l'on interprétât un écrit du Nouveau Testament en se fondant sur des traditions hébraïques ; d'autres condamneront que nous ayons fait usage de la Guématria – instrument sacré des kabbalistes –, pour décoder le texte d'un disciple du Christ.

Quelqu'un a dit un jour, évoquant Jérusalem, qu'il n'existait qu'un seul moyen de régler le différend qui oppose les trois religions sur l'appartenance de cette ville sainte : l'amnésie.

Pour ce qui nous concerne, il nous a fallu une belle dose d'amnésie pour aller au bout de notre quête.

Plus d'un mois s'écoula avant que nous soyons en mesure de reprendre nos séances de travail. Si l'Apocalypse était devenue le centre de nos préoccupations, il n'en demeurait pas moins qu'il fallait continuer d'assurer le quotidien... Nous avions nos vies privées, nos soucis, une famille. Et nous devions gérer le tout. La tâche ne fut pas facile ; loin de là.

Au fil des jours, nos séances de travail s'étaient transformées en un rituel. Bien que séparés, nous poursuivions chacun chez soi nos recherches. Une fois réunis, nous exposions nos travaux, pour ensuite rejeter le tout en vrac ou débattre sur un point qui nous paraissait tout à coup digne d'intérêt.

Ce soir-là, ce fut le verset 5, tiré du chapitre XIII, qui fut au centre de nos discussions. Je l'avais proposé, conscient de son importance et, je l'avoue, ayant déjà « décodé » son contenu.

> On lui donna de proférer des **paroles d'orgueil et de blasphème ;** on lui donna pouvoir **d'agir** durant **quarante-deux mois** […]

— Quelle interprétation proposes-tu ?
— Avant de vous répondre, je voudrais m'assurer d'une chose : est-ce que nous conservons le cap ou non ? Je m'explique : êtes-vous toujours convaincus que nous devons nous limiter à tout ce qui a trait à la Seconde Guerre mondiale ?

La réponse générale fut affirmative.

— Dans ce cas, je ne vois pas d'autre interprétation à ce verset que celle-ci : dans un premier temps, que sous-entendent les « paroles d'orgueil et de blasphème » ? sinon les discours incendiaires du Führer.

Il n'y eut pas de commentaire. Je poursuivis :

— Par « agir », il faut comprendre « vaincre, transformer ». D'ailleurs, agir, dans son acception littérale, signifie : « avoir une activité qui transforme ce qui est ».

Toujours le silence.

— J'arrive à l'expression « 42 mois ». Je m'empresse de vous le dire : c'est elle qui m'a posé le plus de problèmes. J'ai passé des heures à analyser méticuleusement le parcours triomphal d'Hitler, sans trouver de rapprochement notable entre les dates, les événements qui longèrent ce parcours et le nombre 42. C'est ce matin que la réponse m'est apparue.

Je pris une courte inspiration et demandai :

— Selon vous, à quel moment s'ouvre ce parcours triomphal ? Militairement, je précise.

Dimitri fut le premier à répondre :

— À mon avis, à partir du jour où Hindenburg, alors président du Reich, nomme Hitler au poste de chancelier. C'était, je crois, au courant du mois de janvier 1933.

— Le 30 très précisément. Mais désolé, Dimitri, j'ai précisé : militairement, non politiquement.

— Dans ce cas, proposa David, il faut se référer à l'Anschluss, lorsqu'en février 1938 Hitler fit son entrée dans Vienne.

Je rectifiai :

— C'était en mars, non en février. Et cette entrée s'est effectuée sans coup férir. Elle s'est faite à la suite de la démission de l'infortuné chancelier autrichien, Schuschnigg et parce que le peuple autrichien, tombé dans le marasme et la misère économique, n'ayant plus rien à perdre, souhaitait l'intervention du Führer. En toute objectivité, on ne peut considérer cette affaire comme étant le début d'une série de victoires militaires.

— Et l'annexion des Sudètes en 1938 ? Et celle de la Bohême-Moravie en 1939 ?

— Tu l'as dit, il s'est agi d'annexions.

Jean-Pierre s'impatienta :

— Très bien, si nous allions droit au but ?

— À mon avis, tout commence vraiment avec la signature du pacte de non-agression germano-russe. C'est-à-dire le 23 août 1939. Ce pacte – nous le savons depuis – était accompagné d'un protocole secret qui établissait les zones d'influence respectives : la Finlande, l'Estonie et la Lettonie dans la sphère russe ; la Lituanie dans la sphère allemande ; la Pologne serait partagée suivant la ligne Narew-Vistule-San. Dès lors, l'armée allemande « agit » et remporte sur tous les fronts une série de victoires tout aussi foudroyantes les unes que les autres. La Pologne est conquise en trois semaines. Au printemps suivant, la France subit le même sort. En avril 1941, la Wehrmacht fait main basse sur la Yougoslavie et la Grèce, tandis que l'Afrikakorps s'élance vers l'Afrique du Nord aux côtés des troupes italiennes.

– Et à quelle date fixes-tu la fin de ce « parcours triomphal » ?

– Le 31 janvier 1943. Devant Stalingrad.

J'enchaînais :

– Car, c'est bien là, au pied de l'ancienne Tsaritsyne, sur les bords de la Volga, que les rêves fous de l'ancien caporal se sont fracassés. Pour mémoire, permettez-moi de vous rappeler les circonstances : c'est au début de septembre 1943 que s'engage la bataille décisive. Inférieurs encore en aviation et en troupes motorisées, les Soviétiques utilisent des chars lourds et des barrages d'artillerie. L'hiver arrive ; on se bat dans Stalingrad, dont la conquête prend, de part et d'autre, la valeur d'un symbole. Hitler donne au général Paulus, qui voulait décrocher, l'ordre de demeurer sur place ; mais son armée, avancée en pointe vers l'est, offre dangereusement ses flancs à des contre-attaques adverses, d'autant plus que les Russes concentrent des troupes de part et d'autre du saillant de Stalingrad ; ils ont également conservé des têtes de pont sur la rive droite. Si la Wehrmacht a remporté d'importants succès, elle n'a pas atteint ses gigantesques objectifs. Le front allemand est dilaté sur plus de deux mille kilomètres ; le ravitaillement des troupes devient de plus en plus lent et difficile. Et c'est la débâcle. La Wehrmacht est vaincue.

Cette défaite eut un immense retentissement dans le monde entier, et fit renaître l'espoir dans tous les pays occupés ou soumis à l'assaut des puissances de l'Axe. C'était la fin du mythe de l'invincibilité de la Wehrmacht. L'armée allemande aura perdu dans cette effroyable bataille près de deux cent cinquante mille hommes, parmi lesquels cent cinquante mille tués, blessés ou pétrifiés par le froid et quatre-vingt-quatorze mille prisonniers, dont à peine six mille revinrent en Allemagne.

À l'instar de son illustre prédécesseur, Napoléon Bonaparte, qui lui aussi fut prisonnier de sa proie, Hitler a vu trop grand. En prescrivant à la fois la prise de Stalingrad et la marche sur Bakou, il a éparpillé ses forces. L'élan est brisé. Il le sera définitivement. Relisez le verset de saint Jean :

> On lui donna de proférer des paroles d'orgueil et de blasphème ; on lui donna pouvoir d'agir **durant quarante-deux mois** [...]

— Entre la signature du pacte de non-agression germano-soviétique et le siège de Stalingrad, il s'est écoulé exactement : **42** mois...

Je guettais un écho à ma démonstration, une critique, il n'y en eut point. Nul besoin d'interroger mes camarades pour constater que ce qui au départ n'était qu'une intuition vague avait pris définitivement corps désormais. Et même si la rigueur nous imposait encore et toujours le doute, et la vigilance, nous nous sentions de plus en plus confortés dans notre vision du texte.

Les premiers points élucidés jusque-là ne pouvaient plus être considérés comme de simples rapprochements hasardeux.

Mais nous n'étions encore qu'à l'aube de l'aventure et pas au bout de nos surprises.

Chapitre huitième

*Tu leur porteras mes paroles,
qu'ils écoutent ou qu'ils n'écoutent pas,
car c'est une engeance de rebelles.*
Ézéchiel, XII, 7

Nous arrivions au début de l'été. Nous avions décodé les principaux personnages de l'Apocalypse : l'Agneau et la Bête, qui ne sont qu'une seule et même entité, représentant la lutte de l'homme contre l'homme. Le Dragon, figurant le fascisme et Satan, les deux femmes.

Cela faisait plus de deux semaines que j'avais envoyé au père Alexandre nos premiers résultats. Je considérais comme naturel de le tenir informé car, après tout, n'était-il pas d'une certaine façon l'instigateur de cette entreprise ? Je guettais sa réponse, mais elle n'arrivait toujours pas.

Finalement, ce fut vers le milieu du mois de juin que le prêtre se manifesta. Le téléphone sonna. Aux premiers mots, je compris que quelque chose n'allait pas. La voix était lasse, un peu cassée ; celle d'un homme malade. Il m'expliqua qu'il avait dû subir une intervention chirurgicale ; rien de grave m'assura-t-il avec la pudeur que je lui connaissais, mais à son âge la moindre affection prenait des proportions excessives. Puis, très vite, il enchaîna sur les notes que je lui avais fait parvenir : « Nul doute, vous êtes sur la bonne voie. Mais il est un point sur lequel vous êtes dans l'erreur. » « Lequel ? » m'empressai-je de demander. « Vous avez négligé deux protagonistes qui, selon moi, occupent une place importante. » Et il ajouta : « **Les deux témoins.** » Il y eut un moment de silence. Je n'eus pas le temps de me remémorer le verset en question que déjà il le citait d'emblée : « Mais je donnerai à mes deux témoins de prophétiser pendant mille deux cent soixante jours, revêtus de sacs. »

Je rétorquai : « Vous avez probablement raison ; mais ces deux témoins jouent un rôle secondaire ; d'ailleurs ils ne sont cités qu'une seule fois. »

Je crus qu'il allait s'étouffer. « Relisez votre texte, mon ami. Relisez-le attentivement. Vous verrez à quel point vous avez tort. » Il fut secoué d'une quinte de toux et conclut : « À présent pardonnez-moi, mais il faut que je vous quitte. » Il raccrocha.

Je restai un moment immobile, le combiné à la main, plus préoccupé par la santé de mon interlocuteur que par les conseils qu'il venait de me prodiguer.

Il existait depuis de longues années un lien occulte entre le père Alexandre et moi. J'ai toujours eu la conviction que chacun de nous avait un rôle à jouer. Souvent, il ne consiste à être qu'un simple inspirateur, parfois même un instigateur. On nous fait parfois débarquer dans la vie d'une personne, au moment précis où celle-ci est à la croisée des chemins. Volontairement ou non, nous allons influer sur ses choix. Cette personne optera pour telle ou telle direction, et tout son avenir s'en trouvera transformé. C'est ce rôle que le père Alexandre joua dans ma vie. Mais il ne l'a jamais su.

Le moment de mélancolie passé, je transmis les suggestions du prêtre à mes amis. Un nouveau défi se proposait à nos neurones. Que pouvaient bien représenter ces deux témoins ?

> Mais je donnerai à mes **deux témoins** de prophétiser pendant mille deux cent soixante jours, revêtus de sacs[42].

Myriam ouvrit le débat :
— La première mention du mot « témoin » se trouve dans l'*Exode,* au chapitre XXII, verset 9 :

> Si quelqu'un confie à la garde d'un autre un âne, un taureau, une tête de petit bétail ou tout autre animal, et que la bête crève, se brise un membre ou est enlevée sans **témoins** […]

— Vous n'êtes pas sans savoir que la loi antique imposait deux témoins, voire trois, pour valider un acte d'accusation. Un seul n'étant pas suffisant.

> XXXV.30 – En toute affaire d'homicide, c'est sur la déposition de témoins que le meurtrier sera mis à

---
42. Apo., XI, 3.

mort ; mais un **témoin** unique ne pourra porter une accusation capitale[43].

– Mais qu'est-ce que cette information nous apporte ? Rien. Nous sommes certainement sur une fausse piste. Nous ne pouvions que le reconnaître.

Tous les versets où le mot témoin est mentionné furent analysés. Après avoir parcouru l'Ancien Testament, nous nous sommes tournés vers le Nouveau. Ce fut finalement un passage de Luc qui attira notre attention :

> XXIV.46 – et il leur dit : « Ainsi est-il écrit que le Christ souffrirait et ressusciterait d'entre les morts le troisième jour,

> XXIV.47 – et qu'en son Nom le repentir en vue de la rémission des péchés serait proclamé à toutes les nations, à commencer par Jérusalem.

> XXIV.48 – De cela vous êtes **témoins**.

Ici, le mot ne revêtait pas de sens « juridique ». Que voulait dire le texte, sinon que le Christ prenait des hommes (en l'occurrence les pèlerins d'Emmaüs), pour témoins de sa résurrection et qu'il leur promettait la Grâce, jusqu'à la fin des temps. Qui étaient ces deux pèlerins ? Tout ce que l'on sait est que l'un d'entre eux se prénommait Cléophas et qu'ils étaient juifs. Des juifs qui rapporteront aux douze leur rencontre avec le Christ. N'y avait-il pas là une contradiction ?

---
43. *Les Nombres.*

Myriam évalua aussitôt la valeur numérique des « deux témoins ». À ce point de nos recherches, elle avait acquis une rapidité de calcul tout à fait impressionnante. Le résultat obtenu fut **484**. Et par la réduction théosophique : 4 + 8 + 4 = 16 = 1 + 6 = **7**

— Nous ne sommes pas plus avancés, soupira-t-elle. Le chiffre sept est connu de tout temps. C'est le chiffre sacré par excellence. Il revient quarante fois dans l'Apocalypse : septénaires des sceaux, des trompettes, des coupes, des visions, etc.

Je ne sais plus combien de temps passa avant que la « grâce » daignât descendre sur nous. Ou plutôt sur notre ami grec, Dimitri.

— Je crois que je tiens un début de réponse. Souvenez-vous de Gog et Magog.

— Mais encore...

— De quelle façon avons-nous procédé ? N'avons-nous pas inversé le processus ?

Dimitri avait raison. Pour résoudre l'énigme de Gog et Magog nous nous étions servis, non point de la numération hébraïque, mais grecque.

Je m'empressai de demander :

— Tu penses donc qu'il faudrait user de la même méthode pour les deux témoins ?

Il eut un geste affirmatif :

— J'irais même plus loin. C'est Jean lui-même qui nous l'impose.

Il se produisit un flottement au sein du groupe.

Il reprit, imperturbable :

— En grec, dans ce contexte, et selon cette déclinaison, μαρτυσιν, « témoins », n'a pas la même signification qu'en français. Il signifie : martyrs.

L'information nous laissa sans voix.

— Martyrs, répéta Dimitri en hochant la tête avec un léger sourire. Vous comprenez maintenant ?

— Est-ce possible ? murmura Myriam.

— Je crois bien que nous brûlons, confirma Jean-Pierre. Quels furent les martyrs offerts en holocauste par la Bête, ses cibles prioritaires, sinon les juifs et les chrétiens ?

Myriam s'exclama :

— Pour ce qui est de la Shoah, cela se passe de commentaires, mais Hitler était catholique ! Comment peux-tu…

Cette fois, je décidai d'intervenir :

— Dimitri a raison. Il faut se référer à l'Histoire pour bien le comprendre. D'ailleurs, saint Jean l'écrit noir sur blanc dans le verset 6, du chapitre XIII : « Alors elle (la Bête) se mit à proférer des blasphèmes contre Dieu, à blasphémer son nom et sa demeure. » Bien entendu, Hitler était catholique, mais il ne l'était que « nominalement ». En vérité, la plupart des gens ignorent quelle fut sa politique à l'égard du christianisme. Accordez-moi quelques secondes d'attention… Afin de se concilier les bonnes grâces de l'Église catholique, Hitler signa, le 20 juillet 1933, un concordat avec le Vatican. Presque immédiatement il dissout la Ligue des Jeunesses catholiques et promulgue une loi sur la stérilisation qui choque tout particulièrement l'Église catholique. Lors de la purge du 30 juin 1934, il fit assassiner Erich

Klausener, leader de l'Action catholique et, dans les années qui suivirent, il fit arrêter et emprisonner des milliers de prêtres et de religieuses. Le 14 mars 1937, dans son encyclique *Mit Brennender Sorge,* Pie XII accusait le gouvernement nazi d'avoir semé, je cite : « L'ivraie de la suspicion, de la discorde, de la haine, de la calomnie, de l'hostilité fondamentale, secrète et ouverte, au Christ et à son Église. » Mais l'affaire ne s'arrête pas là. Après la guerre, Pie XII, dans une allocution qu'il fit le 2 juin 1945, décrivit le national-socialisme comme : « Une arrogante apostasie de la religion de Jésus-Christ, la négation de Sa doctrine et de Son œuvre de rédemption, le culte de la violence, l'idolâtrie de la race et du sang, la destruction de la liberté et de la dignité humaine. » De plus…

David m'arrêta dans mon élan :

— Et pour ce qui concerne les Églises protestantes ?

— Elles étaient logées exactement à la même enseigne. On créa une Église du Reich dès juillet 1934, et l'on proclama : « Un Peuple, un Reich, une Foi. » Les opposants furent arrêtés en masse en 1935. Ce n'est pas tout… Accordez-moi un instant.

Je me dirigeai vers ma bibliothèque et m'emparai d'un ouvrage que je m'empressai de citer :

— En février 1937, le Dr Hans Kerrl, nommé ministre des Églises depuis juillet 1935, déclare :

« Le Parti s'appuie sur le principe du Christianisme Positif, et le Christianisme Positif, c'est le national-socialisme ! Le national-socialisme, c'est l'effet de la volonté de Dieu ! La volonté de Dieu est révélée dans le sang allemand. Le Dr Zoellner – Église protestante –, et le comte Galen – Évêque catholique de Muenster –, ont voulu expliquer que le Christianisme consiste en la foi dans le Christ, Fils de Dieu. Cela me fait rire... Non. Le Christianisme ne repose pas sur le symbole des apôtres. Le vrai Christianisme représenté par le Parti et le peuple allemand est aujourd'hui appelé par le Parti, et spécialement par le Führer, à pratiquer un Christianisme réel... Le Führer est le héraut d'une nouvelle révélation[44]. »

Je tournai les pages et repris :

– Permettez-moi de vous lire quelques-uns des trente articles qui composaient le programme « religieux » du IIIᵉ Reich :

Article 1– L'Église-nationale du Reich Allemand réclame catégoriquement le droit exclusif et le pouvoir exclusif d'exercer un contrôle sur toutes les Églises qui se trouvent à l'intérieur des frontières du Reich : elle déclare ces Églises des Églises nationales du Reich Allemand.

Article 5 – L'Église nationale est décidée à exterminer irrévocablement les cultes chrétiens étrangers introduits en Allemagne durant la triste année 800.

Article 7 – L'Église nationale n'a ni scribes, ni pasteurs, ni aumôniers, ni prêtres, mais seulement des orateurs du Reich qui seuls pourront parler en son nom.

Article 13 – L'Église nationale demande que cessent immédiatement la publication et la diffusion de la Bible en Allemagne.

Article 14 – L'Église nationale déclare que pour elle,

---

44. William L. Schirrer, *op. cit.*

et par conséquent pour la nation allemande, il a été décidé que le *Mein Kampf* du Führer était le plus grand de tous les documents. Non seulement il définit, mais encore il incarne la morale la plus pure et la plus vraie dont puisse se réclamer notre nation, tant dans le présent que dans l'avenir.

Article 18 – L'Église nationale s'écartera de ses autels et de ses crucifix, de ses Bibles et de ses images de Saints.

Article 19 – Il ne doit y avoir sur les autels rien d'autre que le *Mein Kampf* – le plus sacré de tous les livres pour les Allemands et donc pour Dieu – et, à la gauche de l'autel, une épée.

Article 30 – Le jour de sa fonction, la croix chrétienne devra être enlevée de toutes les églises, cathédrales et chapelles et remplacée par le seul symbole invincible, la croix gammée.

Article…

Myriam me fit signe d'arrêter :

– C'est bon, Gérard… J'ignorais toutes ces choses. Pardonnez-moi, mais j'ai la nausée…

Elle se leva brusquement et quitta la table. J'eus à peine le temps d'apercevoir ses yeux brouillés de larmes.

Ce n'était pas tant le contenu du texte que je venais de lire qui l'avait bouleversée, que les souvenirs d'horreur que ce texte avait fait remonter à la surface : sa famille avait été décimée dans les camps. Les wagons plombés, le sectarisme, l'aboiement des chiens au pied des miradors, elle savait tout cela par la mémoire transmise.

Je ne pus m'empêcher à ce moment-là de penser aux voix imbéciles qui s'élèvent ici et là, pour atténuer le nombre de juifs éradiqués au cours de cette effroyable guerre de l'homme contre l'homme. « Allons, voyons ! Les chiffres sont nettement exagérés. Il n'y eut pas six millions de morts, mais quatre, ou trois, ou deux... »

C'est un peu comme si l'on vous disait, ami lecteur, pourquoi gémissez-vous ? On vous a assassiné votre mère, votre père, votre enfant, mais votre cousin et votre oncle sont toujours de ce monde...

Un silence un peu lourd s'instaura. Nous avons attendu le retour de la jeune femme, puis Dimitri reprit la parole :

— Si nous revenions à l'Apocalypse... Si les deux témoins sont le judaïsme et le christianisme, il nous faut le prouver par les chiffres. Pour l'instant nous n'avons fait qu'émettre un avis subjectif. À cause de mon interprétation du mot martyr, je le reconnais.

— C'est simple, fit Myriam. Évaluons la valeur numérique des mots **juif et chrétien.** Si nous sommes dans la vérité, les deux nombres devraient correspondre.

Elle inscrivit sur une page :

Juif (יהודי) = 35
Chrétien (כריסטין) = 359

Le temps d'un éclair nous crûmes nous être fourvoyés. Puis elle appliqua la méthode théosophique :

Juif = 3 + 5 = **8**
Chrétien = 3 + 5 + 9 = 17 = 1 + 7 = **8**

Les deux nombres étaient parfaitement identiques ! L'optimisme semblait renaître lorsque Jean-Pierre annonça froidement :

— Quel rapport avec les « deux témoins » ? Vous prouvez peut-être que juifs et chrétiens sont porteurs d'un même message divin, mais c'est tout. Vous ne démontrez pas qu'ils sont les deux témoins cités par Jean.

Il se tourna vers Dimitri :

— Quelle est la valeur numérique grecque de l'expression « deux témoins » ?

— 1765. J'avais déjà vérifié.

— Et en hébreu ?

Myriam répondit :

— 484. Et par la réduction théosophique nous obtenons 7.

Jean-Pierre frappa du plat de la main sur la table :

— Vous voyez bien ! D'un côté « juif et chrétien » qui valent 8. De l'autre « deux témoins », qui valent 7. Toute votre hypothèse s'écroule.

Un vent glacial se serait introduit dans la pièce qu'il n'aurait pas eu plus d'effet que cette conclusion.

Au moment où le découragement allait nous pousser à abréger le débat, Myriam poussa un véritable cri de triomphe. À moins que ce ne fût de soulagement :

— Nous nous sommes égarés nous-mêmes ! Nous n'avons pas tenu compte de nos propres conclusions. Les deux témoins sont bien le judaïsme et le christianisme et ils sont en totale correspondance avec le verset de l'apôtre :

Elle écrivit en grandes lettres :
Deux témoins = 484. 4 + 8 + 4 = 16 = 1 + 6 = 7
Chrétien =   359
Juif =   35

Et maintenant :
Chrétien + Juif = 359 + 35 = 394
ou 3 + 9 + 4 = 16 = 1 + 6 = 7

La théologienne avait bien vu. L'expression « deux témoins » était effectivement en phase avec les mots **« chrétien et juif »**. Dans notre fatigue nous avions oublié l'essentiel : ne pas séparer les juifs des chrétiens, mais, ainsi que Jean l'exigeait, les réunir. Tout un message, toute une pensée dans cette démarche.

Que dire ? sinon que nous avons éprouvé à cet instant-là, un sentiment qui ressemblait fortement à celui que l'on éprouve face au devoir accompli. Néanmoins (mais je me gardai bien d'exprimer ma pensée sur-le-champ), si j'étais satisfait de cet aboutissement, je ne l'étais pas totalement.

Nous avions décrypté le sens des « deux témoins », mais l'interprétation du verset était encore imparfaite, inachevée. Car le visionnaire de Patmos disait bien : « Mais je donnerai à mes deux témoins de prophétiser pendant mille deux cent soixante jours, revêtus de sacs. »

À quoi correspondaient les « mille deux cent soixante jours » et pourquoi « revêtus de sacs » ?

J'aurais détesté jouer au rabat-joie.

Demain serait un autre jour...

Chapitre neuvième

*Lorsque vous entendrez parler de guerres
et de désordres, ne vous effrayez pas ;
car il faut que cela arrive d'abord,
mais ce ne sera pas de sitôt la fin.*
Luc, XXI, 9

Le lendemain nous étions à nouveau à pied d'œuvre. J'ouvris d'emblée le débat sur le point qui me préoccupait.
— Il me semble indispensable de reprendre les trois versets qui ont trait aux « deux témoins ». Nous ne pouvons les dissocier comme s'ils étaient dépourvus de signification. Soit ils confirmeront notre interprétation, soit ils l'annuleront. Qu'en pensez-vous ?
L'accord fut unanime.
— Revoyons donc les versets en question :

XI.1 – Puis on me donna un roseau, une sorte de baguette, en me disant : Lève-toi pour mesurer le

Temple de Dieu, l'autel et les adorateurs qui s'y trouvent ;

XI.2 – quant au **parvis extérieur** du Temple, laisse-le, ne le mesure pas, car on l'a donné aux païens : ils fouleront la Ville Sainte durant **quarante-deux mois.**

XI.3 – Mais je donnerai à mes **deux témoins** de prophétiser pendant **mille deux cent soixante jours, revêtus de sacs.**

– Pour paraphraser une expression de Myriam, essayons de travailler « logiquement ». Quels sont les mots à retenir ?

1. Temple de Dieu
2. Parvis extérieur
3. Ville Sainte
4. Quarante-deux mois
5. Deux témoins
6. Mille deux cent soixante jours
7. Sacs.

– Et leur valeur numérique ?
Comme à l'accoutumée la jeune théologienne se livra à ses calculs, puis :
1. **Temple de Dieu** (מקדש יהוה) = 470
   ou 4 + 7 = 11 ou 1 + 1 = **2**

2. **Parvis extérieur** (כיכר חיצונית) = 824
   ou 8 + 2 + 4 = 14 ou 1 + 4 = **5**

3. **Ville Sainte** = (עיר קדושה) = 695
   = 6 + 9 + 5 = 20 ou **2**

Elle crut toutefois bon de nous préciser :

— Au risque de vous surprendre, sachez que « Ville Sainte » et « Jérusalem » ont exactement la même valeur. Jérusalem (ירושלים) équivaut à **596**. Soit 5 + 9 + 6 = 20. Soit **2**. Comme Ville Sainte, et avec les mêmes nombres inversés.

Elle marqua une pause, et adopta une expression malicieuse :

— Autre sujet d'étonnement, le mot Bible (תנך) a lui aussi la même valeur que Jérusalem et Ville Sainte : **470**. 4 + 7 = 11, soit **2**. Qu'en pensez-vous ?

Coïncidences...

Je continuai de réfléchir à voix haute :

— Nous avons déjà décrypté le sens des « quarante-deux mois » et des « deux témoins ». « Mille deux cent soixante jours » n'apporte rien de nouveau, puisque c'est aussi 42 mois. Reste le mot « sacs ». Quelqu'un aurait une suggestion ?

— Vous allez commencer à m'en vouloir, plaisanta Myriam. Mais je suis la seule d'entre vous à savoir le sens du mot. Il est tout simple : dans la religion juive, lorsqu'un grand malheur s'abat, on se doit de jeûner, de se vêtir de sacs et de se couvrir la tête de cendres. D'ailleurs Jean le souligne lorsqu'il écrit au chapitre XVIII, verset 19 : « Et jetant la poussière sur leur tête, ils s'écriaient, pleurant et gémissant [...] »

— C'est donc le symbole du deuil ?

— Du malheur, de l'épouvante. Sacs nous donne 450 soit **9**. Et malheur 117, soit **9** aussi.

Cette séance de décryptage commençait à prendre des allures ludiques. Un peu comme si là-haut quelqu'un, saint Jean lui-même peut-être?, s'amusait de nos modestes trouvailles.

Je poursuivis à l'intention de la jeune femme :

— Toi qui possèdes la science absolue, explique-nous ce qu'il en est du « Parvis extérieur ». Comment devons-nous l'interpréter?

Elle leva les bras au ciel.

— Là, mon cher, tu m'en demandes trop !

Elle me décocha un regard rieur.

— Après tout, je ne suis qu'une femme...

Je m'adressai à Jean-Pierre, notre sémiologue.

Il fit une moue dubitative.

— Littéralement le mot parvis signifie : « Espace situé devant une église et généralement entouré d'une balustrade ou de portiques. »

— Dans ce cas, pour quelle raison Dieu ordonne-t-il à Jean : « quant au parvis extérieur du Temple, laisse-le, ne le mesure pas. » Et d'ajouter : « car on l'a donné aux païens. » De plus je vous signale qu'il y a là un pléonasme, un parvis est par définition situé à « l'extérieur ». C'est donc l'extérieur que Jean n'a pas à mesurer.

David prit la relève :

— Il ne peut y avoir mille réponses possibles. Si le Seigneur recommande à Jean de ne point le mesurer, c'est probablement parce qu'il est inutile de le faire, « car on l'a donné aux païens »... Païens étant en opposition avec croyants ou monothéistes. De là découle une interrogation : quelle est la place occupée par « l'extérieur », par ceux qui ne pratiquent pas les religions du Livre ? N'est-ce pas « le reste... de la terre ? » Peux-tu vérifier, Myriam ?

La jeune femme s'exécuta :

— « Parvis extérieur » a pour valeur **5**. « Le reste de la Terre (שאר הארץ) » : 797 ou 7 + 9 + 7 = 23 ou encore : 2 + 3 = **5**.

Je proposai :

— Résumons-nous...

1. Temple de Dieu = 2
2. Ville Sainte = 2
3. Jérusalem = 2
4. Bible = 2
5. Parvis extérieur = 5
6. Le reste de la terre = 5
7. Sacs (שקים) = 9
8. Malheur (אסון) = 9

— Voici comment je vois le verset : « Lève-toi, compte le nombre d'enfants qui sont restés fidèles à la Bible (« Lève-toi pour mesurer le Temple de Dieu »). Le reste de la terre, laisse-le aux païens (« quant au parvis extérieur du Temple, laisse-le, ne le mesure pas, car on l'a donné aux païens »), pendant 42 mois. Mais je donnerai aux chrétiens et aux juifs (« à mes deux témoins ») de continuer de conserver leur foi dans ce monde pendant ces 42 mois, malgré le grand malheur (« sacs ») qui les frappe. »

En conclusion : les deux témoins sont à coup sûr le Christianisme et le Judaïsme opprimés, persécutés, qui renaîtront de leurs cendres au terme des **42** mois du règne d'Hitler.

Il y aurait eu dans cette conclusion une lueur d'espoir, si nous ne pressentions que la tragédie déjà vécue allait recommencer... Plus tard... Mais quand ? Quelle heure ? quel jour ? En quelle année ?

Jean-Pierre se servit un troisième café noir.

— Puisque les derniers indices tournent autour des victimes de cette guerre, nous devrions nous intéresser aux versets, ou aux expressions qui traitent du sujet. Il y a deux mots en tout cas auxquels je pense, chapitre VII, versets 13 et 14.

— Nous t'écoutons...

Le sémiologue s'empara du texte de l'Apocalypse et récita :

> L'un des Vieillards prit alors la parole et me dit : « Ces gens vêtus de robes blanches, qui sont-ils et d'où viennent-ils ? » Et moi de répondre : « Monseigneur, c'est toi qui le sais. » Il reprit : « **Ce sont ceux qui viennent de la grande épreuve** : ils ont lavé leurs robes et les ont blanchies dans le sang de l'Agneau. »

Dans ce passage, deux mots me troublent « grande épreuve »... Cela ne vous rappelle rien ?

Je secouai la tête.

Il désigna Myriam :

— Il ne m'a pas échappé combien tu as été bouleversée en écoutant l'énumération des articles sur l'Église du Reich... Quelques instants plus tôt, tu avais prononcé le mot Shoah... Nous savons tous ce que ce mot représente. L'horreur qu'il porte en lui. N'y aurait-il pas une possibilité pour que « La grande épreuve » représente la tragédie vécue non seulement par les juifs, mais aussi par les gens de toute race jugés indésirables sous le IIIᵉ Reich ? J'emploie d'ailleurs sciemment les mots « toute race ».

— Intéressant, commenta Dimitri. Mais va au bout de ta pensée.

— Plus haut, toujours au chapitre VII, verset 9, nous lisons : « Après quoi, voici qu'apparut à mes yeux une foule immense, que nul ne pouvait dénombrer, de **toute nation, race, peuple et langue** »... Est-ce que nous ne pourrions pas imaginer qu'au travers des mots « grande épreuve », saint Jean cherche à compléter l'information qu'il nous soufflait à propos des « deux témoins » ? Quand il parle d'une foule immense, ne sous-entend-il pas qu'en plus des juifs et des chrétiens, ce sont aussi « des hommes de toute race et de toute nation » qui furent meurtris dans leur chair ?

— Cela me paraît sensé. Mais, j'ai tout de même le sentiment que les mots « grande épreuve » désignent plus particulièrement la Shoah, l'éradication des Tziganes, des communistes, les camps de la mort en général, là où furent aussi décimés des représentants des « deux témoins ».

Dans un premier temps, nous fîmes appel à la science des nombres.

Grande épreuve nous donnait **143**. Ou **8**.

Dans un deuxième temps, nous nous sommes tournés vers le programme informatique, en espérant que cette fois il en sortirait quelque chose de concret. Et nous n'avons pas été déçus. Voici la liste des noms liés à la Seconde Guerre mondiale qui ont tous en commun le chiffre **8**. Je m'empresse de préciser que cette liste est loin d'être exhaustive. Nous avons souhaité n'en révéler que les mots les plus frappants :

Buchenwald (בוכנוואלד) =	125	**(8)**
Auschwitz (אושויץ) =	413	**(8)**
Juif =	35	**(8)**
Chrétien =	359	**(8)**
De toute nation (מכל האומות) =	548	**(8)**
Nuit de Cristal (ליל הבדולח) =	125	**(8)**
Munich (מינכן) =	170	**(8)**
Daladier (דלדיה) =	53	**(8)**
Chamberlain (צ'מברלין) =	422	**(8)**

Comme on peut le constater, le point le plus troublant est certainement le trio « Munich, Daladier, Chamberlain ».

C'est le 29 septembre 1938, à Munich, que les deux personnages signèrent un accord plaçant les Tchèques devant le fait accompli : 28 000 kilomètres carrés du territoire sont rattachés à l'Allemagne et près de trois millions de Sudètes sont incorporés. L'annonce de cet accord déchaîne l'enthousiasme en France et en Angleterre : le spectre de la guerre s'éloigne. Chamberlain, comme Daladier, est accueilli en triomphateur. On connaît la suite…

Nous avons décidé d'un avis commun de faire une pause.

Un soleil rare brillait sur Paris et cette luminosité contrastait fortement avec l'atmosphère pesante dans laquelle l'Apocalypse nous avait enfermés. Un même bonheur s'empara de nous cinq, alors que nous déjeunions à la terrasse d'un restaurant. C'était un peu comme si nous retrouvions la vie. La vie et la lumière. Voilà déjà quelques mois que nous affleurions les ténèbres et la mort. Tout ce feu, ce sang versé, cette remontée de soufre qui posait sur nos lèvres un goût amer et instillait dans notre esprit une impression de vertige. Un enfant passa tout près de notre table. Un petit bonhomme. Il ne devait pas avoir plus de cinq ou six ans. Où sera-t-il dans un demi-siècle ? Qu'adviendra-t-il de lui ?

Si ce que nous avions entrevu dans l'Apocalypse se réalisait, non dans mille ans, mais demain, un jour proche, alors le destin de cet enfant, comme celui de millions d'autres, était déjà scellé. À cause d'un individu, un seul, la terre s'embraserait à nouveau et des innocents paieraient à la Bête le tribut du sang. Ce sont toujours les innocents qui paient pour l'inconscience des coupables.

Finalement, l'homme avait pipé les dés. Il avait introduit dans le cours de son aventure une donnée non incluse au départ : la faculté de stériliser sa propre existence et de s'éliminer lui-même, foudroyé par l'invisible. Un jour, l'un de mes amis proches expliqua à son jeune fils le danger que représentait le nucléaire, sa puissance destructrice. Et l'enfant eut cette réponse sublime de sagesse : « Je vois. C'est comme si les insectes avaient inventé les pesticides… »

L'humain s'était inventé son pesticide…

Après le déjeuner, nous n'avons guère travaillé. Peut-être la fatigue, à moins que ce ne fût la sensation d'être devenus des Sisyphe, comme lui, condamnés à pousser éternellement notre rocher en haut d'une colline.

Ce fut seulement trois jours plus tard que la fièvre nous reprit. Nous savions – sans nous être concertés – que notre cheminement devait reprendre là où nous nous étions arrêtés. C'est-à-dire au chapitre VII, verset 13. Celui qui mentionnait les mots « vieillard et la grande épreuve ».

> VII.13 – L'un des **Vieillards** prit alors la parole et me dit : « Ces gens vêtus de robes blanches, qui sont-ils et d'où viennent-ils ? »
>
> VII.14 – Et moi de répondre : « Monseigneur, c'est toi qui le sais. » Il reprit : « Ce sont ceux qui viennent de **la grande épreuve**. » […]

Pourquoi la présence de ces Vieillards ? Déjà lorsque nous tentions de décoder la « grande épreuve », ce mot nous avait sauté aux yeux.

— Vous savez bien, commença David, que ce n'est pas la première fois que Jean fait intervenir ces personnages. Il les décrit au chapitre IV, verset 4 : « Vingt-quatre sièges entourent le trône, sur lesquels sont assis vingt-quatre Vieillards vêtus de blanc, avec des couronnes d'or sur leurs têtes.

Je pris la parole à mon tour :

— Il serait intéressant de savoir quelle est l'interprétation des exégètes. Que dit-on à ce sujet ?

— Tout et rien. D'aucuns affirment que ces vieillards figurent les 12 fils de Jacob qui ont donné naissance aux 12 tribus d'Israël. Ou encore des anges, des armées célestes. Certains laissent entendre qu'ils sont représentatifs de l'ensemble des rachetés de l'ancienne et de la nouvelle alliance, récompensés et couronnés. D'autres, qu'ils jouent un rôle sacerdotal et royal et qu'ils sont là pour louer et adorer Dieu, lui offrir les prières des fidèles. Pour d'autres enfin, ils L'assistent dans le gouvernement du monde et leur nombre correspondrait à celui des 24 ordres sacerdotaux mentionnés dans la Thora.

— Les ordres sacerdotaux ?

Myriam expliqua :

— Cela veut dire la classe des prêtres. On en trouve l'énumération dans le premier livre des Chroniques[45]. Vingt-quatre personnages, issus de vingt-quatre familles, furent tirés au sort pour occuper une fonction au service de Yahvé.

Je hochai la tête.

— Ce qui explique pourquoi les exégètes attribuent aux vieillards de l'Apocalypse ce rôle « d'assistants » de Dieu…

— Ça paraît logique, ne crois-tu pas ?

— Dans un contexte ésotérique, certainement. Mais

---

45. Ch. XXIV, 1 à 19.

ce n'est pas vers ce contexte-là que se sont orientées nos recherches. Nous faisons exactement l'opposé, puisque nous cherchons une explication exotérique...

— Assurément, reconnut Jean-Pierre.

— Dans ce cas, suggéra Myriam, pourquoi ne pas chercher justement une interprétation inversée, opposée, diamétralement contraire à celle fournie par les érudits religieux ?

— Ce qui signifierait ?

— Un jeu de miroir. Jean ne nous a-t-il pas permis de définir que Lilith n'était autre que le jumeau négatif d'Ève ?

— Exactement...

— Ne peut-on imaginer que les 24 vieillards, qui figurent le bien, posséderaient eux aussi leur double dans le mal ?

Ce fut la perplexité générale... Le raisonnement de Myriam avait une certaine consistance, mais comment le faire aboutir concrètement ?

Comme d'habitude, nous avons tourné en rond des heures durant. Parmi toutes les propositions que nous émettions pêle-mêle, aucune ne nous permettait de développer ne fût-ce qu'un embryon d'idée.

Cette fois nous nous étions enferrés nous-mêmes, sans voie de sortie possible.

Passé minuit, nous avons baissé les bras et nous avons abandonné les vingt-quatre vieillards à leur secret.

Chapitre dixième

*Les crimes hitlériens, et parmi eux
le massacre des Juifs,
sont sans équivalent dans l'histoire
parce que l'histoire ne rapporte aucun exemple
qu'une doctrine de destruction aussi totale
ait jamais pu s'emparer des leviers de
commande d'une nation civilisée.*
Camus, L'Homme révolté, III.

– J'y ai repensé toute la semaine. Plus précisément, j'ai repensé aux propos tenus par Myriam, qui proposait que l'on accordât à ces 24 vieillards un reflet du mal et non du bien. Il m'est venu alors une idée complètement folle.

– Quoi de plus naturel, plaisanta Myriam. Tout n'est-il pas un peu fou dans cette aventure ?

Quelques jours auparavant, j'avais fait l'acquisition d'un tableau noir que nous avions placé au centre du salon. Ainsi, chacun pouvait y jeter ses hypothèses et tous pouvaient en profiter.

Je m'emparai d'un bâton de craie et écrivis en premier :

ADOLF HITLER

Et j'expliquai : – Si nous partons du principe que ces 24 vieillards ne sont pas au service du divin mais du diable, donc du Dragon, ils seraient par conséquent les serviteurs ou les adjoints du Führer. Le raisonnement vous paraît-il sensé ?

Mes quatre camarades acquiescèrent avec plus ou moins de passion.

J'ajoutai :

– Qui furent les adjoints d'Hitler ? À quel moment de l'histoire ont-ils été réunis ?

Face au silence qui suivit mon interrogation, j'inscrivis sur le tableau noir :

NUREMBERG

– Le procès ?

– Absolument. Après la Seconde Guerre mondiale, les Alliés décidèrent de juger les membres et les dirigeants du Parti national-socialiste du IIIe Reich pour crimes contre l'humanité. Un Tribunal militaire international fut constitué dans la ville de Nuremberg, entre le 20 novembre 1945 et le 1er octobre 1946. Il y avait là sir Justice Lawrence, représentant de la justice royale britannique, assisté pour les États-Unis de Francis Biddle, du major général Nikitchenko pour l'URSS, et pour la France de Donnedieu de Vabre et Robert Fales. C'est le procureur américain, Robert Jackson, qui donna au procès son sens profond en déclarant : « Le véritable parti plaignant à cette barre, c'est la civilisation. » Vous vous souvenez du nombre d'accusés nazis soumis à ce jugement ?

— Vingt-quatre ? articula David d'une voix hésitante.
— Parfaitement... Nous allons d'ailleurs le vérifier.

Je m'emparai d'un ouvrage consacré au procès de Nuremberg. Je trouvai la page qui rapportait la liste des personnalités nazies présentes au procès et lus à voix haute :

1. Doenitz
2. Fritzsche
3. Goering
4. Hesse
5. Jodl
6. Hans Frank
7. Frick
8. Funk
9. Keitel
10. Neurath
11. Raeder
12. Ribbentrop
13. Rosenberg
14. Sauckel
15. Schacht
16. Schirach
17. Seyss-Inquart

18. Speer
19. Streicher
20. Von Papen
21. Walther Funk

– C'est curieux, fit remarquer Jean-Pierre, il n'y en a que vingt et un…

– Bien sûr…, répliquai-je, il manque Himmler[46], Goebbels et Heydrich[47]. Les deux premiers se sont suicidés et le dernier a été abattu.

– Ce serait donc eux les vingt-quatre vieillards de l'Apocalypse, murmura Dimitri. Mais…

Il n'eut pas le temps d'aller au bout de sa phrase. Myriam s'était précipitée vers le tableau noir. Elle rédigea dans un crissement de craie :

Procès (משפט) =   429 soit 4 + 2 + 9 = 15 = **6**
Nuremberg (נורמברג) = 501 soit 5 + 1 = **6**
Adolf Hitler =   375 = 3 + 7 + 5 = 15 = **6**

666

Et plus bas :

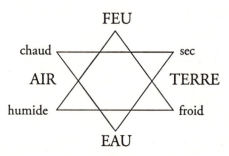

---

46. Le 23 avril 1945, il rencontre le comte Bernadotte à Lubeck et lui annonce que, Hitler étant sur le point de mourir, il prend le pouvoir et se tient prêt à négocier la capitulation de l'Allemagne. Hitler, l'ayant appris, révoque Himmler qui gagne le Schleswig où il sera arrêté par les Anglais. Son suicide lui permet d'échapper au jugement du Tribunal militaire international de Nuremberg.
47. Il fut assassiné en 1942, à Prague, par deux soldats tchèques formés à Londres et parachutés en Tchécoslovaquie.

Puis elle se tourna vers nous, tout d'un coup fiévreuse :

— Je ne vous ferai pas l'injure de vous demander si vous savez ce que signifie cet hexagone en forme d'étoile à six branches. D'aucuns l'appellent le sceau de Salomon, d'autres la Maggen David, ou bouclier de David. C'est un motif qui fut longtemps commun à bien des peuples, tant en Europe qu'au Moyen-Orient, dès le début de l'âge de Bronze. Sa première apparition en tant que symbole juif date du VIIIe siècle avant Jésus-Christ. Chose étonnante, des archéologues ont retrouvé une représentation de ce sceau, datant du IIIe siècle, dans la synagogue de Capharnaüm. Un autre signe était gravé à ses côtés.

Elle dessina sous la Maggen David :

— Eh oui, un svastika… En réalité, il n'y a rien là de surprenant. En sanscrit, svastika est dérivé de *su* (bien) et de *asti* (il est). Ce qui veut dire : « qui conduit au bien-être ». Les Hindous utilisent le svastika pour marquer les pages de leurs livres de comptes, le seuil de leurs maisons, leurs portes et leurs offrandes. Mais si je vous raconte tout cela, c'est surtout pour vous faire comprendre que, même dans la Maggen David on trouve cette dualité suggérée par Jean. Le bien est l'envers du mal. Observez le sceau. D'un côté les ténèbres, de l'autre la lumière. Dans le déroulement de l'Apocalypse, le diable use des mêmes armes que Dieu, et l'antéchrist transforme en stratagèmes les instruments du Christ. Comment, dès lors, ne pas croire à la vocation dénaturée des vingt-quatre vieillards ?

– Si nous nous résumions ? proposai-je.

Je me dirigeai à mon tour vers le tableau, effaçai les dernières indications de Myriam et inscrivis :

666 = Adolf Hitler Autriche
Grande Cité ou Égypte ou Harmagedôn = Allemagne
Gog = Amérique
Magog = Allemagne-Japon-Italie-Roumanie
    Hongrie-Finlande-Bulgarie
Hitler
Roosevelt
Faux prophète = Joseph Paul Goebbels
Image = le cinéma
Soixante-six millions de morts
Agneau + Bête = Adam
1re femme = Ève
2e femme = Lilith
Dragon = fascisme
42 mois = durée que nous situons entre la signature
    du pacte germano-russe et Stalingrad.
Deux témoins = judaïsme et christianisme
Temple de Dieu = Bible
Parvis extérieur = le reste de la terre non monothéiste.
La grande épreuve = la Shoah et les victimes de toute
    nation, toute race.
Les vingt-quatre vieillards = les dirigeants nazis.

— Qu'avons-nous négligé ?

— Certainement nombre de choses…, rétorqua David. Les pièces qui concernent la Seconde Guerre mondiale commencent à s'imbriquer, mais le puzzle est loin d'être achevé.

Il brandit une note et poursuivit :

— Tenez, par exemple. Lorsque nous avons décidé de recenser les protagonistes, nous avons omis d'en citer quatre… Et non des moindres.

Dimitri fut le premier à répondre :

— Je sais d'avance lesquels : les 4 cavaliers.

— Exactement. Mais il y a encore bien des lacunes. Nous avons parlé des deux femmes. Si pour Lilith, comparée par Jean à Babylone, notre interprétation semble complète et adéquate ; nous ne pouvons en dire autant pour la première femme : Ève. Relisez le verset :

> XII.1 – Un signe grandiose apparut au ciel : une Femme ! le soleil l'enveloppe, la lune est sous ses pieds et douze étoiles couronnent sa tête ;
>
> XII.2 – elle est enceinte et crie dans les douleurs et le travail de l'enfantement.

— Il subsiste une interrogation, et elle est de taille : À qui cette femme s'apprête-t-elle à donner le jour ? Que sont les douze étoiles qui couronnent sa tête ?

Je fis observer :

— Tu sais bien que la plupart des commentateurs voient dans cette description la Vierge Marie, la mère du Christ. J'ai entr'aperçu aussi une exégèse qui laisse entendre qu'elle pourrait représenter également le Peuple de Dieu, ou l'Église.

— Il y aurait peut-être une interprétation, dit soudainement Myriam.

Elle griffonna quelques notes, médita un long moment avant de reprendre :

— Ce n'est qu'une proposition. Mais vous allez voir, elle me semble assez intéressante... Surtout pour vous, chrétiens. Si nous calculons la valeur de Ève, et celle du mot Église, nous obtenons respectivement 19 ou **1** et 145 ou 1. Curieux, n'est-ce pas ? À quoi nous pouvons greffer les mots douze étoiles et douze apôtres. Douze étoiles a pour valeur 1068 ou **6** et douze apôtres, 1383 ou **6** aussi. Que dit le verset ? « Un signe grandiose apparut au ciel : une Femme ! le soleil l'enveloppe, la lune est sous ses pieds et douze étoiles couronnent sa tête. » Le mot soleil est égal à 640 ou **1**. Le même que le mot Emeth 1441, ou **1**, qui signifie Vérité suprême. La lune, quant à elle, équivaut à **6**. Six, qui représente en numérologie l'opposition de la créature au Créateur. C'est le nombre de l'épreuve entre le bien et le mal... Nous l'avons vu avec 666.

Je questionnai :

— Alors comment interpréter le verset ?

— De la manière suivante : D'une part l'Église-vérité, couronnée par les douze apôtres ; de l'autre, sous ses pieds, la tentation du mensonge, le conflit, l'opposition au Créateur.

Je protestai avec un sourire :

– Tu ne trouves pas qu'il y a un côté iconoclaste à ta « vision » du verset ?

Elle secoua la tête.

– Pas le moins du monde. Mais je vous ai prévenus, ce n'est qu'une proposition. Toutefois, si vous vous penchez sur l'Histoire de l'Église, vous devez admettre qu'elle ne fut pas toujours en osmose avec l'enseignement du Christ. Que je sache, l'Inquisition ne fut pas un exemple de tolérance et d'amour du prochain. Les silences de Pie XII durant la Seconde Guerre mondiale, ou la condamnation de Galilée et de Copernic, non plus.

– Qu'importe ! trancha David. Je propose que nous remettions à plus tard l'analyse de ce verset, car, ainsi que je vous le faisais remarquer, il reste de nombreux points obscurs.

– Les sauterelles, entre autres, surenchérit Myriam. Elles sont mentionnées au chapitre IX, verset 3 : « Et, de cette fumée, des sauterelles se répandirent sur la terre. »

– Le moins que l'on puisse dire est que nos découvertes paraissent encore bien modestes par rapport à ce qu'il reste à déchiffrer...

Dimitri proposa :

– Peut-être pourrions-nous essayer de décrypter les quatre cavaliers ? Après tout ils ont donné lieu à tellement d'interprétations et fait l'objet de tant de films. Et puis, il y a une information liée à l'un des cavaliers qui me paraît intéressante.

Il récita d'une voix distincte :

« Et voici qu'apparut à mes yeux un cheval blanc ; celui

qui le montait tenait un arc ; on lui donna une couronne et il partit en vainqueur, et pour vaincre encore[48]. » Voyez-vous, c'est le mot « arc » qui m'intrigue.

— Pour quelle raison ? interrogea Myriam.

— J'y viens. Les commentateurs expliquent ce verset en nous disant que les Parthes étaient les ennemis jurés de Rome, et ils en déduisent que c'est par eux que les chrétiens espéraient voir un jour la destruction de la Bête, à savoir, l'Empire romain.

— Mais que sait-on vraiment de ces fameux Parthes ?

— Tout et rien. C'est vers la première moitié du III siècle avant J.-C., que des tribus scythes font irruption en Iran ; appelées par les historiens Parnes ou Aparnes, elles auraient émigré de la région de la mer d'Aral pour s'installer en Parthie. De là, ces nomades se tailleront un empire en s'emparant des territoires de l'Ouest. Il semblerait que durant cinq siècles ils aient dominé ce que nous appelons aujourd'hui le plateau iranien. Hélas, comme ils manifestaient une certaine répugnance envers l'écriture, préférant la tradition orale, ils ne nous ont laissé que des bribes sur eux-mêmes. Toutes nos informations proviennent de leurs ennemis, et entre autres des sources helléniques. Ont-ils su créer une vraie civilisation ? Nous ne sommes pas en mesure de répondre à la question. En revanche ils représentèrent une force militaire suffisamment puissante pour mettre Rome en péril. En fait, si nous voulions caricaturer, nous pourrions dire que les Parthes furent pour Rome, ce que l'ex-Union soviétique fut pour les États-Unis : l'ennemi à abattre.

Je complétai l'exposé de notre ami grec :

---
48. Apo., VI, 2.

— Et comme l'Histoire est imprévisible : la chute de l'Empire romain sera provoquée par les Barbares, les Huns en particulier, qu'aucun tribun n'attendait. Mais – je m'adressai à Dimitri – pourquoi relèves-tu le mot « arc » ?

— L'arc et la flèche étaient les armes toutes-puissantes des Parthes. Ces guerriers avaient la réputation de pouvoir décocher leur trait dans n'importe quelle posture, même en retraite par-dessus leur épaule, et toucher tout de même leur cible. Vous allez me trouver irrationnel, mais quel dessin trouve-t-on gravé sur les pièces de 5 et 10 dollars, en or ou en argent ?

Pas un seul d'entre nous ne fut en mesure de répondre.

Il articula lentement :

— Un Indien. Un Sioux.

— Et alors ?

— La flèche et l'arc...

La sentence tomba par la voix de Myriam :

— Tu es irrationnel en effet !

— Et la couronne, demandai-je. Que représenterait-elle ? Car Jean nous dit bien : « on lui donna une couronne ».

— Puisque vous me jugez irrationnel, je vais aller au bout de mes chimères : la couronne ceint la tête de la statue de la Liberté.

Un délire de protestation s'éleva dans la pièce que Dimitri essaya d'apaiser par de grands signes de la main. Finalement, n'y parvenant pas, il cria presque :

— Parfait ! Calculez donc la valeur des mots « cheval blanc et États-Unis » !

Myriam commença par rechigner, puis, à l'insistance de l'historien, elle s'exécuta. Quand elle eut terminé, elle leva le visage vers nous. La surprise avait remplacé le scepticisme :

— Cheval blanc, dit-elle à mi-voix, est égal à **208**. États-Unis... égal... **208**.

Et Dimitri de jubiler :

— De plus, Jean souligne : « et il partit en vainqueur, et pour vaincre encore. » N'est-ce pas l'intervention des États-Unis qui transforma la défaite en victoire ?

Il y eut un temps de silence. Quel crédit pouvait-on objectivement accorder à cette corrélation inattendue ?

Ce fut Dimitri, encore lui, qui suggéra :

— Si j'ai vu juste, l'un des trois autres cavaliers devrait figurer l'Allemagne.

Myriam se livra à une nouvelle série d'opérations mathématiques, puis :

— Je suis au regret de vous annoncer que je ne trouve pas un seul des trois cavaliers avec pour nombres 308 ou 380 qui, je vous le rappelle, sont les chiffres que nous avons attribués à l'Allemagne. Cheval noir équivaut à 640 et cheval rouge à 177, cheval vert à 436.

Quelqu'un murmura à l'intention de notre ami grec :

— C'est ici que les Athéniens s'éteignirent...

Chapitre onzième

*On équipe le cheval pour le jour du combat,
mais c'est à Yahvé qu'appartient la victoire.*
Les Proverbes, XXI, 31

Nous nous sommes séparés pour les vacances d'été. Qui en Grèce, qui en Italie, qui en Bretagne ou ailleurs. J'étais le seul à être resté à Paris. D'une part je supporte mal le farniente, les heures creuses où j'ai l'impression – à tort ou à raison –, de gaspiller mon temps ; de l'autre, j'ai toujours pensé qu'un coin de paysage, surtout s'il est admirable, le devient plus encore lorsqu'on le contemple à deux. N'ayant personne dans l'immédiat avec qui j'aurais pu partager cet instant rare, je préférais donc, et de loin, continuer de m'investir dans mes travaux, ma méditation et les délices (ou les tourments) de la solitude. Mais le malheur de certain solitaire, c'est qu'il s'arrange toujours, Dieu sait comment, pour n'être jamais seul. C'était sans doute mon cas. Quand je n'ouvre pas ma porte à un ami qui a le vague à l'âme, c'est à un chien perdu sans collier. Question de fatalité...

Bien entendu, je ne quittais pas l'Apocalypse des yeux. L'ouvrage de l'apôtre restait posé sur ma table de chevet, et il ne se passait pas une nuit sans que je m'endorme après avoir fait une incursion dans ses abîmes.

Ce fut au cours d'une ces nuits que je me réveillai en sursaut. Cela faisait quelque temps déjà que des chevaux – un noir, un blanc, un rouge, un vert –, livraient bataille à mon sommeil. Cette nuit-là, je me redressai dans mon lit, l'esprit martelé par un nombre : **436**. C'était la valeur numérique que Myriam nous avait indiquée à propos du cheval vert, ou verdâtre. Mais par quel sortilège une information aussi précieuse avait-elle pu nous échapper ? C'était pourtant clair. Tellement évident. Nous cherchions à prouver que l'un des cavaliers de l'Apocalypse représentait l'Allemagne, et cette preuve était là, sous notre nez :

Cheval vert (סוס ירק) = 436
Dragon/fascisme (פשיזם) = 436

J'allumai ma lampe de chevet et me jetai sur le verset en question :

> Et voici qu'apparut à mes yeux un cheval verdâtre ; celui qui le montait, on le nomme : la Mort ; et l'Hadès le suivait. Alors, on leur donna pouvoir sur le quart de la terre, pour exterminer par l'épée, par la faim, par la **peste**, et par les fauves de la terre[49].

---

49. Apo., VI, 8.

Presque simultanément me revint en mémoire ce qualificatif attribué couramment au nazisme : la peste brune, par référence aux chemises de couleur brune[50] que portaient les divisions d'assaut, les *sturmabteilung* ou S.A. Or, le verset parlait bien de peste, et de surcroît, l'apôtre attribuait au cheval cette couleur verdâtre, qui caractérise les corps en décomposition atteints surtout par la peste bubonique.

Le cheval vert représentait donc bien l'Allemagne. Le cheval blanc, les États-Unis. Dimitri avait eu raison d'insister.

Je me précipitai vers le téléphone et, faisant fi de l'heure tardive, j'appelai successivement mes quatre camarades pour leur communiquer l'information. Il va sans dire que le plus enthousiaste d'entre eux fut Dimitri. Je l'entendis au bout du fil rugir en grec quelque chose, entre imprécation et cri de victoire.

Il fallut attendre septembre pour que nous nous retrouvions à quatre. Fonction oblige, Myriam était rentrée en Israël. Ce jour-là, en apercevant les notes qui s'entassaient pêle-mêle sur ma table, je compris que, en dépit des vacances, mes amis eux aussi n'avaient pu s'empêcher de continuer à disséquer les énigmes du visionnaire de Patmos.

Jean-Pierre, le premier, revint sur notre méthode de travail :

— Vous souvenez-vous de l'analyse que nous avions faite lorsque nous avons commencé à nous intéresser à l'Apocalypse ? Nous avons conclu que, à l'instar du Coran, les versets n'étaient pas rédigés selon un ordre

---
50. Par opposition aux chemises noires, portées par les fascistes italiens, sous Mussolini.

chronologique ; qu'il fallait considérer l'ensemble comme un puzzle et non comme une rédaction classique fondée sur une unité de temps et de lieu. De plus, nous avons estimé que les pièces de ce puzzle étaient – la plupart du temps –, dispersées à travers les versets. À titre d'exemple, une phrase du verset Z du chapitre Y pouvait très bien se révéler complémentaire d'une autre phrase prise dans un autre verset et un chapitre différent. Sommes-nous toujours d'accord sur ce principe ?

– Si tu poses la question, répliqua David, c'est probablement parce que tu as une idée en tête ?

Le sémiologue confirma :

– Vous savez comme moi que ce sont les mots porteurs d'un « double sens » qui, en premier, soulèvent des interrogations. Autant des mots comme tête, face, trompette, ciel, ne représentent en soi rien de très original, autant des formules telles que 666, Dragon, faux prophète, témoins ou encore parvis, dégagent un intérêt. Pour ma part, je suis sûr que l'expression « Sauterelle » s'insère parmi ces étrangetés. Voici ce que l'on trouve au chapitre IX, verset 3 :

> Et, de cette fumée, des **sauterelles** se répandirent sur la terre ; on leur donna un pouvoir pareil à celui des scorpions de la terre.

– Plus bas, verset 7, toujours au chapitre IX, Jean poursuit sa description :

> Or ces **sauterelles,** à les voir, font penser à des chevaux équipés pour la guerre ; sur leur tête on dirait des couronnes d'or, et leur face rappelle des faces humaines [...]

— Et ci-dessous, verset 9 :

> [...] leur thorax, des cuirasses de fer, et le bruit de leurs ailes, le vacarme de chars aux multiples chevaux se ruant au combat ;

— Est-ce que ces descriptions ne vous rappellent rien ?
La réponse ne tarda pas à venir :
— La première image qui vienne à l'esprit, suggéra David, est celle d'une armée. Une armée en marche...
Un sourire satisfait éclaira les lèvres de Jean-Pierre.
— Je le pense aussi. Reconnaissons que c'est assez frappant. Comment ne pas songer à des bataillons ou des divisions blindées lorsque nous parcourons des expressions telles que « des chevaux équipés pour la guerre » ou « leur thorax, des cuirasses de fer » ou encore « le vacarme des chars ».
Je décidai de m'immiscer dans la discussion :
— J'ai pareillement essayé d'analyser ce passage ; c'est aussi le mot « sauterelles » qui m'a fait ciller. J'ai donc recensé dans la Bible toutes les concordances. Il y a trente-huit fois le mot sauterelles. Vingt-neuf au pluriel, et neuf au singulier. La majorité des versets où l'on retrouve ces concordances ont tous trait à la guerre. Par exemple dans l'Exode :

> Si tu refuses de laisser partir mon peuple, dès demain je ferai venir des **sauterelles** sur ton territoire.
>
> Yahvé dit à Moïse : « Étends ta main sur le pays d'Égypte pour que viennent les **sauterelles** ; qu'elles montent sur le pays d'Égypte et qu'elles dévorent toute l'herbe du pays, tout ce qu'a épargné la grêle[51]. »

– Dans les Juges :

> Car ils arrivaient, eux, leurs troupeaux et leurs tentes, aussi nombreux que les **sauterelles** ; eux et leurs chameaux étaient innombrables et ils envahissaient le pays pour le ravager[52].

– Néanmoins, le verset qui m'a le plus troublé est certainement le verset 13, du chapitre VII du deuxième Livre des Chroniques :

> Quand je fermerai le ciel et que la pluie fera défaut, quand j'ordonnerai aux **sauterelles** de dévorer le pays, quand j'enverrai la **peste** sur mon peuple.

– La peste, murmura David.
– Parfaitement... La peste. Et, depuis que nous savons que le cheval verdâtre est lié au fascisme et donc à l'Allemagne, le mot peste prend ici une résonance bien particulière.
Quelques minutes de silence s'écoulèrent, puis :
– Ainsi, reprit Jean-Pierre, nous serions purement et simplement devant une description de la Wehrmacht.

---

51. Exode, X, 4 ; X, 12.
52. VI, 5.

Je confirmai.

— D'autant que Jean parle sans équivoque du « vacarme des chars ». Peut-on dissocier ce qualificatif de « chars de combat » ? ou de *Panzerdivisionen*, surtout lorsque l'on sait que les Panzers constituèrent le fer de lance de la Wehrmacht.

Dimitri se leva et se mit à penser à voix haute tout en arpentant la pièce :

— Tout cela a l'air cohérent, mais en théorie seulement. Comme toujours, nous devons apporter la preuve de ce que nous avançons. Sinon ce ne sont que de simples conjectures.

Nous ne pouvions qu'approuver.

— J'aimerais que nous revenions un instant aux concordances du mot « sauterelles ». Il existe tout un chapitre dans le Livre de Joël intitulé « Le fléau des sauterelles ». Il y est dit entre autres :

> Car un peuple est monté contre mon pays, puissant et innombrable, ses dents sont des dents de lion, il a des crocs de lionne. […][53]

Et au chapitre II, versets 4 et 5 :

> Son aspect est celui des chevaux ; comme des coursiers, tels ils s'élancent.
> On dirait un fracas de chars bondissant sur les sommets des monts, le crépitement de la flamme ardente qui dévore le chaume, un peuple fort rangé en bataille.

---
53. Joël, I, 6.

— Reprenons à présent les passages de saint Jean[54] :

> Or ces sauterelles, à les voir, font penser à des chevaux équipés pour la guerre [...] et leur face rappelle des faces humaines ; [...] leurs dents, des dents de lions ; [...] leur thorax, des cuirasses de fer, et le bruit de leurs ailes, le vacarme de chars aux multiples chevaux se ruant au combat.

— Et l'apôtre de préciser au verset 11 de ce chapitre IX :

> À leur tête, comme roi, elles ont l'Ange de l'Abîme ; il s'appelle en hébreu : « Abaddôn », et en grec : « Apollyôn ».

— À ce point, je propose que, d'un commun accord, nous dressions une liste des mots et des termes susceptibles de contenir un double sens.

Une heure plus tard le tableau noir était couvert des formules suivantes :

Sauterelles
Chevaux, ou *des* chevaux
Thorax ou *leur* thorax
Cuirasses de fer ou *des* cuirasses de fer
Combat ou *au* combat
Dents ou *leurs* dents
Roi
Apollyôn ou Abaddôn

---

54. IX, 7 ; IX, 8 ; IX, 9.

– Et maintenant, nous n'avons plus le choix.

Je me tournai vers David :

– Transmets cette liste à Myriam. Les résultats de ses calculs nous permettront, qui sait, de soulever un coin du voile.

C'est à ce moment précis que tout bascula…

Il me souvient, comme si c'était hier, de l'effroyable douleur qui me broya le crâne. On aurait dit que des dents de rat s'étaient plantées dans mon cerveau. La nausée… des suées… Et la certitude que le sol se dérobait sous moi. Je me laissai choir sur le divan. Dans un demi-brouillard j'entendis la voix de Jean-Pierre, à moins que ce ne fût celle de Dimitri qui s'exclamait : « Le Samu, vite ! »

Puis, plus rien… Le noir absolu.

Combien de temps ? J'aurais été incapable de le dire. Je revois seulement des lambeaux d'images mouchetés de visages inconnus. Des sons confus, comme émanant du fond d'un puits. J'étais en train de mourir. C'était aussi commun que cela. Est-ce à ce moment-là, ce jour, cette nuit, ou une semaine plus tard que j'entendis une voix qui me murmurait : « Courage, c'est là ta dernière carte, va en soldat à la rencontre de la mort et que, au moins, ton existence fourvoyée finisse bien. Nul ne chantera tes louanges, nul ne t'appellera héros ou quelque chose comme ça, mais justement pour cela ça vaut la peine. » Ces mots ne m'étaient pas inconnus. Je les avais lus quelque part, il y a longtemps, mais dans quel ouvrage ? Pourquoi me revenaient-ils maintenant ?

Ma plongée dans les mystères de l'Apocalypse se doublait tout à coup d'une dérive aux frontières du néant. Là où plus rien ne compte, sinon une ultime interrogation : « À quoi sert une existence ? »

Je ne suis pas mort... La preuve est au bout de mon clavier. Mais j'ai eu très peur. Autant nous vivons dans l'inconscience de la fin, autant lorsqu'elle se laisse entrevoir, s'installe une angoisse « a posteriori ». Jusqu'à cette heure, j'avais toujours vécu détaché à l'idée de partir ; je souriais même avec indulgence lorsque quelqu'un me confiait sa terreur devant la perspective que tout devrait s'arrêter un jour. Aujourd'hui je me dis que vivre dans l'inconscience de la mort est une hérésie, c'est se priver d'une fabuleuse énergie : celle du désespoir qui, contrairement à une idée reçue, n'est pas une énergie ténébreuse, mais un élan qui éveille en soi des forces insoupçonnées ; la sensation d'urgence qui pousse irrésistiblement vers l'intensité de vivre, hors de ce sentiment sans âme qu'est la tiédeur. Et, surtout, la promiscuité de la mort vous dénie un droit stérile ; celui de remettre à demain. Demain devenant par définition, synonyme d'improbable.

Quand j'ouvris les yeux dans la chambre de l'hôpital communal de Neuilly-sur-Seine, la première sensation que j'éprouvai fut une « non sensation ». Tout le pan droit de mon corps était privé de vie. Et cette immobilité avait touché aussi une partie de mon visage. J'avais beau ordonner à mes membres de réagir ; ils demeuraient désespérément figés. C'était comme s'ils ne m'appartenaient plus.

Lorsque le médecin vint me rendre visite, je ne devais retenir qu'un seul mot : hémiplégie... J'étais à moitié paralysé. Sitôt après, s'empara de moi une furieuse envie de prier ; non pour me plaindre ou pour gémir sur mon sort, mais pour pactiser avec le « grand horloger ». Soit il laissait à la maladie le soin d'achever la besogne commencée, soit Il me restituait mes facultés motrices. L'idée de poursuivre mon existence à moitié handicapé, dépendant ou presque, m'était totalement insupportable.

On peut croire ou non à la puissance de la prière. Trois jours plus tard, j'avais recouvré l'usage de mes membres...

Comme l'écrivait Georges Duhamel : « Un jour, les savants, mes confrères, découvriront qu'une certaine tension de notre esprit peut se manifester à distance et modifier la marche des événements, la vie du monde humain, peut-être la structure du monde matériel. Il ne faut rien rejeter : nous avons vu les hommes renier presque tous leurs reniements[55]... » C'est peut-être à cette « tension de l'esprit » à laquelle j'ai cru : de toutes mes forces.

---

55. *Le voyage de Patrice Périot*, X.

Chapitre douzième

*Du figuier apprenez cette parabole.
Dès que sa ramure devient flexible
et que ses feuilles poussent,
vous comprenez que l'été est proche.*
Mathieu XXIV, 32

Nous n'avons pu revenir à l'Apocalypse – convalescence oblige – que vers le début du mois de décembre 1996. Bizarrement, ce fut plus aisé que je ne l'avais imaginé. Au sortir d'une telle expérience, à moins d'être doté d'une sacrée dose d'insensibilité, on n'est plus tout à fait le même. Ce flirt avec la mort n'avait fait que me rapprocher plus encore des Saintes Écritures. J'y puisais même désormais une foi renforcée. Non celle d'un bigot, mais d'un être de plus en plus assuré qu'il y avait « autre chose ».

Lorsque nous nous sommes retrouvés, ce fut pour nous pencher sur les dernières notes que Myriam nous avait transmises d'Israël, mais auxquelles – étant donné les circonstances – aucun de mes camarades n'avait eu le cœur de s'attaquer en mon absence. Voici les notes en question :

Des sauterelles (חגבים) = 63 = **9**
Peuple puissant (עם חזק) = 225 = **9**
Des cuirasses de fer (שריונות ברזל) = 1211 = **5**
Roi (מלך) = 90 = **9**
Au combat (לקרב) = 332 = **8**
Leur thorax (חזיהם) = 70 = **7**
Leurs dents (שיניהם) = 415 = **1**
Apollyôn (אפוליון) = 183 = **3**

– Et à présent ? questionna David. Que faire de ces chiffres ?

Jean-Pierre répliqua sans hésiter :

– Les appliquer à notre hypothèse, à savoir que les versets dont ils sont issus ont bien un lien direct avec l'armée allemande.

– Facile à dire… Comment nous y prendre ?

Je rétorquai :

– Appliquons la logique, ainsi que nous l'avons toujours fait. Nous savons déjà que « des sauterelles » sous-entend un peuple puissant. Et si nous nous référons au verset du deuxième Livre des Chroniques : « […] quand j'ordonnerai aux sauterelles de dévorer le pays, quand j'enverrai la peste sur mon peuple. » La peste laisse à supposer que nous ayons à faire à la Wehrmacht.

– Au risque de me répéter, objecta David, ça reste

une hypothèse à démontrer… L'allusion suggérée dans le verset des Chroniques ne suffit pas.

J'opinai tout en composant le numéro de téléphone de Myriam. La nuit n'était pas très avancée, pourtant ce fut une voix ensommeillée qui me répondit.

– Tu dormais déjà ?

– Je n'aurais pas dû ?

Et très vite elle enchaîna :

– Quel mot ?

– Wehrmacht…

Un silence, puis :

– 495.

Par la réduction théosophique nous arrivions à **9**.

Je me penchai vers mes camarades et j'assenai :

– Sauterelles = **9**. Peuple puissant = **9**. Wehrmacht = **9**. Des commentaires ?

Dimitri lança :

– Demande-lui quelle est la valeur numérique de panzers ?

Je transmis.

– 392, annonça Myriam. Pourquoi ce mot ?

– Je suppose que Dimitri cherche une corrélation avec l'expression « des cuirasses de fer ».

– Dans ce cas il a tort. Ce n'est pas panzers, mais « des » panzers qu'il faudrait chiffrer, puisque ce sont « des » cuirasses de fer que Jean décrit.

J'approuvai dans le même temps que Myriam ajoutait :

– Des panzers est égal à 392. Soit 5. Et si ma mémoire est bonne…

Je la coupai :

— Merci... rendors-toi...

Je raccrochai.

— Vous avez entendu ? **5**. La même valeur que « des cuirasses de fer ».

L'idée que nous étions face à une description de l'armée, plus particulièrement des *panzerdivisionen,* devenait de plus en plus concrète.

Il se passa quelques minutes avant que Dimitri ne soulève une nouvelle interrogation :

— Quelque chose m'échappe... Prenons l'essentiel des versets en cause :

Il se leva et traça sur le tableau noir :

> Des sauterelles se répandirent sur la terre ; À leur tête, comme roi, elles ont l'Ange de l'Abîme ; il s'appelle en hébreu : « Abaddôn », et en grec : « Apollyôn ». Or ces sauterelles, à les voir, font penser à des chevaux équipés pour la guerre ; sur leur tête on dirait des couronnes d'or, et leur face rappelle des faces humaines, leur thorax, des cuirasses de fer, et le bruit de leurs ailes, le vacarme de chars aux multiples chevaux se ruant au combat.

— Pour quelle raison l'apôtre se livrerait-il à une simple description militaire ? Dans quel but ? Si nous faisons le bilan de toutes les informations qu'il nous a livrées, nous nous apercevons qu'elles contenaient toutes une donnée décisive, un vrai message. Qu'il s'agisse d'Adam et de la Bête – le combat de l'homme-mensonge, contre l'homme-vérité –, du Dragon – le fascisme –, du faux prophète – Goebbels –, de la grande épreuve – la Shoah –, etc. On ne voit donc pas pourquoi tout à coup il se contenterait de nous offrir une vision strictement militaire. Même si elle est en rapport direct avec l'Allemagne et le IIIe Reich. Qu'en pensez-vous ?

David répondit le premier :

– C'est vrai qu'on a l'impression d'un manque. Mais il peut s'expliquer par le fait que nous n'avons pas traduit entièrement les versets.

Il pointa son index sur le tableau :

– Ici par exemple... Qui est Abaddôn ou Apollyôn ?

– Jean le dit : c'est le roi qui marche en tête de cette armée.

Je lançai à brûle-pourpoint :

– Un général...

– Pourquoi pas ? rétorqua David. Un général est tout à fait envisageable...

J'eus un moment d'hésitation, et je rappelai Myriam.

– Tu vas commencer à nous en vouloir...

– Trop tard... Je vous hais déjà. Tellement que depuis ton coup de fil je n'ai plus réussi à me rendormir. J'étais entourée de sauterelles... Vous aussi, je suppose ?

– Nous aussi. Et nous entrevoyons leur roi. Peux-tu nous redire sa valeur ?

– **9**.

– Et si c'était un général ?

Un silence.

– Ce devrait être **9** aussi...

– Est-ce que ça l'est ?

– À ton avis ?

Je piaffai :

— Myriam, réponds !
— **9** bien sûr. Comme pour le mot « roi ».

Je répétai pour mes camarades :
— Roi et général ont la même valeur numérique.

Je repris à l'intention de Myriam :
— Et Apollyôn ?

J'entendis le léger crissement du crayon sur la feuille :
— Rien ne va plus… J'obtiens 183 ou 3 par la réduction théosophique.

Je restai immobile, plongé en pleine perplexité. Saint Jean nous soufflait la présence d'un général. Mais pas n'importe quel général, puisqu'il mentionnait « des cuirasses de fer », des panzers. Donc, en toute logique il ne pouvait s'agir que d'un général à la tête d'une ou de plusieurs divisions blindées.

— Allô ? Tu es toujours là ?

La voix de Myriam me fit sursauter.
— Oui, je suis là. Sois gentille. Patiente. Je crois que nous tenons quelque chose d'important.

Je demandai à David :
— Veux-tu prendre l'ouvrage de David Chandler qui est dans la bibliothèque[56]. Ouvre-le à Koursk.
— Koursk ?
— Parfaitement…

Il s'exécuta.
— Koursk… j'y suis…
— Quel était le nom du général qui commandait les panzers au cours de la bataille ?
— Von Manstein… Mais j'ai aussi Model et Guderian, et…

---
56. *Les grandes batailles de la seconde guerre mondiale*, Presses de la Cité.

— Faux ! Guderian n'était pas en Russie. Il faisait partie des conseillers, comme le général Model d'ailleurs.

Je repris pour Myriam :

— Dis-moi...

— Inutile, j'ai compris... Von Manstein, c'est bien ça ?

Je n'eus pas le temps d'acquiescer :

— Tu as gagné... Von Manstein c'est Abbadôn... Même valeur. 531 pour le premier, soit **9** ; **63** pour le second, soit 9 aussi. Et les deux ont la même numération que Roi. De plus « sauterelles » a le même chiffre qu'Abbadôn, **63**, ce qui confirme bien qu'il s'agit de son armée...

J'avais du mal à maîtriser ma fébrilité.

— Et... Apollyôn ? risquai-je avec l'appréhension d'un enfant qui espère un ultime cadeau.

— Tu as encore gagné... Apollyôn fait 183 soit **3**. Guderian, 273, soit 3 aussi. Je peux me rendormir ?

Je dus pousser un véritable cri de joie.

— Bonne nuit, Myriam... Je jure que je ne te dérangerai plus. Pas avant demain...

J'avais à peine reposé le combiné, qu'éclata un brouhaha furieux.

— Et maintenant, si tu nous éclairais ?

J'apaisai le trio d'un geste de la main.

— Calmez-vous... Vous allez comprendre.

J'écrivis en grandes lettres sur le tableau noir :

KOURSK

— Et alors ! grommela David.

— Patience, bon Dieu !

Je pris mon souffle et commençai :

À la suite de leur défaite à Stalingrad, les Allemands avaient en grande partie perdu l'initiative. C'est sans doute pourquoi, à la fin du mois de mai 1943, des généraux proposèrent au Führer le projet ambitieux d'une grande opération d'enveloppement par les deux ailes, afin d'encercler et d'anéantir les forces russes tenant le saillant de la ville de Koursk.
De nombreux conseillers de haut rang – dont Model et Guderian – s'y opposèrent avec force, arguant que ce serait une folie de lancer une telle offensive, compte tenu de l'état de la Wehrmacht. Mais, après avoir hésité, Hitler décida que le coup devait être tenté. Ce fut le plan « Citadelle ».
Dès le déclenchement de l'opération, au début de juillet, la IIe armée allemande viendrait au contact sur le flanc ouest du saillant, pour détourner l'attention des Russes. Mais les Soviétiques ne se laissèrent pas surprendre. Leur réseau d'agents « Lucie » en Suisse les avertit à temps de ce qui se tramait, et le général russe, Joukov, put préparer sa défense de façon extrêmement minutieuse.
À l'intérieur du saillant, le génie et l'infanterie travaillèrent avec l'énergie du désespoir à mettre en place huit zones successives de champs de mines et de défenses antichars. 1 300 000 soldats, 20 000 pièces d'artillerie et 3 600 chars y furent massés, ainsi que 2 400 avions de l'armée de l'air soviétique.

Côté allemand, on rassembla 900 000 hommes, 38 divisions dont 17 blindées.

Une véritable bataille de titans allait s'engager : en fait la plus grande bataille de chars de l'histoire à ce jour.

L'un des généraux les plus importants impliqués dans cette bataille avait pour nom Von Manstein. Quant au général Guderian, il est resté dans l'Histoire comme étant l'un des plus grands théoriciens et stratèges des blindés. Il a, entre autres, rénové l'art militaire en développant toutes les possibilités offertes à la guerre moderne par l'emploi du « moteur et de la cuirasse ». Et, après la débâcle de Stalingrad, ce fut à lui qu'incomba la tâche de reconstituer les divisions blindées allemandes en les dotant des nouveaux chars Tigre et Panther V.

Je me tus et écrivis sur l'ardoise :

Roi (מלך) = 90 = **9**
Général (אלוּף) = **9**

Abbadôn (אבדון) = 63 = **9**
Von Manstein (וון מנשטיין) = 531 = **9**
Apollyôn (אפוליון) = 183 = 12 = **3**
Guderian (גודרין) = 273 = 12 = **3**

Des sauterelles (חגבים) = 63 = **9**
Wehrmacht (ויירמרכט) = 495 = 18 = **9**

Des cuirasses de fer (שִׁרְיוֹנוֹת בַּרְזֶל) = 1211 = 5
Les panzers (הַפַּנְזֶרִים) = 392 = 14 = 5

Au moment où j'allais reprendre la parole, le téléphone sonna. C'était Myriam. David me passa le combiné.
— Peux-tu brancher le haut-parleur ? demanda-t-elle sans préambule.
— C'est fait.
La voix cristalline de la théologienne résonna dans la pièce :
— Vous vous en doutez, plus moyen de fermer les yeux. Depuis le premier coup de fil de Gérard, je suis rivée au chapitre IX. Manifestement nous sommes tombés sur Koursk. Mais je suppose que vous n'avez pas encore trouvé à quel endroit le mot était situé parmi les versets. J'ignore si vous trouverez ma découverte satisfaisante, mais je vous la livre à tout hasard. Jean écrit : « Le vacarme des chars se ruant au combat. »
Elle marqua un temps et :
— Valeur numérique de « au combat » ? 332 soit 8. Valeur numérique de « sur Koursk » ? 566, soit 17, soit 8. Ce n'est pas tout. « Leurs dents » est égal à 415, soit 1 ; que nous pourrions remplacer par « leur pouvoir », (עָצְמָה שֶׁלָּהֶם), valeur 586, ou 19 ou 1. Méditez là-dessus, les goys ! Et cette fois, je débranche ma prise de téléphone...
Nous nous sommes dévisagés, totalement dépassés. C'est à peine si j'entendis Jean-Pierre qui murmurait : « Des sauterelles se répandirent sur la terre ; À leur tête, comme roi, elles ont l'Ange de l'Abîme ; il s'appelle en

hébreu : « Abaddôn », et en grec : « Apollyôn ». Or ces sauterelles, à les voir, font penser à des chevaux équipés pour la guerre ; sur leur tête on dirait des couronnes d'or, et leur face rappelle des faces humaines, leur thorax, des cuirasses de fer, et le bruit de leurs ailes, le vacarme de chars aux multiples chevaux se ruant au combat. »

Et Dimitri de poursuivre :

— Comme un peuple puissant, la Wehrmacht se déploya. Sa force, son pouvoir, étaient ceux du lion. Son armement : les panzers. À leur tête, le général Von Manstein et l'ange de l'abîme, Guderian, se ruant sur Koursk...

Chapitre treizième

*Ce qui est fut déjà ;
ce qui sera est déjà.*
L'Ecclesiaste, III, 15

En raison de nos obligations respectives, nos réunions durent s'interrompre. Ce qui ne signifiait pas pour autant une pause dans nos recherches. Loin de là. Je pense même que jamais nous n'avons travaillé – bien que séparés – avec autant d'ardeur. Mais l'Apocalypse se montrait tout à coup réfractaire à toutes nos approches. Chapitres et versets nous donnaient l'impression de ne plus vouloir se livrer. C'était comme si une dalle avait glissé sur le texte, scellant définitivement son contenu.

Nous avions eu beau nous lancer dans les tentatives les plus diverses, les plus folles, le résultat était toujours le même : rien. Et pourtant il devait bien y avoir une suite. À nouveau le doute s'installa. Mais, pire encore, l'impression d'avoir travaillé tous ces mois durant pour pas grand-chose. Car si nous ne parvenions pas à refermer la boucle, si les événements relatifs à la Seconde Guerre mondiale devaient s'arrêter là, nos théories, nos hypothèses perdaient du même coup toute leur raison d'être.

Et cela se prolongea durant près de trois mois. Trois mois stériles, à œuvrer d'arrache-pied sur le texte sans pouvoir en extirper la moindre information concrète. Et ni les lectures des ouvrages consacrés à l'Apocalypse (nous en avons découvert une quantité insoupçonnée), ni les commentaires des exégètes, ne nous apportèrent ne fût-ce qu'une once de lumière. Finalement, ce fut, une fois de plus, le hasard, qui nous permit d'entr'apercevoir une nouvelle voie.

Au milieu du mois d'avril 1997, je me décidai à me rendre en Israël sur l'invitation de Myriam. Nous avions là-bas des amis communs que je n'avais pas rencontrés depuis longtemps, et puis c'était l'occasion de revoir ce pays où je ne m'étais plus rendu depuis quelques années.

Ce fut un moment privilégié. Tout particulièrement à Jérusalem. Lorsque se découvre la ville dans la touffeur sèche de l'été qui exalte l'odeur des pins, il semble qu'on soit tout à coup plus près du ciel que nulle part ailleurs. Certains musulmans auraient même calculé que la distance qui nous séparait des cieux était très précisément de dix-huit milles !

Cité de David, cité déchirée, convoitée depuis tant de siècles, siège du Dieu unique et pourtant revendiquée avec violence et âcreté, comme on le ferait d'un objet précieux qui ne devrait appartenir qu'à l'une ou l'autre faction de l'humanité. Du Saint-Sépulcre, au Mur des

Lamentations, du Dôme, en passant par la Via Dolorosa, flotte dans l'air une indicible atmosphère empruntée au Divin. Dieu est là. L'Éternel est là. Allah sommeille au pied d'un olivier épuisé de soleil, et ces trois-là, qui n'ont jamais fait qu'une seule et même entité, s'amusent ou s'agacent selon l'humeur du moment de constater combien grande est la puérilité des hommes.

Deux semaines durant j'ai parcouru le pays, m'imprégnant de ces paysages à la fois arides et fertiles, me soûlant des parfums environnants, laissant couler dans mes yeux les eaux de Tibériade et les larmes salées de la mer Morte. Et tout au long de mon périple, que ce fût dans la promiscuité émouvante de la Galilée ou aux portes rudes du Néguev, j'eus l'impression que saint Jean me suivait à la trace, comme une ombre tenace.

À l'aéroport Ben Gourion, au moment de nous séparer, Myriam m'avait lancé comme une boutade, ou comme un reproche que l'on fait à l'ami fidèle qui part et vous abandonne :

« Me voici plantée au désert, au pays sec et aride... » Et elle ajouta : « Ézéchiel... »

Ézéchiel...

Tout naturellement, pour tuer le temps, je me plongeai durant le vol dans la lecture du troisième Livre de la section des Derniers Prophètes de la Thora. Présenté à la première personne, l'ouvrage ne comporte pas moins de quarante-huit chapitres et près de mille deux cent soixante-treize versets. Son contenu – toute mesure gardée – n'est pas très éloigné de l'Apocalypse de saint Jean. Dans les premiers chapitres, Ézéchiel dresse un portrait sombre de l'histoire d'Israël où se succèdent sans discontinuer la liste des péchés et rébellions contre Dieu. Ensuite le prophète fait état des oracles de condamnation des nations. Et enfin, il conclut sur des promesses de consolation.

Chose curieuse, à l'instar de l'Apocalypse, l'ouvrage d'Ézéchiel troubla longtemps les rabbins par ses nombreuses divergences et ils n'acceptèrent le livre dans le canon qu'après de multiples débats. Aujourd'hui, le livre est considéré par la tradition comme le plus saint des livres de la Bible après le Pentateuque.

Pendant les jours qui suivirent, le livre ne quitta pas ma pensée. Ce fut vers le début du mois de mai que je compris pourquoi j'y avais attaché autant d'importance. Myriam travaillait alors à mes côtés, à Paris, sur un projet de conférence, lorsque ce soir-là j'entrouvris pour la millième fois l'Apocalypse. J'en étais arrivé au point de pouvoir citer de mémoire des passages entiers.

Parvenu au chapitre XX, verset 8, j'eus un sursaut :

[…] aussi nombreux que le sable de la mer…

J'avais lu un passage dans le Livre d'Ézéchiel qui n'était pas sans rappeler le verset du visionnaire de Patmos. Il ne m'a fallu guère longtemps pour le retrouver :

Et j'enverrai un feu dans Magog et parmi ceux qui habitent **les plages** en toute sécurité.

C'était donc le mot « plage » qui avait éveillé en moi

une réminiscence avec « sable de la mer ». Peut-être les deux mots avaient-ils la même valeur ?

Je m'en informai auprès de Myriam.

– Les sables… valeur 455 ou **5**. Les plages… valeur 149, ou **5** aussi.

Je lui fis remarquer :

– C'est curieux, non ? Et puis, il y a ce rappel de l'Allemagne avec le mot Magog : « Et j'enverrai un feu dans Magog… »

Myriam ironisa :

– Que je sache, le IIIe Reich n'était pas réputé pour ses plages…

– Pourquoi ce parallèle ? Crois-tu qu'il soit purement fortuit ?

Elle répliqua doctement :

– Depuis le temps que nous disséquons l'Apocalypse, tu devrais savoir que le mot fortuit est à abolir de notre vocabulaire.

– J'en conviens. Mais alors, je répète : pourquoi ? Ce n'est pas la première fois que Jean fait allusion à des versets de la Thora. Nous avons pu cent fois le vérifier. Par conséquent, si la concordance numérique entre « sable de la mer » et « plage » n'est pas le fait d'une banale conjoncture, c'est qu'il doit y avoir une raison.

– Probablement…

Nous en sommes restés là.

Deux jours plus tard nous nous réunissions à nouveau. Et, bien entendu, je m'empressai de faire part à mes camarades de cette corrélation bizarre entre le verset d'Ézéchiel et celui de saint Jean.

– Plages ? sable de la mer ? reprit Jean-Pierre, songeur. Ce serait incroyable...

– Quoi donc ?

Il balaya l'air d'un geste désabusé de la main :

– Rien, c'est absurde...

– Dis toujours...

Il s'entêta :

– C'est absurde, vous dis-je ! Laissons tomber.

Dimitri s'informa :

– Avez-vous essayé de chiffrer le mot « mer » ?

– Oui. Valeur numérique 50, soit **5**.

– Intéressant... Nous avons là trois nombres similaires : les plages **5**, les sables **5**, et la mer **5**.

Brusquement, Jean-Pierre sortit de son mutisme et lança à Myriam :

– 6 juin ! Peux-tu chiffrer 6 juin ?

Un instant se passa :

– 698...

– C'est-à-dire...

– 6 + 9 + 8 = **5**. Mais...

J'avais compris le raisonnement de notre ami.

– Ce n'est ni plus ni moins que la date du débarquement... Je présume que c'est le mot que tu n'osais pas prononcer ?

Il acquiesça d'un mouvement de la tête.

– C'est impossible, balbutia David.

J'ânonnai lentement :

– Les plages, les sables, la mer, 6 juin...

Et je rappelai machinalement :

– Les préparatifs du débarquement en Normandie

avaient commencé à la fin de 1943. L'armada rassemblée était composée de plus de six mille navires, tous genres confondus, et de cent cinquante-six mille soldats : « aussi nombreux que les sables de la mer... » Retardée une première fois en raison du mauvais temps, les bateaux déjà partis étant obligés de tourner en rond sur place, l'opération fut fixée au 6 juin, bien que les conditions météorologiques ne se soient pas améliorées. Dans la nuit, des hommes-grenouilles vinrent cisailler les barbelés posés par les Allemands dans la mer ; à 2 h, les troupes aéroportées furent lâchées ; à 3 h commença le bombardement aérien, à 5 h 30 le bombardement naval ; à 6 h, les premières troupes d'assaut et les chars prirent pied sur les plages. Ce sont les plages qui, indiscutablement, connurent les scènes les plus dramatiques... Omaha, Gold, Juno, Sword... De plus...

Je pris une courte inspiration et conclus :

– 666. Nous retrouvons le chiffre de la Bête dans le jour, le mois et l'heure du débarquement. 6 juin (06), à 6 heures...

Myriam murmura :

« Là où Magog se croyait en toute sécurité... Et le feu tomba sur Magog... »

Elle se leva et écrivit sur le tableau :
Les plages (החופים) = 149 = **5**
Les sables (החולות) = 455 = **5**
Mer (ים) = 50 = **5**
Le 6 juin (השישה ביוני) = 698 = **5**

Puis elle se tourna vers nous et ajouta :
— Voici encore quelques « coïncidences » :
Elle écrivit :

Europe (אירופה) = 302 = **5**
Normandie (נורמנדיה) = 365 = **5**
France (צרפת) = 770 = **5**

Jean-Pierre intervint :
— Vous avez bien sûr encore en mémoire les détails de la bataille de Koursk. Nous avions retrouvé les deux généraux les plus importants de cette offensive : Von Manstein et Guderian. Quelles étaient les figures prédominantes du débarquement ? Qui fut en charge de l'opération Overlord ? Dwight Eisenhower. Et côté allemand : Erwin Rommel. Se pourrait-il que...

Myriam saisit à nouveau son bâtonnet de craie et marqua :

Erwin Rommel (אירוין רומל) = 553 = **4**
Dwight Eisenhower (דוייט אהייזנהואור) = 346 = **4**

Paradoxalement, au lieu de nous conforter, ces nouvelles informations arrachées au texte de saint Jean ranimèrent nos doutes. Ce fut David qui, le premier, les exposa.
— Je ne sais pas où vous en êtes dans vos pensées, mais tout en reconnaissant l'intérêt de nos découvertes, je me demande si nous sommes bien dans la vérité. J'allais dire « l'intégrité ».

– Ne serais-tu pas en train de remettre en cause notre méthode de travail ?

– Absolument pas. Mais il y a quelque chose qui me tourmente. Relisez le verset 10, chapitre XXII :

> Il me dit encore : « Ne tiens pas secrètes les paroles prophétiques de ce livre […]

– L'avertissement n'est-il pas sans équivoque ? Dieu recommande bien à Jean : « Que ces paroles prophétiques ne soient pas codées, qu'elles puissent être lues et comprises. » Cette injonction est d'ailleurs à l'opposé de celle que Dieu donne au prophète Daniel à qui il transmet aussi une vision de la fin des temps :

> VIII.19 – Il dit : Voici, je vais te faire connaître ce qui viendra à la fin de la Colère, pour la Fin assignée.

Et Il ordonne :

> […] Va, Daniel ; ces paroles sont closes et scellées jusqu'au temps de la Fin[57].

– Or, le moins que l'on puisse dire est que le texte de l'Apocalypse est inaccessible. Jean aurait donc trahi les conseils du Tout-Puissant ? À moins que…

Je l'encourageai à conclure :

– À moins qu'il n'y ait pas de code, qu'il n'y en ait jamais eu, que ce soit un simple texte allégorique, une sorte de poème épique écrit par un illuminé.

---

57. Daniel, XII, 9.

Jean-Pierre secoua la tête à plusieurs reprises :

— Tu fais fausse route. Pythagore disait « tout est nombre », j'ajouterais « tout est code » dans la Bible. Ce qui ne signifie pas que le texte doit demeurer scellé pour le plus grand nombre, mais qu'il est conçu pour être compris – tout au moins dans un premier temps –, par des initiés. Encore que le mot initié ne soit peut-être pas le bon. Je préférerais lui substituer une métaphore : « les commenceurs ». Au fond que signifie « initier », sinon « commencer », « début » ? C'est toujours par un petit groupe de personnes qui se sont révélées en mesure de comprendre le vrai message que se répand ensuite la connaissance au plus grand nombre. Jésus lui-même a passé ses années de prêche à s'exprimer en code. Car, que sont les paraboles sinon des textes codés ? Il y a d'ailleurs un passage assez éloquent qui souligne bien mon propos :

Il ouvrit le Nouveau Testament, le compulsa un instant et lut :

> Mathieu, chapitre XIII…
> En ce jour-là, Jésus sortit de la maison et s'assit au bord de la mer. Et des foules nombreuses s'assemblèrent auprès de lui, si bien qu'il monta dans une barque et s'assit ; et toute la foule se tenait sur le rivage. Et il leur parla de beaucoup de choses en paraboles.

Et nous découvrons au verset 10 :

> Les disciples s'approchant lui dirent : « Pourquoi leur parles-tu en paraboles ? » – « C'est que, répondit-il, à vous il a été donné de connaître les mystères du Royaume des Cieux, tandis qu'à ces gens-là cela n'a pas été donné. Car celui qui a, on lui donnera et il aura du surplus, mais celui qui n'a pas, même ce qu'il a lui sera enlevé. C'est pour cela que je leur parle en paraboles : parce qu'ils voient sans voir et entendent sans entendre ni comprendre. Ainsi s'accomplit pour eux la prophétie d'Isaïe qui disait : Vous aurez beau entendre, vous ne comprendrez pas ; vous aurez beau regarder, vous ne verrez pas. »

Malgré les apparences, il n'y a pas d'intention discriminatoire dans les propos du Christ. Il veut seulement faire comprendre qu'il ne suffit pas de se pencher sur le bord d'une route pour cueillir vérité et savoir. Ces deux trésors se méritent. On se doit d'aller vers eux car ils ne viendront pas vers vous. La connaissance se mérite. Elle n'est donnée qu'à ceux qui auront accompli l'effort de tendre vers elle. Ceux-là seront les initiés.

Il s'arrêta un instant :

– Je vous le répète, tout n'est que code dans les saintes Écritures. Un auteur, dont j'ai oublié le nom, qui a consacré une large partie de sa vie à l'étude du Nouveau Testament rapportait dans l'un de ses ouvrages le dialogue de Jésus avec la Samaritaine. Je cite de mémoire[58] :

---

58. Gérald Messadié, *L'homme qui devint Dieu*, Les Sources, éd. Robert Laffont.

Jésus : Donne-moi à boire.

La Samaritaine : Quoi ! Toi un juif, tu demandes à boire à une Samaritaine ?

Jésus : Si tu savais qui te parle, c'est toi qui aurais demandé de l'eau vivante.

La Samaritaine : Tu n'as pas de seau et ce puits est profond. Es-tu plus grand que Jacob notre ancêtre qui nous a donné ce puits ?

Jésus : Ceux qui boivent de cette eau auront soif à nouveau, mais ceux qui boiront l'eau que je leur donnerai n'auront plus soif.

Et l'auteur d'interpréter, preuves à l'appui, le véritable sens de ce dialogue :

Jésus : Fais-moi goûter ton enseignement.

La Samaritaine : Quoi ! Toi un juif, tu t'intéresses à des schismatiques ?

Jésus : Si tu savais qui je suis, c'est toi qui demanderais mon enseignement.

La Samaritaine : Tu n'as aucun pouvoir et aucun savoir, et la religion est chose profonde. Prétends-tu être un prophète ?

Jésus : Votre rhétorique est creuse et ne contient rien d'intéressant, c'est moi qui détiens la révélation.

Et Jean-Pierre de conclure :

– Ce n'est qu'un exemple… Mais nous pourrions en citer de nombreux autres dès lors que nous abordons les rivages ambigus des livres sacrés. Et sachez que cette méthode de codage se retrouve aussi dans le Coran. Que fait le Prophète sinon de s'exprimer lui aussi par métaphore ? Et de s'écrier à l'instar de Jésus et d'Isaïe : « Ils ont des cœurs avec lesquels ils ne comprennent rien ; ils ont des yeux avec lesquels ils ne voient pas ; ils ont des oreilles avec lesquelles ils n'entendent pas[59]. »

Et lorsque vous prenez ce verset qui annonce la fin des temps, croyez-vous qu'il ne soit pas chiffré ou voilé ? Je cite : « Celle qui fracasse ! Qu'est-ce donc celle qui fracasse ? Comment pourrait-on savoir ce qu'est celle qui fracasse ? Ce sera le Jour où les hommes seront semblables à des papillons dispersés et les montagnes à des flocons de laine cardée[60]. »

Et cet autre verset : « Le jour où les enfants seront comme des vieillards, devant cela, le ciel se fendra et la promesse s'accomplira[61]. »

À peine Jean-Pierre eut-il achevé son exposé que me revint un passage des *Hadiths,* les propos du prophète, rapportés par ses disciples. À l'un d'entre eux qui lui demandait quels seront les signes annonciateurs de la fin des temps, Mahomet répondit : « Ce sera lorsque la servante engendrera la maîtresse. Lorsque les hommes érigeront des édifices qui affleureront les nuages et que les bergers vivront dans les cités. » Là aussi il y avait une allusion aux enfants… Pour le Prophète cela signifiait : « Lorsque les enfants, abandonnés à eux-mêmes, imposeront à leurs parents la loi. » Il y avait là matière à réflexion… Il y avait là aussi un code…

Avec nos faiblesses, nos doutes, nous n'étions que des « commenceurs ».

---

59. Sourate VII, verset 179, Al 'Araf.
60. Sourate CI, versets 1-5.
61. Sourate LXXIII, versets 17-18.

Chapitre quatorzième

*Que le sage écoute,
il augmentera son acquis, et l'homme
entendu acquerra l'art de diriger.
pour pénétrer proverbes et sentences obscures,
les dits des sages et leurs énigmes.*
Les Proverbes, I, 5 ; I, 6

Nous étions vers la fin du mois de juin 1997. Par un concours de circonstances, et chacun pour des raisons différentes, nous nous sommes retrouvés, Dimitri, Myriam et moi-même à Amsterdam pour trois jours.

C'est une ville magique. Des maisons de poupées posées de guingois sur les eaux. Je ne soupçonnais pas un instant que ce serait en ce lieu que surgirait la nouvelle « révélation ». Nous avions prévu ce soir-là d'aller dîner dans l'un de ces succulents restaurants indonésiens qui pullulent dans Amsterdam. En attendant mes amis dans le lobby de l'hôtel, je me suis mis à relire le dernier courrier électronique que m'avait fait parvenir Jean-Pierre quelques minutes auparavant. Il disait en substance ceci :

> Lorsque nous avons abordé le verset lié au faux prophète, Goebbels, nous avons omis d'aller au bout de l'interprétation. Souviens-toi du verset en question :
> « Je vis ensuite surgir de la terre une autre Bête ; elle avait deux cornes comme un agneau, mais parlait comme un dragon. […][62] »
> Mais plus bas, saint Jean précise encore :
> « Au service de la première Bête, elle en établit partout le pouvoir, amenant la terre et ses habitants à adorer cette première Bête dont la plaie mortelle fut guérie. […][63] »
> Pour ce qui est de cette « plaie mortelle guérie », j'ai déduit – peut-être à tort – que l'expression sous-entendait « l'Allemagne nazie guérie de l'humiliation qui découla de sa défaite après la Première Guerre mondiale ». Rappelons-le, ce pays était sorti de ce combat « blessé à mort ».
> Par contre, ce qui m'intrigue c'est le passage suivant :
> « Elle [la Bête]) accomplit des prodiges étonnants : **jusqu'à faire descendre, aux yeux de tous, le feu du ciel sur la terre**[64]. »
> Comme tu le constates, nous avons éludé cette information. Notre interprétation reste incomplète. Pourtant ce que dit l'apôtre me paraît aussi important, qu'impressionnant : « faire descendre le feu du ciel sur la terre » ? Évidemment j'ai tout de suite pensé aux bombardements sur Londres. Ce fut indiscuta-

---

62. XIII, 11.
63. XIII, 12.
64. XIII, 13.

blement une épreuve effroyable qui s'abattit sur la ville. Mais tout de même, n'y aurait-il pas là un détail sous-jacent qui nous a échappé ? Aidé du tableau que m'a communiqué Myriam – je veux parler de l'alphabet hébraïque et de ses correspondances numériques – j'ai tenté, mais sans succès, de trouver un rapport entre « bombardement » et « Londres ». Le seul résultat – bien mince – auquel je sois parvenu est que « le feu » avait pour valeur numérique **9** (306). Et que « bombes » avait une valeur identique : (666 soit 9). Je récapitule :

Le feu = **9**

Bombes = **9**

Maintenant je suis dans l'impasse, convaincu pourtant que le verset en question parle de cet épisode de la guerre. Méditez. Je vous embrasse tous les trois…

Jean-Pierre était peut-être dans le vrai. Il avait en tout cas raison de nous signaler cette lacune. Dès que Myriam et Dimitri me rejoignirent, je m'en ouvris à eux.

Bombes = **666**

Comment rester indifférent à ce retour du chiffre de la Bête… **666** ? Nous savions désormais que chacune de ses « réapparitions » soulignait un événement majeur :

Fascisme = 666, Adolf Hitler-Autriche = 666. Adolf Hitler + Joseph Paul Goebbels + faux prophète = 666 [65]. Procès + Nuremberg + Hitler = 666 [66]. Le débarquement du 6 juin à 6 h = 666 [67].

Durant tout le dîner qui suivit nous avons essayé de pousser l'analyse plus avant ; sans grand résultat. La ques-

---

65. Cf. Chapitre V.
66. Cf. Chapitre X.
67. Cf. Chapitre XIII.

tion que nous nous posions était la suivante : devions-nous nous satisfaire de l'interprétation de Jean-Pierre : Le feu du ciel = bombes ? ou creuser la formule de saint Jean pour essayer d'y découvrir une information plus complexe, plus profonde ? De guerre lasse, nous avons consacré les 48 heures qui suivirent à nos occupations professionnelles, délaissant les frustrations de l'Apocalypse.

Et puis, le hasard revint frapper à la porte... En vérité, avait-il jamais cessé de rôder autour de nous cinq ?

Je n'étais pas présent à cet instant-là, Myriam non plus. Ce fut Dimitri qui nous rapporta de vive voix la manière dont les choses s'étaient déroulées. Il avait pris l'autoroute le matin même pour se rendre à un rendez-vous fixé à Utrecht, à Breda au sud d'Amsterdam.

Je revois encore l'expression fiévreuse qui dominait ses traits lorsqu'à son retour il débarqua en début de soirée dans le hall de l'hôtel où Myriam et moi l'attendions.

— Écoutez-moi bien, commença-t-il sans préambule.

Et il ajouta avec une emphase typiquement méditerranéenne :

— Anvers !

Comme nous ne semblions pas comprendre le message, il reprit :

— C'est en roulant vers Utrecht que j'ai aperçu le panneau... Anvers. Anvers ! Le feu du ciel !

Une fraction de seconde je me demandai s'il avait bien tous ses esprits.

Je l'invitai à s'asseoir.

— Tu ne pourrais pas être un tout petit peu plus clair ?

Il se laissa tomber sur le fauteuil et se lança dans un flot d'explications :

— Une fois l'Europe conquise, tous les espoirs reposaient désormais sur l'Angleterre, demeurée seule dans la lutte. Hitler ne réussit ni à l'envahir ni à la faire capituler. La résolution de Churchill était inébranlable : « Je n'ai à offrir que des larmes, du sang et de la douleur, déclara-t-il au Parlement. Mais je ne capitulerai jamais. » Lorsque furent abandonnés les préparatifs d'un débarquement, le soin d'emporter la décision fut confié à l'aviation dont Hermann Goering claironnait à tue-tête la victoire. Comme vous le savez, la « bataille d'Angleterre » fut une défaite pour la Luftwaffe. Dès lors, Hitler ne pouvait plus que tenter d'ébranler le moral de la population anglaise par de fréquents bombardements nocturnes auxquels l'Angleterre n'était pas en mesure, alors, de riposter. Mais ce n'était pas suffisant. À défaut de la conquérir, il fut décidé d'anéantir l'île. Le Führer compta pour y parvenir sur un certain Wernher von Braun… Passionné dès son plus jeune âge pour la propulsion par fusées, le savant prodige avait été remarqué par le général Dornberger, qui dirigeait alors le service de recherches sur les armes nouvelles. Celui-ci le fit nommer à la tête d'une équipe chargée d'étudier les applications militaires des fusées. Von Braun fit installer à Peenemünde, sur la Baltique, une importante base d'expérimentation, richement dotée en crédits, en matériel et en personnel (vingt mille hommes). Sa mission consistait à diriger les recherches sur les « engins de représailles », recherches qui aboutirent à la mise au point des *Vergeltungswaffe,* plus connus sous le nom de V-1, avion-fusée sans pilote, dont le premier exemplaire fut lancé le 3 octobre 1942, et qui deviendront opérationnels en 1944. Ces engins de mort commencèrent à pleuvoir sur Londres à partir du 13 juin 1944, provoquant des pertes très supérieures à celles des bombardements de 1940-1941[68]. Ce fut l'horreur…

Myriam et moi buvions littéralement le récit de notre ami. Mais je ne pus m'empêcher de m'enquérir :

– Mais quel rapport avec Anvers ?

– Peu de gens le savent… Mais s'il fut lancé environ 1 250 V-2 sur la capitale britannique, il en est tombé bien plus sur Anvers : 1 750 très exactement. Le V-2 le plus meurtrier tomba sur le cinéma Rex, faisant près de 600 morts. Vous comprenez pour quelle raison j'ai établi un rapprochement entre cette ville et les V-2 ? Puis avec le verset de Jean : « jusqu'à faire descendre, aux yeux de tous, le feu du ciel sur la terre. » !

Dans cet hôtel d'Amsterdam, nous ne pouvions pas ne pas songer à ce que devaient être les scènes de panique déclenchées par ces bombes volantes, tombant à l'improviste du haut du ciel, rasant des quartiers entiers sans discernement.

– Que déduire ? me demanda Myriam.

Dimitri répliqua par une question :

– Quelle est la valeur de V-2 ?

– **426** soit **3**. Et puis ?

– La suite repose sur Wernher von Braun. Ne fut-il pas le père de ces semeurs de mort ?

Au bout de ces trois années de travaux en commun,

---

68. Au moment de l'avance des troupes soviétiques en 1945, von Braun, accompagné de son équipe, se replie en direction des troupes américaines, auxquelles il se rend avec trois cents de ses collaborateurs et quelques exemplaires de V-2. Transféré aux États-Unis, il fut affecté par l'armée américaine à la remise en état des V-2 provenant de Peenemünde, puis à la mise au point de fusées dérivant de la V-2 telles que la Viking, l'Aerobee, la Redstone, etc. En 1955, il fut naturalisé américain…

nous n'avions plus besoin d'entrer dans les détails. Nous nous comprenions du bout des lèvres. Et Myriam n'avait même plus besoin de consulter son tableau alphabétique.

Elle annonça d'une voix troublée :

– Wernher von Braun = **777**. Soit **3**.

– Et V-2 égale aussi **3**.

Était-ce l'angoisse ? Un sentiment ténu qui ressemblait à de l'abnégation ? Comme de crainte de découvrir une autre information, nous décidâmes tous les trois d'en rester là et d'aller jouer aux touristes à bord d'un bateau-mouche.

Ce fut le lendemain avant de reprendre la route pour Paris que nous devions trouver ce que nous nous étions refusés à vérifier. C'était un nouveau courrier électronique de Jean-Pierre.

> Bonjour, ou bonsoir les amis,
> Je crois que vous allez être étonnés... Mon pressentiment était le bon. En réfléchissant aux termes « feu et bombes », j'ai effectué un rapprochement – qui ne sera pas pour vous surprendre – avec les V-1 et les V-2. Et je suis allé au-delà.
> Je vous rappelle le verset :
>> « jusqu'à faire descendre, aux yeux de tous, le feu du ciel sur la terre »
>
> Mes conclusions :
> **Le feu** = 306 soit **9**
> **Bombes** = 666, soit **9**

> **V-1** = 29 soit **2**
> **V-2** = 426 soit **3**
>
> Mais j'ai aussi découvert :
> **Sur la terre** = 155 soit **2**
> **Londres** = 146 soit **2**
> Ce qui correspond bien à V-1, **(2)**
> Malheureusement, je ne vois pas à quoi correspond le nombre 3, qui équivaut à V-2 ?
> Peut-être auriez-vous une idée ?
> Mille baisers. J.-P.

Nous sommes restés tous les trois contemplatifs devant l'écran, incapables de faire le moindre commentaire... En fin de matinée nous étions de retour à Roissy-Charles-de-Gaulle d'où Myriam devait prendre sa correspondance pour Israël.

Je partageai un taxi avec Dimitri et regagnai mon domicile.

Nos retrouvailles avec Jean-Pierre et David étaient prévues pour le week-end. Bien évidemment, la découverte des V-2 fut au centre de celles-ci. Puis, nous nous sommes lancés dans un tourbillon de suggestions quant à la manière de poursuivre nos travaux. Il y avait – depuis les premiers jours – ce verset qui avait trait à l'avènement de la seconde Bête :

> Il me transporta au désert, en esprit. Et je vis une femme, assise sur une Bête écarlate couverte de titres blasphématoires et portant sept têtes et dix cornes[69].

---
69. XVII, 3.

Que faire ? Ne devions-nous pas essayer de retrouver les passages qui faisaient référence à ce prochain « Führer », au lieu de poursuivre notre cheminement au cœur de la Seconde Guerre mondiale ? Pourquoi continuer de poursuivre une enquête sur des événements passés, alors que nous avions peut-être une chance d'entrebâiller une porte sur l'avenir ?

Dimitri interrompit tout net notre débat :

— Quelle que soit la direction que nous prendrons, nous ne pouvons négliger un verset qui me semble d'une très grande importance. J'ignore pourquoi, mais je me demande s'il ne concerne pas un événement qui est toujours en liaison avec la Seconde Guerre.

— Lequel ?

— Le verset 7, du chapitre VIII :

> Et le premier [Ange] sonna… Il y eut alors de la grêle
> et du feu mêlés de sang qui furent jetés sur la terre :
> et le tiers de la terre fut consumé, et le tiers des arbres
> fut consumé, et toute herbe verte fut consumée.

Jean-Pierre protesta :

— Je ne vois pas ce que ce verset a de particulier. Il est certainement relié aux bombardements qui ont jalonné toute la Seconde Guerre… Aux V-1 et V-2 aussi sans doute…

Le Grec secoua la tête.

— Détrompe-toi. Il va bien au-delà… Si tu parcours les versets 10 et 11 du chapitre VIII, tu t'apercevras qu'il y a là un mot qui est un véritable défi à toute forme de cartésianisme. Écoute attentivement :

> Et le troisième Ange sonna... Alors tomba du ciel un grand astre, brûlant comme une torche. Il tomba sur le tiers des fleuves et sur les sources ; l'astre se nomme « Absinthe » : le tiers des eaux se changea en absinthe, et bien des gens moururent de ces eaux devenues amères.

— De quel mot s'agit-il ? interrogea Jean-Pierre.
— Le seul mot qui est entre guillemets : « Absinthe ».
Je rétorquai :
— À première vue, absinthe ne reflète rien de particulier. Tous les médecins de l'Antiquité prescrivaient l'absinthe avec des indications que l'expérimentation moderne confirmera en bonne partie. Elle fut « l'Herbe sainte » des empiristes médiévaux, et entrait dans un grand nombre de drogues que les apothicaires, jusqu'au XVIIIe siècle, offraient comme des remèdes miracles. À partir du XIXe siècle elle entra dans la composition de la liqueur apéritive du même nom. Sa vogue était telle qu'on la surnomma « la fée verte ».
Jean-Pierre opina, mais crut bon de compléter mon explication :
— Ça, c'est l'aspect positif. Mais, inversement, l'absinthe renferme, entre autres composants, un alcool très toxique : le thuyol. Cette dernière substance, est un effroyable poison du système nerveux capable de provoquer chez l'homme des crises épileptiformes. D'ailleurs, l'absinthe des cafetiers du temps de Zola ou Baudelaire, qui associait l'essence d'anis, était un vrai cocktail de poisons responsable de bien des *delirium tremens.* Ce

qui explique qu'à partir de 1915 l'absinthe fut retirée du marché.

Dimitri, qui durant notre échange avait conservé le silence, laissa tomber brusquement :

— Tchernobyl…

Nous crûmes avoir mal compris.

— Que dis-tu ?

Il répéta calmement :

— Tchernobyl… Absinthe en ukrainien signifie Tchernobyl… Vous pouvez le vérifier.

— Tu n'es pas sérieux ! se récria David.

— Je vous le redis : prenez un dictionnaire ukrainien-français, ou de l'ukrainien à n'importe quelle langue, vous trouverez l'information. Je ne l'ai pas inventée.

Nous nagions en plein délire…

Je repris :

— Ainsi, le verset de Jean ferait allusion au nucléaire ?

— Relis-le : « Il tomba sur le tiers des fleuves et sur les sources ; l'astre se nomme "Absinthe" : le tiers des eaux se changea en absinthe, et bien des gens moururent de ces eaux devenues amères. »

Un long silence s'instaura. Nous ne savions plus très bien où nous en étions.

Je me levai et m'emparai d'un ouvrage intitulé *La Supplication*[70]. Je l'ouvris à la première page et je lus :

> Le 26 avril 1986, à 1 h 23, une série d'explosions détruisit le réacteur et le bâtiment de la quatrième tranche de la centrale nucléaire de Tchernobyl. Cet

---

70. Svetlana Alexievitch, *Tchernobyl, chroniques du monde après l'Apocalypse*. Éditions J.-C. Lattès.

accident est devenu la plus grande catastrophe technologique du XXᵉ siècle.

Pour la petite Biélorussie de dix millions d'habitants, il s'agissait d'un désastre à l'échelle nationale. Pendant la Seconde Guerre mondiale, sur la terre biélorusse, les nazis avaient détruit 619 villages et exterminé leur population. À la suite de Tchernobyl, le pays en perdit 485. Soixante-dix d'entre eux sont enterrés pour toujours. La guerre tua un Biélorusse sur quatre ; aujourd'hui, un sur cinq vit dans une région contaminée. Cela concerne 2,1 millions de personnes, dont sept cent mille enfants. Les radiations constituent la principale source de déficit démographique. Dans les régions de Gomel et de Moguilev (qui ont le plus souffert de la tragédie), la mortalité est supérieure de 20 % à la natalité.

Au moment de la catastrophe, parmi les 50 millions de radionucléides propulsés dans l'atmosphère, 70 % retombèrent sur le sol de la Biélorussie : en ce qui concerne le césium 137, 23 % de son territoire sont contaminés par une quantité de nucléides radioactifs égale ou supérieure à 37 milliards de becquerels (Bq) par kilomètre carré. À titre de comparaison, 4,8 % du territoire ukrainien et 0,5 % de celui de Russie sont touchés. La superficie des terres agricoles où la contamination égale ou dépasse 37×10^9 Bq/km² est supérieure à 1,8 million d'hectares. Quant aux terres irradiées par une quantité de strontium 90 égale ou supérieure à 11×10^9 Bq/km², elles couvrent un demi-million d'hectares. La superficie totalement interdite à l'agriculture représente 264 000 hectares. La Biélorussie est un pays sylvestre, mais 26 % des forêts et plus de la moitié des prairies situées dans les bassins inondables des cours d'eau Pripiat, Dniepr et Soj se trouvent dans la zone de contamination radioactive...

À la suite de l'influence permanente de petites doses d'irradiation, le nombre de personnes atteintes, en Biélorussie, de cancers, d'arriération mentale, de maladies nerveuses et psychiques ainsi que de mutations génétiques s'accroît chaque année...

Selon les observations, un haut niveau de radiation fut enregistré le 29 avril 1986, en Pologne, en Allemagne, en Autriche et en Roumanie ; le 30 avril, en Suisse et en Italie du Nord ; les 1er et 2 mai, en France, en Belgique, aux Pays-Bas, en Grande-Bretagne et dans le nord de la Grèce ; le 3 mai, en Israël, au Koweit, en Turquie.

Les substances gazeuses et volatiles furent projetées à grande altitude et connurent une diffusion globale : le 2 mai elles furent enregistrées au Japon ; le 4 en Chine ; le 5 en Inde ; les 5 et 6 mai, aux États-Unis et au Canada...

Cela se passait de commentaires...

Finalement, David suggéra sur un ton hésitant :

— Et si, à travers le mot « absinthe », Jean voulait attirer notre attention sur une autre catastrophe nucléaire ; non pas Tchernobyl, mais... Hiroshima ?

— C'est une possibilité... Rappelle-moi ce que dit le verset précédent.

Jean-Pierre cita :

> Et le premier [Ange] sonna... Il y eut alors de la grêle et du feu mêlés de sang qui furent jetés sur la terre : et le tiers de la terre fut consumé, et le tiers des arbres fut consumé, et toute herbe verte fut consumée.

Je pivotai vers David.
— L'informaticien pourrait-il vérifier les concordances du mot grêle dans la bible ?
— Bien entendu.
Il se dirigea vers son ordinateur et quelques minutes plus tard il annonça :
— On trouve 32 fois le mot « grêle ». Que ce soit dans l'Exode, le Lévitique, les Psaumes, Isaïe ou encore le Livre de la Sagesse. Et le sens qui domine est toujours synonyme d'arme de guerre. À titre d'exemple, dans le Siracide :

> Le feu, la grêle, la famine et la mort, tout cela a été créé pour le châtiment[71].

— Ou dans les Psaumes :

> Il leur donna pour pluie la grêle, flammes de feu sur leur pays[72].

— Je vois...
Je m'emparai du tableau des correspondances de l'alphabet hébraïque :

---
71. Siracide, XXXIX, 29.
72. CXLVIII, 8.

— Je pense que nous sommes arrivés à un point où il devient inutile de faire systématiquement appel à Myriam. Dressons la liste des mots qui nous paraissent contenir un double sens et calculons leur valeur numérique.

Mes trois amis approuvèrent.

Un instant plus tard, nous avions établi notre liste. Elle se composait comme suit, avec la valeur respective de chaque mot :

Grêle = 206 ou **8**
La terre = 296 ou **8**
Du feu mêlés de sang = 665 ou **8**
Les arbres = 215 ou **8**

David fit un premier commentaire :

— Nous avons déjà un dénominateur commun : le chiffre **8**.

— Ne serait-il pas naturel que nous calculions aussi la valeur des mots « bombe atomique » ?

Il nous fallut un peu plus de temps que n'en aurait eu besoin notre théologienne…

— Bombe atomique = 710 soit… **8**.

— Comment ne pas en conclure que « Grêle » c'est « bombe atomique ».

— Avec la plus mauvaise foi du monde, nous ne pourrions pas faire autrement…

Jean-Pierre bondit littéralement de son siège.

— C'est fou ! Complètement fou !

Nous le dévisageâmes, interloqués.

— C'est fou ! répéta-t-il en se prenant la tête comme si elle allait exploser.

— Mais quoi ?

Il essaya de se maîtriser et commença :

— Le nombre huit représente l'équilibre cosmique et des tas d'autres signes symboliques... Mais là n'est pas le problème. Au diable le monde des symboles ! Nous sommes face à une réalité. Elle est bien plus hallucinante que toutes les chimères. Ouvrez grand vos oreilles : le Japon, depuis les époques les plus reculées, est dénommé par ses habitants – accrochez-vous : **Grand-Huit-Îles**[73]. Vous m'avez bien entendu ? Grand-Huit-Îles. Les huit îles les plus importantes du Japon et, par extension, le Japon lui-même. C'est d'ailleurs un chiffre que l'on rencontre très souvent dans les plus anciens textes shintoïstes avec ce sens de « multiple ». Dans la mythologie du Shintô, un dragon légendaire à... huit têtes et huit queues aurait vécu dans la province d'Izumo... Certains auteurs pensent que ce dragon est symbolique d'une rivière, d'autres qu'il représente huit *kuini* (royaumes).

Mais ce n'est pas tout. À Yokohama, en 1932, a été édifié par l'homme d'État, Adachi Kenzo[74], un centre national d'éducation spirituelle. Il est de plan octogonal et abrite à l'intérieur les statues des huit sages du monde, parmi lesquels Boudha, Confucius, Socrate et... Jésus !

Nous étions bouche bée.

Aucune gymnastique, aucune manipulation mathématique n'aurait pu nous amener à pareil résultat : Grêle, 8, Japon, Grand-Huit-Îles...

---

73. Cf. (entre autres), l'ouvrage de Basil Hall Chamberlain, *Janpanese things*, Éditions Charles E. Tuttle co.inc. 1971.
74. Homme politique, 1864-1948, d'abord journaliste en Chine et en Corée. Député japonais en 1902, et quatorze fois réélu.

Sur sa lancée, David s'empara de l'alphabet hébraïque et se précipita vers le tableau noir. Sous notre regard tendu, il écrivit :

Hiroshima = 566 = 5 + 6 + 6 = 17 = **8**

Il se tourna vers nous. Il avait le visage blême...
– Un commentaire ?
Je fus le seul à répondre d'une voix étouffée :
– L'attaque sur Hiroshima eut lieu à... 8 heures du matin...
Dans le même instant où je prononçais ces mots, un cortège d'images extraites d'un ouvrage que j'avais lu quelques années auparavant se mit à défiler dans ma tête. Je récupérai le livre dans ma bibliothèque et retrouvai le passage en question[75] :

> 8 heures du matin... À cette minute précise se déclenche la première tragédie atomique du monde... [...] Un éclair, blanc. On dirait le soleil qui éclate. Il aveugle trois cent mille personnes d'un seul coup. Il emplit le ciel d'une telle intensité que les maisons, les collines, les rues et les ombres disparaissent immédiatement. Dans la rétine des yeux il ne reste qu'une lumière dévorante. Instinctivement les gens tendent les mains en avant et commencent à tâtons leur marche vers la souffrance.
> Les premiers pas de l'humanité à l'heure thermique débutent dans un néant blanchâtre [« comme la couleur de la grêle... »] Au début de la création de

---
75. *Apocalypse de l'atome*, Fernand Gigon, Éditions Del Duca.

l'Univers il devait en être de même. Un dix millième de seconde, voilà le temps du premier acte.

[...] Dans ce monde en gestation qui sort tout droit des premières pages de la Bible, il faut être à quarante ou cinquante kilomètres pour en entendre les déflagrations.

[...] Un vent aux courants contraires déferle sur Hiroshima à la seconde même où explose la bombe. C'est une suite de coups de poing qui met k.o. trois cent mille habitants, leur arrache les vêtements, y compris les slips ou les caleçons et les jette par terre, tandis qu'une pluie de morceaux de verre et d'échardes de bambous les asperge.

[...] C'est à ce moment que de grosses gouttes de pluie se mettent à tomber. [« Il leur donna pour pluie la grêle, flammes de feu sur leur pays... »] Elles tombent lourdement, s'écrasent sur Hiroshima et laissent partout le dessin de leurs contours. Elles sont noires, et entraînent dans leur chute de la suie, de la poussière, de la cendre. À peine touchent-elles le sol qu'elles s'évaporent à nouveau. Les habitants qui croient à un miracle regardent alors vers le ciel où les dieux protecteurs semblent avoir repris leur place. Ils les implorent, prêts à les remercier pour cette pluie qui va les sauver. Mais en vain. Le salut ne vient pas d'en haut. Il ne vient de nulle part. Au contraire les cinq minutes de cette pluie qui arrose quelques quartiers de la ville sont les plus meurtrières. Chaque goutte née au sommet du champignon atomique à 9 000 mètres apporte avec elle des éléments radioactifs qui donnent au cataclysme d'Hiroshima sa couleur... apocalyptique...

Je levai les yeux sur le tableau noir où se découpaient pareils à des éclairs de fin du monde :

Grêle = 206 ou **8**
La terre = 296 ou **8**
Du feu mêlés de sang = 665 ou **8**
Les arbres = 215 ou **8**
Bombe atomique = **8**
Hiroshima = **8**
Japon = Grand-**Huit**-Îles

Je murmurai comme on pense à voix haute :
— Mais pas de référence à Nagasaki...
Jean-Pierre s'empressa de répondre :
— Si, il y en a une... Et j'irais même plus loin. Au-delà d'Hiroshima et de Nagasaki, je suis désormais convaincu que les événements cruciaux des deux conflits, celui passé et celui à venir, se tiennent dans le chapitre VIII, entre les versets 6 et 12 :

> Les sept Anges aux sept trompettes s'apprêtèrent à sonner.
> Et le premier sonna... Il y eut alors de la grêle et du feu mêlés de sang qui furent jetés sur la terre : et le tiers de la terre fut consumé, et le tiers des arbres fut consumé, et toute herbe verte fut consumée.
> Et le deuxième Ange sonna... Alors une énorme

masse embrasée, comme une montagne, fut projetée dans la mer, et le tiers de la mer devint du sang : il périt ainsi le tiers des créatures vivant dans la mer, et le tiers des navires fut détruit.

Et le troisième Ange sonna… Alors tomba du ciel un grand astre, brûlant comme une torche. Il tomba sur le tiers des fleuves et sur les sources ;

l'astre se nomme « Absinthe » : le tiers des eaux se changea en absinthe, et bien des gens moururent de ces eaux devenues amères.

Et le quatrième Ange sonna… Alors furent frappés le tiers du soleil et le tiers de la lune et le tiers des étoiles : ils s'assombrirent d'un tiers, et le jour perdit le tiers de sa clarté, et la nuit de même.

— Nous savons maintenant que le premier ange annonce Hiroshima. Le deuxième concerne Nagasaki. Je peux me tromper, mais à mes yeux les expressions « énorme masse embrasée » et « la mer devint du sang » symbolisent les conséquences de la seconde attaque nucléaire :

Il inscrivit sous le nom de la ville martyre :

Énorme masse embrasée = 689 ou **5**
Bombardement nucléaire = 1013 = **5**

Et plus bas :

La mer devint du sang = 234 ou **9**
Nagasaki = 225 ou **9**

Il se tourna vers nous :

— Qu'en pensez-vous ?

Dans un premier temps, il n'y eut pas de réaction. Puis, très vite, les critiques fusèrent :

— Pas d'accord, lança Dimitri. C'est trop vague. Trop imprécis.

Et David de surenchérir :

— De surcroît, tu emploies deux termes différents. Pour Hiroshima, nous avons adopté « bombe atomique ». Et là, tu utilises « bombe nucléaire ». Et tu le fais uniquement parce que cela te permet d'obtenir la même valeur numérique que « énorme masse embrasée ». Il y a un manque évident de rigueur.

Jean-Pierre protesta :

— Quelle différence y a-t-il entre bombe atomique et nucléaire ? Pourquoi l'apôtre n'emploierait-il pas tour à tour les deux expressions ? D'autre part, je vous rappelle que Nagasaki est un port entouré de montagnes. Et…

— N'insiste pas, interrompit David. Autant je suis convaincu qu'il doit y avoir certainement une autre version possible dans le verset ; autant celle-ci ne me convainc pas.

Jean-Pierre haussa les épaules, avec une moue résignée :

— Comme vous voudrez…

Il pivota vers moi comme pour chercher un appui. Mais je ne pus qu'abonder dans le sens de mes deux autres camarades.

— Je trouve déjà étonnante la découverte d'Hiroshima. Forcer le trait ne pourrait que décrédibiliser.

Dans la nuit qui les aveugle et leur broie le cœur, les habitants cherchent un chemin vers le salut. Plus de deux cent mille d'entre eux ne le trouveront jamais, ni ce jour-là ni plus tard. Et neuf mille survivants le cherchent encore vainement aujourd'hui...

La réalité gravée dans le livre du visionnaire de Patmos était effectivement réalité bien plus hallucinante que toutes les chimères...

Chapitre quinzième

*Un temps pour tuer, et un temps pour guérir ;
un temps pour détruire, et un temps pour bâtir.*
Ecclesiaste, III, 3

Il règne au mont Athos une atmosphère indicible qui émane probablement du recueillement des monastères. Et la chaleur de ce début de juillet, la pesanteur du ciel, accentuent plus encore cette sensation de paysage en prière. Au bout de ces trois années de recherches, je me devais absolument de revoir le père Alexandre.

Je découvris un homme amaigri, les traits creusés, la démarche incertaine.

– L'âge, mon ami… L'âge est le châtiment inventé par Dieu pour punir notre pédante jeunesse. Et ce n'est que justice.

Il se laissa choir dans un fauteuil et tendit la main vers le dossier que je lui avais apporté, somme de tous nos travaux. Il m'invita à m'asseoir et se plongea dans une lecture attentive.

De la fenêtre, on apercevait le bleu acier de la mer. L'horizon parfait. Le tout baignant dans cette lumière unique, si caractéristique de la Grèce.

Lorsque le père Alexandre referma le manuscrit, il y avait dans ses yeux quelque chose d'inexprimable. Il resta un long moment silencieux avant de murmurer, le regard égaré dans le lointain : « Au commencement était le Verbe et le Verbe était avec Dieu et le Verbe était Dieu[76]... »

Puis il reprit :

— Vous avez accompli là un travail digne de louanges. Qu'ajouter d'autre ? Lorsqu'il y a trois ans nous avons parlé de l'Apocalypse, j'étais loin d'imaginer que le texte de saint Jean était si lourd, si chargé. Mais le plus terrible, c'est de se dire que des siècles sont passés depuis sa rédaction et qu'il ne s'est pas trouvé un homme, un seul, pour conjurer le sort. Cette constatation soulève une question tragique : ce qui est prévu de tout temps doit-il inexorablement se réaliser ou avons-nous les moyens d'influer sur le cours des événements ?

— Est-ce à dire que, si nous avions été informés plus tôt, nous aurions eu une chance d'éviter les années de guerre, le nazisme, les millions de victimes, la Shoah ?

Le prêtre plissa le front.

— C'est bien la question que je me pose... Y a-t-il une fatalité inscrite dans les gènes de l'humanité, ou avons-nous le choix ? Il est là le vrai débat.

— En imaginant que d'autres avant nous seraient par-

---

[76]. Jean I, 1.

venus à découvrir la date, le jour, l'heure de la Seconde Guerre mondiale, s'ils avaient pu mettre en garde le monde contre toutes les atrocités qui risquaient de survenir, qui aurait pu accorder foi à leurs propos ? Vous vous doutez bien qu'on les aurait traités d'illuminés, de charlatans…

– C'est fort probable…

Une expression douloureuse traversa son visage parcheminé.

– Et cependant, dit-il encore, nous avons été prévenus… ô combien de fois ! Ces illuminés avaient pour nom Daniel, Isaïe, Ézéchiel, Jésus… « On se dressera, en effet, nation contre nation et royaume contre royaume. Il y aura par endroits des famines et des tremblements de terre. Et tout cela ne fera que commencer les douleurs de l'enfantement[77]. » Comme si le destin de l'homme était de mourir pour pouvoir renaître, plus digne, plus grand, plus noble.

Il prit une profonde inspiration :

– Et maintenant… Il y a demain…

Je le considérai, perplexe :

– Oui, reprit-il… Vous avez fait une incursion dans le passé, mais l'avenir ? Vous commettriez une grave erreur en ne poursuivant pas plus avant dans le texte de saint Jean. Vous l'avez clairement laissé entendre : En réalité, il n'y a pas deux Apocalypses fondues dans un seul texte et dont l'une serait la répétition de l'autre, mais deux Apocalypses se déroulant à deux époques différentes, représentées par les deux Bêtes. Le Dragon et Satan jouant quant à eux un rôle constant dans les deux

---

77. Mat. XXIV, 7.

Apocalypses. Ne croyez-vous pas qu'il serait plus utile de vous tourner dorénavant vers le futur ?

— Plus utile ? dans quel sens ?

— Il y a de fortes chances pour que ce que vous trouverez dépasse, et de très loin, ce que vous avez déjà découvert. Il suffit de compulser les versets que vous n'avez pas exploités pour en être persuadé…

— Mais à quoi cela servirait ? Pourquoi voudriez-vous que…

— Parce que tel est votre devoir.

Il esquissa un vague sourire.

— À moins que vous n'ayez peur de passer pour un… illuminé. Si par la grâce de Dieu une poignée d'hommes de bonne volonté accordait quelque crédit à vos travaux, qui sait ? peut-être que cette fatalité dont nous parlions serait enfin vaincue. Vous savez, ce n'est pas le nombre qui modifie le cours de l'Histoire. Un seul être suffit. Moïse, Jésus, Mahomet, Gandhi n'était pas une armée, Luther King non plus… Je vous le répète : un seul être suffit… il est le grain de sable capable d'enrayer la machine la plus puissante, la plus sophistiquée. Nous pourrions rêver qu'à la lecture de ce qui attend les générations futures, se dresse un homme… Un seul…

— Pardonnez-moi, père Alexandre, mais votre raisonnement est à double tranchant. Si, réellement, nous découvrions quelque chose de terrible, aurions-nous quand même le droit de diffuser l'information au plus grand nombre ? Si, aux yeux de certains, nos découvertes ne représentaient qu'un fatras dénué de tout fondement, en revanche, certaines âmes, plus perméables, plus sensibles, pourraient s'en trouver déstabilisées, voire désespérées. Car, ne nous voilons pas la face, tout porte à croire que cette deuxième Apocalypse surpassera en destruction toutes les calamités que l'humanité a connues.

— C'est plus que probable. Et je reconnais que vous avez là un problème de conscience. Le choix est entre vos mains...

Je méditai un moment sur les propos du père :

— L'avenir... où se cache-t-il dans le récit de l'apôtre... Où chercher ?

— Commencez par le commencement... Si une nouvelle ère de malheurs doit s'abattre sur l'humanité, vous pouvez être certain que Jean nous en donne le jour, le mois et sûrement l'année...

Il se redressa avec difficulté et me tendit la main :

— Pardonnez-moi, mon ami, mais il faut que je prenne quelque repos... Demain je pars pour Athènes où m'attendent ces apothicaires des temps modernes que nous appelons médecins. Selon eux je dois subir quelques examens approfondis pour nommer le mal qui me ronge.

Il fut secoué d'un petit rire :

— Ils le nommeront, sûrement, mais le guériront-ils ? c'est une autre histoire... Adieu, mon ami... Continuez de me tenir au courant de vos « illuminations ».

Je le suivis du regard tandis qu'il clopinait vers la porte.

Ce devait être la dernière fois que je voyais le père Alexandre.

Le milieu du mois de juillet nous trouva tous les cinq réunis dans un petit village de Chalcidique, situé au bord de la mer, non loin de Thessalonique : Vourvourou. Nous y avions loué deux maisons pour contenir tous les membres de nos familles respectives, mais loin du bruit et de la folie de l'été grec.

Commencez par le commencement...

– Le commencement ou la fin ? plaisanta Dimitri.

Il pointa son doigt sur le chapitre XX :

> XX.2 – Il maîtrisa le Dragon, l'antique Serpent – c'est le Diable, Satan – **et l'enchaîna pour mille années.**

> XX.3 – Il le jeta dans l'Abîme, tira sur lui les verrous, apposa des scellés, afin qu'il cessât de fourvoyer les nations **jusqu'à l'achèvement des mille années.** Après quoi, il doit être relâché pour un peu de temps.

– De toute évidence, c'est dans l'expression « achèvement des mille années » que doit se trouver la réponse, puisque les versets indiquent tout à la fois la fin du règne du Dragon-fascisme – « Il maîtrisa le Dragon » –, et la durée qui nous sépare de son retour : « et l'enchaîna pour mille ans ».

– Mille ans..., fit Jean-Pierre. Mais pourquoi mille ans et pas deux mille ou cinq ? Et que disent les commentateurs à ce propos ?

Dimitri s'empressa de répondre :

– Comme toujours, des tas de choses contradictoires.

Dans les premiers temps du christianisme, la majorité des pères de l'Église croyaient dur comme fer à l'échéance de l'an mille. Ce n'est qu'au IVe siècle que saint Augustin modifia cette conception en expliquant que la résurrection exprimée au chapitre XX, 1, 6 était d'ordre spirituel et se référait en fait à la conversion des chrétiens suite à la venue du Christ. Pour Augustin seule une résurrection spirituelle pouvait précéder l'avènement de l'Apocalypse. Bien des siècles plus tard, divers spécialistes prétendirent que le millenium correspondait au réveil de l'Église sous Constantin. D'autres l'ont réduit à une antichambre de la résurrection destinée aux âmes des croyants après la mort[78]. Comme vous pouvez le constater, à ce jour aucune version n'a fait l'unanimité.

— Imaginons que nous prenions le texte de saint Jean au pied de la lettre... mille ans seraient à décompter à partir de quelle date ?

— Je dirais en partant de la mort d'Hitler. Le 30 avril 1945.

— C'est plausible.

— 1945... 2945.

Myriam objecta :

— Votre option est discutable. Nous pourrions tout aussi bien prendre comme jalon la date de naissance du Führer au lieu de sa mort.

— 1889 ?

Elle fit oui de la tête.

Je répondis :

— Impossible. Pour deux raisons. Saint Jean indique : « Il maîtrisa le Dragon. » On maîtrise quelqu'un qui

---

[78]. *L'Apocalyspe*, John H. Alexander, La Maison de la Bible, Genève-Paris.

accomplit un ou des actes répréhensibles... pas un nouveau-né. De plus, l'apôtre stipule : « Il le jeta dans l'Abîme. » Or nous savons bien quelle fut la fin d'Hitler : mort « sous-terre », suicidé dans son bunker, dans l'abîme. Ce qui nous amène sans détour à opter pour la date de sa mort : 1945.

Bizarrement, nous pressentions, sans nous l'avouer ouvertement, qu'aucun d'entre nous n'était vraiment séduit par cette conclusion. Probablement parce que l'apôtre ne nous avait pas habitués à autant de facilité. Il devait y avoir un piège, un code dans le code.

— Ne sommes-nous pas en train de nous contredire ? dit soudainement Jean-Pierre.

— Explique-toi...

— Souvenez-vous du chapitre XIII, verset 5 : « **On lui donna pouvoir d'agir durant quarante-deux mois.** » À travers cette phrase nous avons déterminé que la longue série de victoires militaires du Führer, son « pouvoir d'agir », avait pris fin dans les neiges de Stalingrad. C'est-à-dire en 1943. Les deux années qui suivront ne furent qu'une descente aux enfers pour l'Allemagne. Si nous voulons rester cohérents, c'est donc 1943 que nous devrions prendre comme point de départ des mille années. Et non pas 1945.

— Il a raison, approuvai-je. Ce qui nous fait déboucher sur 2943.

Dimitri laissa échapper un rire forcé :

— 2943 ! Dieu soit loué... Nous serons bien loin à ce moment-là. Et mes enfants aussi... Et mes petits-enfants ! Je...

Myriam le coupa :

— J'en doute, dit-elle avec une gravité qui nous prit tous de court. Tes enfants, les miens – si j'en ai un jour –, risquent hélas de connaître l'Apocalypse...

— En 2943 ? Ma chérie, je sais que l'espérance de vie augmente régulièrement, mais ne crois-tu pas que tu exagères un peu ? Mon fils a six ans aujourd'hui... Tu n'imagines tout de même pas qu'il pourrait vivre plus de neuf cents ans !

Elle médita un moment :

— Lorsque éclatera la prochaine guerre, ton fils aura cinquante et un ans.

Dimitri faillit s'étrangler.

— Tu as juré de me faire mourir de peur ?

— Ta peur serait aussi la mienne... Je viens d'avoir trente ans. Si Dieu me prête vie, le jour où éclatera la prochaine guerre j'aurais soixante-quinze ans. Pas encore Mathusalem... Pas encore désireuse de mourir...

Je m'insurgeai :

— Myriam, dans quoi t'embarques-tu ? Quelle année ?

La jeune femme se contenta de citer : « Car mille ans sont à tes yeux comme le jour d'hier qui passe, comme une veille dans la nuit... » Psaume 90, verset 4. « Et devant le Seigneur, un jour est comme mille ans et mille ans sont comme un jour. »

— Ce qui signifie ?

— Mille ans sont ici à titre purement symbolique... Ils sous-entendent : « de nombreuses années », mais pas nécessairement mille. Si je m'appuie sur la Guématria, je dirai que mille représente en réalité cent ans.

— Comment parviens-tu à ce chiffre ?

— Dieu, la vérité absolue est représentée par le chiffre **10**. Par contre, le Satan, lui, est figuré par le nombre **2**. Pourquoi ? parce que, dans la tradition hébraïque, le 2 personnifie les deux esprits du mal que sont le Leviathan, bête de la mer, et Behemoth, la bête de la terre. Ce n'est pas par hasard que saint Jean cite précisément les quatre synonymes du mal (Dragon, Serpent, Diable, Satan) au chapitre **20** (valeur 2) et au verset **2**.

— À quoi veux-tu en venir ? s'impatienta David.

— Puisque Dieu possède dix nombres et Satan un seul, nous pouvons conclure que le temps du diable est le 1/10ᵉ de celui de Dieu. C'est-à-dire... cent ans. Mais il y a aussi dans le chiffre 2043 un argument que je pourrais qualifier de « grammatical ». Deux est égal à la lettre beth, (בסוֹף) soit **à la fin**, 40 est égal à la lettre mem, (מוות) soit **la mort** et 3 est égal à la lettre guimel, (גיהנום) soit **l'enfer** : La fin, la mort, l'enfer.

David afficha une moue sceptique :

— Cent ans d'intervalle ? 1943/2043.

Dimitri vint seconder Myriam :

— Je n'en serais pas étonné... Il y a comme ça dans l'Histoire de l'humanité des cycles qui se forment. Ce ne serait pas la première fois. Savez-vous quand Abraham Lincoln fut élu au Congrès ?

Et, sans attendre notre réponse, il annonça :

— En 1846. Et à la présidence ? en 1860.

Il se tut un instant puis :

— Savez-vous quand Kennedy fut élu au Congrès ? Très exactement cent ans plus tard : en 1946. Et à la présidence ? En 1960. Les noms de ces deux présidents comportent sept lettres. À présent, quelqu'un saurait-il le nom du successeur d'Abraham Lincoln ?

Nous l'ignorions tous.

– Johnson. Andrew Johnson. Né en 1808. Et le successeur de Kennedy ? Johnson, Lyndon Johnson, né… cent ans plus tard, en 1908. Leurs noms et prénoms réunis comportent treize lettres. Le meurtrier de Lincoln s'appelait John Wilkes Booth. Il était né en 1839. Celui de Kennedy était – mais je ne vous apprends rien – Lee Harvey Oswald. Né… cent ans plus tard, en 1939. Les deux chefs d'État furent assassinés d'une balle dans la tête en présence de leur femme et leurs meurtriers furent pareillement abattus avant d'être jugés. Leurs triples noms comportent quinze lettres. Mais nous ne sommes qu'à mi-parcours…

Il pointa son index comme pour donner plus de poids à son exposé :

– Le tueur de Lincoln a agi dans un théâtre, puis il s'est réfugié dans un dépôt. Celui de Kennedy a tiré d'un dépôt, puis s'est réfugié dans un théâtre. Lincoln fut assassiné au théâtre Ford. Kennedy, quant à lui, dans une voiture Ford… Lincoln. Dois-je poursuivre ? Le secrétaire de Lincoln avait pour nom… Kennedy. Celui de Kennedy avait pour nom… Lincoln. Le secrétaire du premier lui avait recommandé de ne pas se rendre au théâtre, à l'instar du second qui avait supplié Kennedy de ne pas se rendre à Dallas. Et, pour finir, les deux présidents furent assassinés un vendredi… Et tout cela… à cent ans d'intervalle.

Il y eut un silence.

— Croyez-vous toujours qu'il soit déraisonnable de déduire que mille années de Dieu soient égales à cent années du diable ? pour moi la date de 2043 me paraît plausible.

Nous ne savions plus trop que penser… Nous nous sommes replongés dans l'étude du texte en quête d'un argument supplémentaire qui nous conforterait dans notre analyse, jusqu'au moment où l'un d'entre nous – encore Dimitri – signala le verset 15, du chapitre IX.

> Et l'on relâcha les quatre Anges qui se tenaient prêts pour **l'heure** et **le jour** et **le mois** et **l'année,** afin d'exterminer le tiers des hommes.

— « L'heure, le jour, le mois, l'année… » S'il existe une réponse, c'est en partant de ce verset que nous la trouverons.

— De quelle façon ?

— Uniquement par la logique. Prenons le premier mot : « l'heure ».

— L'apôtre ne dit rien de plus dans ce verset.

— Dans ce verset… Mais nous savons bien que nous sommes confrontés à un puzzle dont les pièces sont éparpillées ici et là. À quel autre endroit le mot « heure » est-il mentionné ?

David interrogea son ordinateur :

— On le retrouve onze fois… Voulez-vous que j'imprime les versets concernés ?

— Oui…

Quelques minutes plus tard nous avions la totalité des onze versets sous les yeux.

D'emblée nous nous sommes livrés à une première sélection, puis à une deuxième, en éliminant chaque fois les phrases où le mot « heure » nous paraissait répétitif ou dépourvu d'intérêt. Au bout du compte, il ne nous resta plus que deux versets :

> XVII.12 – Et ces dix cornes-là, ce sont dix rois ; ils n'ont pas encore reçu de royauté, ils recevront un pouvoir royal, pour une **heure** seulement, avec la Bête.

> XVIII.10 – retenus à distance par peur de son supplice : « Hélas, hélas ! Immense cité, ô Babylone, cité puissante, car une **heure** a suffi pour que tu sois jugée ! »

Au terme d'un échange plutôt rude, nous sommes convenus que le verset du chapitre XVIII n'était guère différent de celui du chapitre XVII. Mais à une nuance près : le verset 12 mentionnait un rassemblement **de dix rois** qui recevaient un pouvoir royal…

Puis ce fut à nouveau l'impasse…

En désespoir de cause, nous sommes partis à la recherche du deuxième mot contenu dans le passage de Jean : « le **jour** ».

Et une fois de plus nous nous sommes livrés à un tri pour ne conserver qu'un seul verset :

> XI.9 – leurs cadavres demeurent exposés aux regards des peuples, des races, des langues et des nations, durant **trois jours et demi,** sans qu'il soit permis de les mettre au tombeau.

Mais là aussi, nous nous retrouvions dans le brouillard.

Il ne restait plus qu'à recenser le dernier mot « mois ». Là, le dépouillement fut plus aisé. Ce mot ne revenait que six fois. Et, sur les six, il n'y avait que deux versets susceptibles de nous livrer un indice, les autres avaient trait au règne de « quarante-deux mois ».

> IX.5 – On leur donna, non de les tuer, mais de les tourmenter durant cinq mois.

> IX.10 – elles ont des queues pareilles à des scorpions, avec des dards; et dans leurs queues se trouve leur pouvoir de torturer les hommes durant cinq mois.

— Cinq mois ? Le cinquième mois ? s'interrogea Jean-Pierre... Ce pourrait être le mois de mai ?

— Trop simpliste, soupira Myriam, voie sans issue.

Dans un mouvement rageur, Dimitri se leva et lança à la volée :

— J'en ai par-dessus la tête ! Je sors faire un tour sur la plage...

Nous n'avons pas tardé à l'imiter.

Chapitre seizième

*Lors donc que vous verrez l'abomination
de la désolation, dont a parlé le prophète Daniel,
installée dans le saint lieu
que le lecteur comprenne !*
Mathieu, XXIV, 15

Le lendemain matin, alors que l'aube pointait sur la mer, je sirotais un café en méditant sur l'infinie complexité de cette deuxième Apocalypse à laquelle nous venions de nous attaquer, et tout particulièrement à ce trémail de versets devenus soudainement muets comme pour se venger de je ne sais quelle offense. La pensée me traversa l'esprit que nous étions arrivés à l'orée d'une ligne de démarcation que l'on nous interdisait de franchir... à moins que ce ne fût nos propres faiblesses qui nous en empêchaient.

J'essayais de faire le point.

> Il maîtrisa le Dragon, l'antique Serpent – c'est le Diable, Satan – **et l'enchaîna pour mille années.**
>
> les quatre Anges qui se tenaient prêts pour **l'heure** et **le jour** et **le mois** et **l'année.**

Nous avions conclu que le compte à rebours des mille années (réduites à cent ans) démarrait en 1943. À la défaite de Stalingrad. Mais, à bien y réfléchir, cette défaite n'avait pas eu lieu en un jour…

Je fouillai dans des livres d'histoire pour tenter de reconstituer les événements de cette période. À quel moment précis pouvait-on estimer que la bataille fut perdue pour les divisions allemandes ? Quelles furent les étapes qui menèrent à la reddition ?

- Le 12 décembre, les troupes de von Manstein remportent encore quelques succès.
- Aux alentours du 20, se déroule la contre-attaque russe. Manstein bat en retraite.
- Le 8 janvier 1943, le général von Paulus, encerclé, refuse un ultimatum qui lui offre une capitulation honorable.
- Le 24, il revient sur sa décision et demande à Hitler l'autorisation de se rendre. Elle lui est refusée.
- Le 26, nouvel assaut russe.
- Le 27, commence la liquidation des poches de résistance allemandes.
- Le 31 janvier, la résistance est définitivement brisée.

• Le 2 février, c'est la capitulation. 2500 officiers, 24 généraux, et von Paulus lui-même sont faits prisonniers.

La fin du règne de la Bête se situait donc entre le 31 janvier et le 2 février.

Le « mois » indiqué par saint Jean devait correspondre à janvier ou février...

Possible... Mais lequel des deux ?

J'en étais là dans mes réflexions, lorsque Myriam et Jean-Pierre vinrent me retrouver sur le balcon. Je leur confiai mes modestes déductions matinales.

— Ce n'est pas dénué d'intérêt, concéda Jean-Pierre, mais, comme tu le fais remarquer, nous sommes à cheval entre deux mois... Sans point de repère. Janvier ou février ? Comment savoir ?

Nous avons continué de déguster notre café, tout en fixant la mer... Une légère brise nous amenait les éclats de voix des derniers pêcheurs qui regagnaient le petit port de Aghios Nicolaos...

Tout à coup la voix de Myriam couvrit le ronron des moteurs :

— Nous sommes en train de trahir saint Jean.

— Trahir ?

— Revenez en arrière. Sur quel principe avons-nous fondé notre méthode de travail ?

— Comment cela ?

— Au tout début nous avons affirmé : « S'il était acquis que nous étions devant une œuvre écrite en grec, mais par un Juif, une conclusion s'imposait à nos yeux :

pour décoder sa symbolique il fallait lire l'ouvrage dans le texte, c'est-à-dire en hébreu, ainsi que Jean l'avait pensé. »

— C'est exact. Et c'est bien cette voie que nous avons empruntée.

— Alors pourquoi ce revirement ? Jean était juif. Il ne pouvait s'appuyer que sur le calendrier hébraïque. Un calendrier qui remonte – pour sa forme actuelle – au IVe siècle de notre ère. Sans compter qu'au IIe siècle déjà une première tentative de chronologie avait été élaborée par un rabbin du nom de Yosé ben Halafta. Je vous épargnerai les détails, mais dans les grandes lignes, sachez que le calendrier hébraïque débute en 3762 avant J.-C., c'est-à-dire à partir de l'époque admise de la création du monde : l'an **I** juif, débute en l'an **I** de la Création. Hormis le fait que d'innombrables modes de décompte des années coexistèrent de l'Antiquité jusqu'au Moyen Âge, ce n'est qu'au début du XIXe siècle qu'a commencé une réflexion sur une éventuelle réforme du calendrier dit Grégorien, universellement reconnu. Ce n'est donc pas vers lui que nous devons nous tourner. Si nous cherchons la confirmation formelle du mois où commenceront les hostilités, nous la trouverons dans le calendrier hébraïque, nulle part ailleurs.

Nous n'avions aucun argument à opposer à la jeune femme.

Je lui proposai d'aller plus loin dans son raisonnement. Elle se leva, s'éclipsa et réapparut, un crayon et une liasse de feuillets à la main.

— Suivez-moi attentivement. Les mois juifs sont au nombre de douze : Tichri, Hechvan, Kislev, Tèvet, **Chevat,** Adar, Nissan, Iyyar, Sivan, Tammouz, Av, Eloul et de treize pour les années bissextiles, car le mois d'Adar est redoublé. Reprenez le verset de l'apôtre qui parle du mois…

> IX.10 – elles ont des queues pareilles à des scorpions, avec des dards ; et dans leurs queues se trouve leur pouvoir de torturer les hommes **durant cinq mois.**

— Le cinquième mois du calendrier juif n'est autre que le mois de Chevat. En 2043, il commencera le 12 janvier et s'achèvera le 10 février.

Jean-Pierre retint un cri de surprise :

— Tu veux dire que lui aussi sera à cheval entre janvier et février, dans la fourchette où s'inscrit la fin du règne de la Bête : 31 janvier/2 février ?

— Ce n'est pas moi qui le dis. C'est Jean lui-même. Cinquième mois = chevat = janvier/février.

Je m'exclamai :

— Mais alors, c'est la date du 2 février que nous devrions prendre comme base, puisque c'est celle de la capitulation de von Paulus devant Stalingrad.

Elle secoua la tête.

— Vrai et faux. Toujours, selon Jean, ce serait le 5 février.

Je la regardai, totalement dépassé :

Elle développa :

— Verset 9, chapitre XI : « […] leurs cadavres demeurent exposés aux regards des peuples, des races, des langues et des nations, **durant trois jours et demi** […] » Pour prendre le texte au pied de la lettre, nous devons additionner trois jours et demi.

— 2 février + trois jours et demi...

— Ce qui nous amène au 5 février à... midi.

C'est à ce moment que Dimitri et David nous rejoignirent sur le balcon. Avant qu'ils n'aient eu le temps de comprendre ce qui leur arrivait, ils furent littéralement submergés par nos informations. Pareils à des boxeurs un peu groggy, ils restèrent immobiles, s'efforçant de digérer la masse de renseignements que nous venions de leur transmettre.

— Ainsi, balbutia Dimitri, le prochain conflit commencerait le **5 février 2043 à midi...**

J'acquiesçai tout en reportant l'ensemble des versets et chapitres concernés sur une page.

— Relis !

> Il maîtrisa le Dragon, l'antique Serpent – c'est le Diable, Satan – **et l'enchaîna pour mille années.**

1943 + 100 = **2043**. (Mille égale 100).

> […] leurs cadavres demeurent exposés aux regards des peuples, des races, des langues et des nations, durant **trois jours et demi,** sans qu'il soit permis de les mettre au tombeau.

L'heure et le jour : 2 février + 3 jours et demi = **5 février** midi.

> IX.5 – On leur donna, non de les tuer, mais de les tourmenter **durant cinq mois.**

Confirmation du mois de février = **Chevat** (cinquième mois du calendrier hébraïque – 12 janvier/10 février, en l'an 2043).

Il y avait de la jubilation dans l'air... Le cerveau en ébullition, nous prîmes la décision de « laisser reposer » nos trouvailles et d'aller passer le reste de la journée en mer.

En fin d'après-midi, nous étions toujours allongés sur le pont de l'un de ces petits rafiots qui vous baladent en chevrotant le long des côtes. Nous vivions un moment paradoxal. Quelques heures auparavant nous avions découvert qu'un nouveau conflit risquait d'embraser la terre dans moins de cinquante ans, c'est-à-dire... demain, et cependant nous étions en train de nous prélasser au soleil comme si l'affaire ne nous concernait pas ; comme si la terre, l'humanité, ne faisaient plus partie de notre famille.

Inconscience ? Volonté de nous « laver » d'une terreur latente ? Sûrement. Car nous savions...

« Un éclair, blanc. On dirait le soleil qui éclate. Il aveugle trois cent mille personnes d'un seul coup. Il emplit le ciel d'une telle intensité que les maisons, les collines, les rues et les ombres disparaissent immédiatement. »

Ce soleil admirable qui flottait, ici, en Grèce, au-dessus de cette mer étale, nous ne pouvions plus le dissocier dans nos esprits de cet éclair qui avait broyé à jamais la rétine de centaines de milliers de malheureux... Là-bas... à Hiroshima, puis à Nagasaki... « Cette lumière dévorante. »

Perdu dans mes pensées, j'entendis soudainement, comme dans un cauchemar, la voix de Jean-Pierre :

— Et dire que tout se passera en une heure...

Il cita, avec un calme qui nous fit froid dans le dos, deux versets sur lesquels nous n'étions plus revenus :

> Et ces dix cornes-là, ce sont dix rois ; ils n'ont pas encore reçu de royauté, ils recevront un pouvoir royal, pour **une heure** seulement, avec la Bête[79].
>
> « Hélas, hélas ! Immense cité, ô Babylone, cité puissante, car **une heure** a suffi pour que tu sois jugée[80] ! »

Une heure...

Pour anéantir Hiroshima, un dix millième de seconde avait suffi.

Combien y avait-il de « dix millièmes de seconde », dans une heure ?

Combien de cibles... ? Combien d'enfants ?

---

79. XVII, 12.
80. XVIII, 10.

Chapitre dix-septième

*Dehors l'épée emportera les fils,
au-dedans régnera
l'épouvante. Périront ensemble
jeune homme et jeune fille,
enfant à la mamelle et vieillard chenu.*
Deutéronome, XXXII, 25

Les vacances terminées, ce fut le retour à Paris. Nous étions fin juillet, et il pleuvait des cordes sur la capitale ; on aurait juré que le soleil était resté en captivité, là-bas, en Chalcidique.

Dès le lendemain de notre arrivée nous nous sommes remis au travail.

Nous avions une date : 5 février 2043 à midi. Dès lors, nous devions découvrir l'élément le plus important de cette deuxième Apocalypse : l'identité de la deuxième Bête. Qui pouvait-elle bien être ? La tâche était – on s'en doute – nettement plus compliquée.

Dans le verset où elle était mentionnée, rien ne la différenciait de la première Bête – Adolf Hitler. Rien, sinon une indication que l'apôtre introduisait dans l'expression : « Bête écarlate ».

> Il me transporta au désert, en esprit. Et je vis une femme, assise sur une **Bête écarlate** couverte de titres blasphématoires et portant sept têtes et dix cornes[81].

Pour quelle raison saint Jean avait-il jugé opportun d'ajouter cette précision : « Bête écarlate » ?

Jean-Pierre fit remarquer :

– Ce n'est qu'une supposition... Mais ce qualificatif ressemble fort à une métaphore volontaire : la Bête revient, drapée de rouge, rouge du sang de ses victimes passées.

– C'est fort possible. Mais, pour la Seconde Guerre mondiale, l'apôtre nous remettait une clef : le nombre 666. C'est elle qui nous a permis de découvrir la personnalité d'Adolf Hitler. Mais, là ?

– Souvenez-vous : « C'est ici qu'il faut de la finesse ! » Il doit y avoir une deuxième clef...

– Dans ce cas, revenons à la Seconde Guerre mondiale. Quels étaient les protagonistes ? Par qui étaient-ils représentés ?

David répondit sans hésiter :

– Gog et Magog... Magog figurait l'Allemagne, et ses alliés et Gog, l'Amérique.

– Parfait. Que nous dit saint Jean lorsqu'il évoque le retour de la deuxième Bête ? Chapitre XX, versets 7 et 8 :

---

[81]. XVII, 3.

« Les mille ans écoulés, Satan, relâché de sa prison, s'en ira séduire les nations des quatre coins de la terre, **Gog** et **Magog,** et les rassembler pour la guerre. »

– Comme nous pouvons le constater, Gog et Magog sont à nouveau impliqués.

– Ça me semble aberrant… Sinon utopique. Qui de nos jours pourrait imaginer une nouvelle guerre entre l'Allemagne et les autres pays d'Europe, ou les États-Unis ?

– Effectivement…

Tout à coup une inquiétude me traversa l'esprit :

– Dis-moi, David, toutes les données recueillies depuis des mois sont bien enregistrées sur le disque dur ?

Il confirma, un peu étonné par la question.

– As-tu songé à créer une copie de sauvegarde ?

Il écarquilla les yeux comme si j'avais blasphémé.

– Évidemment ! Je procède régulièrement à un transfert de fichiers sur mon ordinateur portable. Pourquoi ?

– Je me suis laissé dire que l'informatique – comme certains êtres humains – pouvait, sans raison apparente, « disjoncter ». Si, par malheur, tous nos travaux venaient à se désintégrer par la faute d'une défaillance électronique…

– N'aie aucune inquiétude. J'ai pris toutes mes précautions.

– À propos d'informatique, suggéra Myriam, si nous tentions – une fois n'est pas coutume – d'y faire appel ?

Le visage de David s'illumina.

– Que voudrais-tu ?

– Insérer les mots « Bête écarlate » en hébreu et voir si à travers leur valeur numérique nous obtenons quelque chose.

— Et quelle est leur valeur numérique ?
— **84**. Ou **3**.

L'informaticien pianota sur son clavier. Au bout d'un moment, il poussa un cri :

— Gog !
— Gog ?
— Parfaitement. L'ordinateur me renvoie à Gog. Et pour cause : « Bête écarlate » valeur **3**, « Gog », valeur 12. Soit **3**.

— C'est curieux, fit Jean-Pierre, je crois bien me souvenir que Gog avait pour valeur 5. Et qu'il figurait l'Amérique.

Ce fut Dimitri qui lui répondit :

— Bien entendu. Mais nous avions alors obtenu ce chiffre selon la numération grecque. Gog (Γω γ) = 806. Alors qu'ici l'ordinateur a calculé selon la numération hébraïque ; puisque c'est la seule que tu as programmée.

Sans le vouloir, nous avions inversé le processus. Lors du décryptage de la Seconde Guerre mondiale nous avions effectivement évalué les valeurs de Gog et Magog en grec. Là, nous étions passés à l'hébreu.

— Ainsi, dis-je songeur, nous serions à nouveau devant un miroir...

— Que veux-tu dire ?

Je développai :

— Plus d'une fois, l'apôtre nous a présenté le visage du bien, pour aussitôt nous mettre en présence de son contraire...

Je me penchai vers Myriam :

— N'est-ce pas toi qui disais à propos des vingt-quatre vieillards : « Pourquoi ne pas chercher une interprétation inversée, opposée, contraire à celle fournie par les érudits religieux ? » Et, comme je m'étonnais, tu as ajouté : « Un jeu de miroir. Jean ne nous a-t-il pas permis de définir que Lilith n'était autre que le jumeau négatif d'Ève ? Ne peut-on imaginer que les vingt-quatre vieillards, qui figurent le bien, posséderaient eux aussi leur double dans le mal. » Et tu as conclu en prenant comme exemple le sceau de Salomon : « Dans la Maggen David on trouve cette dualité suggérée par Jean. Le bien est l'envers du mal. D'un côté les ténèbres, de l'autre la lumière. Dans le déroulement de l'Apocalypse, le diable use des mêmes armes que Dieu, et l'antéchrist transforme en instruments maléfiques les arguments du Christ. »

La jeune femme opina :

— Mais dans le cas présent ?

— C'est simple. Le mal devient le bien, et le bien le mal. La vérité devient mensonge et le mensonge vérité. Gog, qui figurait le sauveur de l'Europe (l'Amérique) au cours de la Seconde Guerre, sera lors du prochain conflit le symbole du prince du mensonge.

Elle sursauta.

— Tu veux dire qu'en 2043 les États-Unis seront devenus fascistes ? Tu ne…

Je coupai net à leurs protestations :

— Pas du tout ! Vous n'avez pas compris. J'ai dit simplement que la nation belliqueuse, qui déclenchera les prochaines hostilités, aura Gog pour image. Et, inversement, les pays qui se dresseront contre elle seront Magog.

Myriam hocha la tête :

— Si nous nous référons aux commentaires de certains kabbalistes, cette inversion est probable. Car, en fait, l'identité de Gog et Magog n'a pas réellement d'importance, bien qu'ils soient décrits comme étant des personnages ou des pays. Ils représentent en vérité des fonctions virtuelles qui peuvent être attribuées selon les mérites de la génération à un peuple, un État ou un individu.

Le silence retomba.

« La Bête écarlate »... « Gog »... « Valeur 3 »...

Les mots se cognaient dans nos esprits, comme des chauves-souris affolées en quête d'une issue.

— Nous avons une solution ! s'exclama Dimitri.

Il saisit David par le bras et l'entraîna vers son ordinateur.

— Écoute-moi bien. Puisque Gog est égal à **3**, ne serait-il pas possible de trouver quel pays a la même valeur ?

David fronça les sourcils.

— Sais-tu combien de nations couvrent la planète ?

— Je m'en moque... L'essentiel est de découvrir celle qui aura un nombre identique à celui de Gog.

Il s'esclaffa :

— Mais tu rêves, mon ami... Je n'ai pas besoin d'interroger l'ordinateur pour te répondre. Il doit y en avoir au moins une douzaine, sinon plus !

— Sans doute. Mais il y a de grandes probabilités pour qu'un seul pays, un seul, possède le nombre 3 tout en remplissant les conditions indispensables à toutes nations désireuses de jouer, en 2043, le rôle de l'Allemagne en 1940. C'est une grande puissance en devenir que nous cherchons. Une puissance qui serait en mesure d'affronter le monde.

David s'exécuta avec un scepticisme clairement affiché.

Une suite de noms commença à défiler sur l'écran… Aucun d'entre eux n'aurait eu la moindre chance de représenter cette grande puissance suggérée par notre ami grec. Aucun… sauf un…

Dimitri nous fit signe de nous rapprocher.
– Regardez, dit-il, la voix fébrile.

En lettres noires sur fond bleu le nom d'une nation venait de surgir qui avait la même valeur que Gog.

CHINE

Myriam confirma le résultat de l'ordinateur :
– Chine, (סין) valeur 120 ou **12**. Même chiffre que Gog.
Quelqu'un chuchota :
– La Bête écarlate… Valeur **3**.

Déjà, dans des époques lointaines, du temps de Gengis Khan, les Européens apeurés plaçaient en cette région mystérieuse, l'ancienne « Cathay », le peuple de « Gog et Magog ». Et une avalanche de qualificatifs déferla dans ma tête : le fleuve Yangzi, les « eaux rouges », le bassin Rouge du Sichuan, L'armée « rouge ». Comment ne pas accorder crédit à ce résultat ?

Presque aussitôt resurgit la célèbre mise en garde, lancée il y a près de deux siècles par un certain empereur Napoléon Bonaparte : « Quand la Chine s'éveillera, le monde tremblera[82]. »

---

82. L'empereur l'aurait prononcée en 1816 après avoir lu la relation du *Voyage en Chine et en Tartarie*, de Lord Macartney, premier ambassadeur du roi d'Angleterre en Chine.

Où en était ce pays, aujourd'hui ? Dans les jours qui suivirent nous nous sommes rués sur les statistiques pour découvrir ces quelques points[83] :

• En 2050, selon les Nations unies, la Terre comptera entre 8 et 9,5 milliards d'habitants. L'Union européenne ne serait pas plus peuplée qu'aujourd'hui, le reste du continent amorcerait même un début de repli démographique. La population de la Chine, 1,4 à 1,5 milliard d'habitants, sera (avec l'Inde) plus nombreuse que celle de l'ensemble des pays les plus développés.
• Le budget consacré à la recherche scientifique est passé de 15 millions de dollars en 1955 à 100 millions de dollars un an plus tard.
• Le 16 octobre 1964, à 15 heures, la Chine a fait exploser sa première bombe nucléaire sur la base de Lop Nor dans la province de Xinjiang. Techniquement équivalente à celle lancée sur Hiroshima, elle contenait une charge explosive de 200 kilotonnes[84].
• Entre 1965 et 1979, plus de la moitié des fonds destinés à la recherche et au développement militaire furent attribués au seul programme d'armement nucléaire[85].
• Le 17 juin 1967 (soit un an avant la France), la Chine a réalisé sa première expérimentation mononucléaire.
• Près de 10 milliards de dollars par an sont consacrés aux dépenses militaires. Son armée, à ce jour, est évaluée à environ trois millions de soldats, soit un million de plus que tout l'ensemble des forces de l'Otan réuni[86].

---

83. Encyclopédies *Britannica, Universalis,* Quid.
84. *Relations internationales et stratégiques,* n°21, printemps 1996.
85. *La politique nucléaire de la Chine,* E.Fouquoire-Brillet, *Relations Internationales,* n° 68, Hiver 1991.
86. Quid, 1998, p. 972.

• En 1987, fut testé leur premier missile balistique intercontinental à têtes multiples.

• En 1989, le gouvernement chinois a annoncé une augmentation de son budget militaire, présentée comme la conséquence de la croissance économique. Entre 1989 et 1993, le budget militaire a doublé.

• En dépit de la fin de la guerre froide et de la volonté internationale de réduire les armements, la Chine n'a cessé de moderniser l'ensemble de son arsenal nucléaire.

• Quatre centrales nucléaires supplémentaires sont actuellement en construction dans le sud du Guangdong, près de Hong Kong.

• Tous les experts sont unanimes pour reconnaître que la Chine s'affirme de plus en plus comme une grande puissance et que sa place et son rôle dans les toutes prochaines années est l'une des grandes questions de cette fin de millénaire.

• En règle générale, la Chine pratique une politique du secret en ce qui concerne son arsenal nucléaire. D'après les estimations occidentales, elle disposerait de missiles intercontinentaux DF-5 d'une portée supérieure à 12 000 km, de dix à vingt DF-4 (environ 5 000 km), de plus de cinquante DF-2 (2 700 km) et de 36 missiles mobiles DF-21 (1 800 km). Elle posséderait en outre de nombreux missiles tactiques DF-15 capables d'emporter une charge nucléaire à 600 km[87].

En 1967 l'Indonésie de Suharto, la Malaisie, la Thaïlande, Singapour et les Philippines, tous anticom-

---

87. J.-M. Malik, *Chinese debate on military Strategy, Trends & Portents, Journal of Northeast Asian Studies*, été 1990, vol. IX, n°2.

munistes, se sont regroupés pour créer l'Association des nations du Sud-Est asiatique ou ASEAN. Vingt-sept ans plus tard, en 1994, l'ASEAN doit s'adapter à un ordre mondial profondément modifié et plus flou : l'Union soviétique s'est écroulée, la guerre froide est finie, les États-Unis restent la seule grande puissance. Mais on juge inévitable, à plus ou moins long terme, le déclin de leur influence militaire en Asie (leurs bases aux Philippines ont été fermées à la fin de 1992), tandis que les visées régionales du Japon et de la Chine, encore mal définies, suscitent des inquiétudes quant au futur équilibre des forces.

La Chine s'est efforcée de calmer les craintes en démentant toute intention expansionniste ou hégémonique. Mais l'essor rapide de sa puissance, tant économique que militaire (son budget de défense pour 1994 a augmenté de 34 p. 100 par rapport à celui de 1993), constitue le principal sujet d'inquiétude de ses voisins.

David fit remarquer :

– Nous avons déterminé que l'expression « fascisme » représentait plus globalement la négation de l'homme. Dans cet esprit, il me semble que nous pouvons l'appliquer sans contestation possible au régime chinois. Car, de quelle autre façon peut-on qualifier une nation où l'on recense plus de huit à dix millions de prisonniers condamnés à une peine de réforme par le travail. Une nation où tous les ans 500 000 personnes environ sont jugées ; 500 000 autres expédiées en camp de « rééducation ». Il existe plus de 1200 camps. 50 millions de prisonniers y sont passés depuis 1949.

Il s'empara d'un autre document et énuméra :

• Alors que, depuis 1984 et l'accélération de la politique de réformes, le régime chinois semblait ouvert à de profondes évolutions, les événements de 1989 sont brutalement venus briser les espérances d'une partie de la population. Saisissant le prétexte de la mort de Hu Yaobang, dirigeant réformiste limogé en 1987, le 15 avril de nombreuses manifestations en faveur de la démocratie sont organisées place Tiananmen, à Pékin, réunissant jusqu'à plus de 1 million de personnes. Les étudiants, initiateurs du mouvement, seront bientôt soutenus et rejoints par des fonctionnaires, des journalistes et des ouvriers qui menacent le monopole du PCC en créant un syndicat libre. La loi martiale est décrétée le 17 mai. Le 4 juin, l'Armée populaire de libération (APL) intervient sans ménagement dans Pékin, après plusieurs échecs et amorces de fraternisation entre certaines unités et la population de la capitale. Plus de 150 000 soldats sont mobilisés pour participer à la répression et, si les chiffres sont difficiles à préciser, on parle chez les manifestants de 700 morts au moins et de plusieurs milliers de blessés.

• À la suite de ces événements, la démission de Zhao Ziyang signe la reprise en main politique du pays par des dirigeants inquiets de l'évolution de la situation en URSS et en Europe centrale. Les manifestations d'avril-mai 1989 sont dénoncées par Deng Xiaoping, le 9 juin, comme « une conspiration contre-révolutionnaire », et, dans la seule capitale, plus de 50 000 membres du parti sont victimes de purges lors d'une campagne contre les idées libérales.

Par ailleurs, le recours persistant du régime à une rhétorique nationaliste agressive a progressivement fait évoluer la stratégie de la RPC d'une position essentiellement défensive, fondée sur une mobilisation massive de forces pléthoriques, à une stratégie plus offensive, tournée vers l'affirmation des droits de la Chine sur les zones maritimes qu'elle revendique en mer de Chine du Sud et en mer de Chine orientale.

- Cette montée en puissance d'une Chine libérée de la menace terrestre soviétique provoque l'inquiétude des voisins de Pékin. La formidable croissance économique permet, par ailleurs, à la RPC de se doter des moyens de ses ambitions, en procédant à la modernisation de ses forces maritimes.
- Depuis la fin des années 1980, Pékin s'est emparé progressivement de plusieurs îlots en mer de Chine méridionale, accroissant les doutes de ses voisins quant à sa capacité à s'intégrer harmonieusement dans le système régional.
- Le 12 octobre 1992 s'est ouvert le XIVe congrès du PCC : le rôle dirigeant du parti fut réaffirmé et toute libéralisation politique exclue.
- Le 6 février 1994, Li Peng signe deux décrets réglementant de façon plus stricte la pratique religieuse.
- Le 10 mars de la même année, des intellectuels chinois font parvenir au Congrès du peuple, dont s'ouvre la session annuelle, une pétition demandant que soit mis un terme à la répression et aux entraves à la liberté de pensée. En vain.
- Du 15 au 18 novembre 1996, le secrétaire d'État

américain James Baker effectue sa première visite en Chine depuis la répression de 1989. Il n'obtient aucune concession sur les dossiers des droits de l'homme, des exportations de matériel militaire ou du danger nucléaire nord-coréen.

• Le 8 mars 1996, Pékin entame une campagne de tirs de missiles non armés au large de Taïwan – la troisième en huit mois –, simulant le blocus des deux principaux ports de l'île nationaliste.

• Le 12, l'engagement de manœuvres aéronavales à tirs réels dans le détroit de Formose suscite la réaction des États-Unis qui envoient deux porte-avions dans la zone. La tension retombe après l'élection présidentielle à Taïwan, le 23.

• Le 10 juin 1996 la Chine procède à un essai nucléaire, alors que les autres puissances atomiques observent un moratoire informel depuis 1992.

• Le 25 août, les États-Unis annoncent l'adoption de mesures de sanctions économiques contre la Chine, accusée d'avoir livré au Pakistan des éléments de missiles M-11. Cette crise illustre la dégradation des relations sino-américaines. Il n'en demeure pas moins que Washington ainsi que la plupart des pays démocratiques ne font plus du respect des droits de l'homme par Pékin le préalable au renforcement des relations bilatérales, notamment en matière commerciale.

• En avril 1997, la France, soutenue par l'Allemagne, l'Italie et l'Espagne, a même souhaité que les pays de l'Union européenne mettent une sourdine aux protestations contre le régime de Pékin[88].

---

88. *Le Monde,* 9 avril 1997.

• Certains stratèges russes dénoncent la contribution des marchands d'armes russes à la montée en puissance – peut-être incontrôlable – des armées chinoises.

• La même méfiance couve également sous la normalisation des relations sino-indiennes. La visite du Premier ministre indien, Narasimha Rao, à Pékin, en 1993, a en effet permis de réduire la tension militaire aux frontières, sans toutefois faire disparaître les causes profondes d'une rivalité qui découle d'une lutte de puissances.

• En mai 1997, un télégramme de l'AFP révèle : « La Chine va disposer vers l'an 2 000 de nouveaux missiles stratégiques mobiles qui pourraient menacer les forces américaines déployées dans le Pacifique et dans certaines parties des États-Unis, a rapporté le *Washington Times*. Cette nouvelle génération de missiles chinois va réduire le fossé qui existe actuellement entre les systèmes de missiles chinois, américains et russes, indique le quotidien en citant un rapport secret de l'armée de l'air américaine. La capacité de frappe du Dong Feng 31 pourrait être difficile à contrer, avertit encore le rapport rédigé l'année dernière par les services de renseignements des forces aériennes américaines. Le document affirme que le missile en est au stade final de développement[89]. »

Au vu de ces informations, Gog figurant la Chine n'était plus à nos yeux une hypothèse dénuée de fondement.

Dès lors, il nous fallait découvrir sans plus tarder qui serait Magog...

---

89. AFP, N° 231924, mai 1997.

Ce dimanche-là, aux premiers jours du mois d'août, dans ce Paris admirablement désert, ce fut à cette tâche que nous nous sommes attelés.

Nous avions pour tout indice la valeur de Magog : **52**.

— Nous avons une solution qui nous tend les bras, lança Jean-Pierre. 52, c'est peut-être tout simplement le nombre des pays qui formeront une coalition, à l'instar de celle formée par les Alliés, durant la Seconde Guerre mondiale.

Myriam ne put retenir un mouvement d'humeur.

— Voilà des mois que nous nous échinons sur ce texte… Chaque lettre est une montagne. Chaque phrase un labyrinthe… Tu crois sincèrement que, brusquement, sur un coup de fatigue, saint Jean aurait décidé de nous livrer des mots nus, dévoilés, tout simplement ?

— Elle a raison, estima David. Pour ce qui me concerne, je pencherais plutôt pour un ennemi quasi héréditaire de la Chine : les États-Unis…

— Et comment le prouves-tu ?

— Magog égal bien 52 ?

— Parfaitement…

— Et combien y a-t-il d'États américains ?

Je m'exclamai :

— Cinquante, bien entendu !

L'informaticien secoua la tête :

— Cinquante-deux.

— Tu veux rire ?

Il insista :

— Cinquante-deux, si nous y ajoutons le District de Columbia et l'État associé de Porto Rico.

Son analyse déclencha un tollé général.

Je hurlai presque :

– Considérer Porto Rico comme un État américain est non seulement une grave erreur, mais en plus une injure faite aux Portoricains !

David répliqua avec colère :

– Retourne sur tes bancs d'école : bien que faisant partie de l'ensemble caraïbe, Porto Rico est bel et bien territoire des États-Unis.

– Désolé ! Constitutionnellement, il n'est pas un État ! D'ailleurs tout oppose cette île aux États-Unis continentaux. Pour preuve : le 9 février 1989, peu de jours après être entré à la Maison Blanche, le président George Bush se déclara personnellement favorable à ce que Porto Rico devînt le cinquante et unième État de l'Union. Il proposa d'organiser un référendum afin que les 3,5 millions d'habitants puissent « déterminer leur propre futur ». Quelle fut alors l'attitude du gouvernement portoricain ? Il s'érigea avec la plus grande véhémence contre ce projet en réaffirmant les racines culturelles hispaniques de l'île et il réitéra son refus en 1993[90].

Je répétai en scandant les mots :

– Porto Rico n'est pas un État américain. Et il ne le sera sans doute jamais !

– Et pour ce qui est du district de Columbia, enchaîna Dimitri, l'idée d'État est encore plus éloignée, pour ne pas dire inexistante... La question s'était posée en 1791 de savoir où établir la capitale américaine, sans léser ni avantager aucun des États. Jusque-là, elle avait été itinérante, d'Annapolis à New York, en passant par

---

[90]. À l'heure où nous mettions la dernière main à cet ouvrage, et pour la troisième fois en trente ans, le 14 décembre 1998, les Portoricains rejetaient lors d'un référendum l'idée de devenir le 51e État de l'Union. Comme lors du scrutin de 1993, il a échoué de peu : 50,6 % contre 46,5 %. Les indépendantistes ne recueillant que 2,5 % des suffrages.

Philadelphie. Il fut décidé, entre Washington, Jefferson et Madison, de choisir un emplacement central à la limite du Nord et du Sud, sur le bas Potomac, à la fois sur les États de Virginie et du Maryland. Chacun de ces deux États fit abandon d'une parcelle de son territoire : c'est ainsi que naquit le district de Columbia, placé sous la seule responsabilité du Congrès. Rien de près ou de loin qui ressemble à un État…

David jeta l'éponge et se rencogna avec une expression dépitée.

— Si nous revenions plutôt à Gog et Magog ? proposa Myriam. Il y a un élément qui mériterait que nous nous y attardions. Si nous observons bien les deux mots que remarque-t-on ?

Elle se leva et reporta les deux noms sur le tableau en les superposant :

GOG
MAGOG

— Il n'existe pas de voyelles parmi les 22 lettres qui composent l'alphabet hébraïque. Ce sont toutes des consonnes. Les voyelles étant représentées par des mekoudots, ou points, que l'on place sous les lettres. Ce qui signifie que, dans le mot Magog, nous pouvons parfaitement faire abstraction de la « fausse » voyelle (A) qui n'a aucune valeur numérique, pas plus que les lettres E, I, O ou U.

Elle écrivit à nouveau :

MGOG

— Nous constatons que la seule lettre qui différencie les deux mots est la lettre **M**.

— Jusque-là, ça paraît clair, commenta Jean-Pierre. Mais ensuite ?

La jeune femme se tourna vers Dimitri :

— Quelle est la valeur grecque du **M** ?

— 40.

— 40... Exactement comme en hébreu. Mais nous savons que le zéro peut être oblitéré. Ce qui nous donnerait 40, mais aussi **4**. Et dans les deux langues. Ce qui n'est pas inintéressant.

Elle m'interpella :

— Rappelle-nous le verset qui concerne Gog et Magog.

Je lus : « Les mille ans écoulés, Satan, relâché de sa prison, s'en ira séduire les nations des quatre coins de la terre, Gog et Magog, et les rassembler pour la guerre. »

Myriam souligna aussitôt :

— « Les quatre coins de la terre »... Vous saisissez ? Le chiffre 4 est bien présent.

— Et tu en déduis ?

— Que les adversaires de la Chine seront regroupés en 40 nations. 40 pays qui, pour des raisons multiples et diverses, seront forcés de faire bloc.

— On voit mal comment des pays comme les États-Unis ou les puissances européennes ne feraient pas partie de cette coalition. Fût-ce pour des raisons purement historiques ou par le jeu des alliances militaires, l'Otan entre autres.

Mais plusieurs interrogations demeuraient encore sans réponse...

Le chapitre XVII, et les versets, 3, 12, 13 et 16 stipulaient :

> Et je vis une femme assise sur une Bête écarlate [...] portant sept têtes et dix cornes [...] et ces dix cornes-là, ce sont dix rois [...] ils recevront un pouvoir royal [...] ils sont tous d'accord pour remettre à la Bête leur puissance et leur pouvoir [...] ils vont prendre en haine la Prostituée.

« Dix rois »...

Que pouvaient figurer ces dix rois, sinon dix nations qui, elles aussi, feraient bloc autour de la Chine.

Onze d'un côté ; quarante de l'autre.

Pas un seul d'entre nous, à cet instant, ne pouvait imaginer que cette prochaine guerre serait une guerre conventionnelle... Une guerre « propre », pour employer une expression qui eut son heure de gloire, un jour, et qui est restée gravée dans les entrailles éclatées des enfants irakiens.

David lança :

— Vous souvenez-vous de ce qu'écrivait un certain Albert Einstein dans les années 50 ? « L'homme se trouve placé aujourd'hui devant le danger le plus terrible qui l'ait jamais menacé. L'empoisonnement de l'atmosphère par la radioactivité et, par suite, la destruction de toute vie sur terre (à défaut de la désintégration totale de la matière elle-même), sont entrés dans le domaine des possibilités techniques. Tout semble s'enchaîner dans cette sinistre marche des événements. Chaque pas apparaît comme la conséquence inévitable de ce qui l'a précédé. Au bout du chemin se profile de plus en plus distinctement le spectre de l'anéantissement général[91]. »

Restait à savoir quels étaient ces dix rois qui emboîteraient le pas à la Chine dans cette voie de « l'anéantissement général ».

---

91. Cf. *Bulletin of Atomic Scientists*, july, 1942, et *Le Figaro*, 14 février 1950.

Chapitre dix-huitième

*Deux énormes dragons s'avancent,
l'un et l'autre prêts au combat.
Ils poussent un hurlement ;
il n'a pas plus tôt retenti que toutes les nations
se préparent à la guerre contre le peuple des justes.
Jour de ténèbres et d'obscurité !
Tribulation, détresse, angoisse,
épouvante fondent sur la terre.*
Prologue d'Esther

Lorsqu'une dizaine de jours plus tard nous nous sommes retrouvés comme à l'accoutumée, l'un d'entre nous manquait à l'appel. David. S'il ne nous avait pas habitués à être d'une rigueur exemplaire, il est probable que son retard ne nous aurait pas inquiétés outre mesure. Mais sa ponctualité était légendaire.

J'appelai chez lui pour tomber sur le répondeur. Vers 22 heures, l'étonnement se transforma en appréhension. Il lui était sûrement arrivé quelque chose de grave. Un accident de la circulation ? Le plus frustrant, c'est que nous étions dans l'incapacité de joindre l'un de ses proches ; un parent quelconque. Tous vivaient en Angleterre. Et, célibataire endurci, à la limite de la misogynie, il vivait seul.

Il va de soi que la séance de travail tourna court.

Le lendemain matin, je passai un coup de fil à son bureau. On me fit savoir qu'il avait téléphoné pour prévenir qu'il était souffrant et qu'il serait absent.

En fin d'après-midi, Jean-Pierre proposa de se rendre au domicile de notre ami. Je l'accompagnai.

L'interphone resta muet. Je sonnai chez le gardien. Il nous confirma que l'informaticien était bien là-haut, dans son appartement. Il lui avait remis un colis quelques minutes plus tôt. Nous n'avons plus hésité.

Il nous a fallu déployer des trésors de diplomatie, pour qu'enfin il se décidât à nous ouvrir sa porte.

Il n'était pas rasé. En peignoir. Les yeux cernés. Ce fut à contrecœur qu'il nous invita à nous installer.

Au bout d'un moment il décréta d'une voix sourde :

— Je laisse tomber... Et je vous conseille d'en faire autant.

Je l'observai, abasourdi.

— Oui, reprit-il, vous m'avez bien entendu. J'ai longuement réfléchi. Voilà plus de trois ans que nous faisons joujou. Je refuse de poursuivre.

J'essayai de comprendre :

— C'est ton droit le plus absolu. Mais j'avoue que tes arguments m'échappent.

— Je m'arrête. Un point c'est tout.

Il nous fixa tour à tour :

— D'ailleurs j'ai effacé toutes les données de l'ordinateur...

Jean-Pierre bondit de son fauteuil, les yeux exorbités :

— Tu as fait quoi ?

— Initialiser... *Erase*... Connais-tu ce terme d'informatique ? Rien de plus ordinaire... On appuie sur une touche et puis... pffffft ! Néant... Le disque retrouve sa virginité d'avant... Plus rien. Nothing ! Over !

— Tu veux dire que nous ne possédons plus une seule note ? Tout le travail de ces trois dernières années... volatilisé ?

— Tu as tout compris...

Jean-Pierre saisit David par les épaules et se mit à le secouer comme s'il se fût agi d'un fétu de paille. Il faut dire que physiquement l'Anglais ne faisait pas le poids. Plutôt courtaud, le muscle flasque, il n'avait rien d'un Rambo.

Je parvins tant bien que mal à les séparer, et priai David de me servir un double scotch.

J'attendis qu'un semblant de sérénité s'installât à nouveau, avant de reprendre le dialogue.

— Je suis peut-être borné, mais je ne saisis toujours pas la raison qui a motivé ton acte.

Il rétorqua sur un ton un peu plus posé :

— Je suis un scientifique... Par essence même, un scientifique est un homme qui pratique l'art de la connaissance et la connaissance n'est pas quelque chose d'évanescent, d'éthérée. Ce qu'un scientifique avance, il se doit de le prouver. Mais le prouver « concrètement ». Il ne doit admettre que des vérités prouvées. Dans le cas contraire, cela porte un nom : charlatanisme.

Je me gardai de commenter et le laissai conclure.

— J'en suis arrivé au point où le scientifique n'a plus envie de suivre l'homme... Est-ce clair ?

— Pas vraiment. Mais je vais essayer de résumer ta pensée : étant dans l'incapacité de démontrer « scientifiquement » les informations que nous avons décodées dans l'Apocalypse, tu préfères démissionner plutôt que de passer aux yeux de tes confrères pour un... charlatan.

Son visage s'empourpra.

— Erreur ! Grossière erreur... Il ne s'agit pas de mes confrères. Mais de moi. Je pourrais te citer une liste de savants qui se sont vu injurier, traîner dans la boue tout simplement parce qu'ils avançaient une théorie qui n'était pas conforme à l'esprit de leur temps. Alors ce que pensent mes confrères.... Non. Là n'est pas le problème... J'insiste, c'est de moi et de moi seul qu'il s'agit. Je suis en train de me renier, de renier toutes mes convictions. Nous nageons en plein surnaturel ; alors que le principe essentiel de la science, c'est justement de faire abstraction du surnaturel.

Un silence épais enveloppa le living. Je cherchai une réplique, je n'en trouvai pas.

— Ainsi, tu te retires, laissa tomber Jean-Pierre, tu abandonnes au milieu du gué...

— Je n'abandonne pas : je reviens à la réalité.

— Et tes états d'âme t'autorisent à réduire à néant tout un travail d'équipe. Tu décides pour nous tous.

– Vous n'avez rien perdu, puisque je vous épargne une humiliation. Vous devriez me remercier.

– Te remercier ?

L'expression de Jean-Pierre était chargée d'une telle violence que j'eus la certitude qu'un drame allait éclater. Curieusement, ce fut d'une voix tendue, mais maîtrisée que le sémiologue enchaîna :

– Sais-tu quel est ton vrai problème, David ? Comme on dit vulgairement : tu as la grosse tête.

– Répète.

Cette fois, Jean-Pierre explosa :

– Qu'est-ce que tu imagines ? La science serait donc la vérité absolue, immuable, transcendantale, définitive ? Dieu se prouve par une équation ? L'amour se décline au carré de l'hypoténuse ? Voilà des millions d'années que vous vous cognez la tête contre les murs de l'Univers pour nous expliquer « scientifiquement » d'où nous venons, pourquoi, comment, avec pour seul résultat des crises de migraines cosmiques. Chaque fois que vous avancez d'un pas, les mystères de l'Univers vous font un pied de nez et reculent d'autant. Chaque fois que vous avez l'impression de toucher aux limites, ces limites se diluent sous vos yeux et vous revoilà face au vide. On efface tout. On recommence. Figure-toi que moi aussi je me considère comme un scientifique. Infiniment respectueux de la science, mais je ne lui concède pas pour autant le droit de censurer mes rêves, et mon âme d'enfant. Dès l'instant où l'on interdit à un être de rêver, on le prive du même coup de la faculté de progresser.

Il prit une brève inspiration et poursuivit sur un ton plus neutre :

— Ainsi, tu reproches à notre travail de n'être pas « rigoureusement scientifique ». Sache que ce reproche est une absurdité en soi. Sur quoi travaillons-nous ? sur des souris de laboratoire ? Sur un virus identifié ? Sur une tumeur ? Sur un atome ? Non, mon cher... Réveille-toi. Nous travaillons sur des Écritures millénaires dont nous ignorons tout ou presque. Examine le Nouveau Testament « scientifiquement ». C'est un mélange d'Histoire et de littérature, et démêler l'une de l'autre, départager la légende de la vérité, relève uniquement de l'hypothèse. Nous ne possédons pas l'acte de naissance de celui que l'on appelle le Christ, non plus que les minutes de son procès, ou encore son acte de décès. Les quatre Évangiles divergent également sur la date de la crucifixion. Personne au monde n'est en mesure d'affirmer avec certitude quand les Évangiles ont été écrits, ni où, ni par qui, ni dans quel but. Et, pour ce qui est de l'Ancien Testament, je n'ai jamais vu une photo du Paradis terrestre, ni d'Adam, ni d'Ève. Je n'ai pas vu afficher dans un commissariat le faciès de Caïn recherché pour meurtre. Je n'ai jamais vu – ne fût-ce que les débris de l'Arche de Noé –, je n'ai jamais eu la chance de dîner avec Sarah, Esther ou Judith. Et Moïse ne m'a pas remis une photocopie des dix commandements... Que vient faire la science dans cette affaire ?

Il se tut comme pour reprendre ses esprits :

— Dans ce cas, comment peux-tu imaginer un seul instant que nous soyons en mesure de prouver « scientifiquement » des découvertes que nous puisons dans un texte qui n'a rien de scientifique. Tout intellectuel qui s'attaque à la lecture de la Bible se trouve face à une alternative : soit il rejette en vrac tous les récits qu'elle contient en les considérant comme une gigantesque fable. Soit il leur accorde crédit, et à ce moment-là, il est tenu de se débarrasser du mot « science ». La foi est aussi incompatible avec ce terme que l'eau avec le feu. Nous avons accordé autorité au texte de ce personnage qui se fait appeler Jean. Nous avons été convaincus – et nous le sommes encore – qu'il existe une seconde lecture derrière la syntaxe apparente. Un point c'est tout. Ni éprouvette, ni alambic, ni expérience en double aveugle... Une conviction, voilà ce qui nous a guidés durant tous ces mois... Si cette conviction t'a abandonnée. N'en parlons plus.

Sans plus rien ajouter, le sémiologue m'entraîna vers la porte. Un instant plus tard, nous étions dans la rue.

Ainsi, tous nos travaux avaient été réduits en poussière... Noyés dans les sillons d'un disque informatique. Nous étions – et c'est peu dire – anéantis.

Bien sûr, il nous aurait été possible de reconstituer pas à pas tout le chemin parcouru, mais le cœur n'y était plus.

Une semaine s'écoula à travers le sablier. Puis David refit surface. Était-ce le discours que lui avait tenu Jean-Pierre qui avait porté ses fruits ? Avait-il fini par prendre conscience de la stérilité et surtout du manque d'équité de son comportement ? Il fut, il est toujours le seul à connaître la réponse. Il nous fit seulement savoir par un coup de téléphone qu'il avait récupéré le double de nos travaux (lesquels avaient toujours été conservés en lieu sûr) et qu'il était prêt – si nous voulions encore de lui – à poursuivre l'aventure.

Inutile de dire combien nous nous sentîmes soulagés. La pensée que toutes ces nuits blanches n'avaient servi à rien nous était insupportable. C'eût été un épouvantable gâchis.

Nous avons repris notre débat là où nous l'avions arrêté, à savoir quels pouvaient bien être ces dix rois susceptibles de s'allier à la Chine en 2043.

> XVII.12 – **Et ces dix cornes-là, ce sont dix rois ;** ils n'ont pas encore reçu de royauté, ils recevront un pouvoir royal, pour une heure seulement, avec la Bête.

– De tout temps, expliqua Jean-Pierre, la corne a symbolisé la puissance. Alexandre le Grand la prit comme emblème à travers le bélier. Les Gaulois eux-mêmes portèrent des casques à cornes. C'est aussi un symbole de virilité. Et... pardonnez-moi cette trivialité... en argot italien, le pénis se dit *corno*. D'où l'injure suprême : *cornuto*. Qui par extension signifie cocu. Dans les traditions judéo-chrétiennes, la corne figure la force et possède le sens de rayon de lumière, d'éclair. Et l'on trouve cette description dans l'Exode :

> XXXIV.29 – Lorsque Moïse redescendit de la montagne du Sinaï, les deux tables du Témoignage étaient dans la main de Moïse quand il descendit de

la montagne, et Moïse ne savait pas que la **peau de son visage rayonnait** parce qu'il avait parlé avec lui.

XXXIV.30 – Aaron et tous les Israélites virent Moïse, et voici que la peau de **son visage rayonnait,** et ils avaient peur de l'approcher.

XXXIV.35 – et les Israélites voyaient **le visage de Moïse rayonner.**

C'est pourquoi les artistes du Moyen Âge représentèrent le prophète avec des cornes au sommet de son visage. Mais il y a aussi une autre interprétation qui, à mon avis, se rapproche plus de notre quête. Dans l'analyse contemporaine, les cornes sont considérées comme une image de divergence pouvant symboliser des forces régressives : le diable n'est-il pas représenté avec des cornes? Les dix rois – quels qu'ils soient – seraient donc au service du mal. Du Satan…

En dépit de tous nos efforts, aucune solution complémentaire n'est apparue.

Alors en désespoir de cause, Dimitri proposa :

– Pourquoi ne chercherions-nous pas à découvrir ce que peuvent représenter les deux autres chevaux annoncés par saint Jean ? Souvenez-vous, il y en a quatre :

VI.2 – Et voici qu'apparut à mes yeux un **cheval blanc** […]

VI.4 – Alors surgit un autre **cheval, rouge feu** [...]

VI.5 – [...] Et voici qu'apparut à mes yeux un **cheval noir** [...]

VI.8 – Et voici qu'apparut à mes yeux un **cheval verdâtre** [...]

– Nous savons ce que représentent le cheval blanc (l'Amérique) et le cheval verdâtre (l'Allemagne). Reste les deux autres. Le noir et le rouge. Calculons leur valeur réciproque.

David interrogea son ordinateur :

– Cheval noir nous donne 640 ou **1**. Cheval rouge, 177 ou **6**.

Je suggérai à l'informaticien :

– Y aurait-il un moyen d'établir une liste des pays asiatiques les plus importants, ainsi que leur équivalence numérique ?

– Importants selon quels critères ? Taille ? Densité de population ? Puissance militaire ? Stratégique ?

– J'opterais plutôt pour les deux derniers éléments : puissance militaire et stratégique.

David répliqua :

– C'est réalisable, mais j'ai besoin de temps. Disons quarante-huit heures.

– C'est parfait.

– Qu'espères-tu trouver ?

– Un pays qui aurait la même valeur numérique que le cheval noir ou rouge. Ce qui nous permettrait de nous engager dans une nouvelle voie. Une voie qui nous conduirait, qui sait, vers les dix rois. Mais en attendant, nous pouvons essayer d'étayer l'hypothèse que nous avons énoncée lors de notre dernière séance de travail. Nous avions conclu, mais sans le démontrer, que, dans le cas où la Chine ouvrirait les hostilités, une coalition se formerait aussitôt pour tenter de lui répliquer. En nous fondant sur la lettre **M** de Magog, nous avons déterminé que cette coalition serait composée de 40 nations. Et nous avons déduit que les États-Unis et les puissances européennes en feraient partie. Mais sans recoupement, aucun.

— C'est vrai, admit David. Mais une fois encore : où se cache cette preuve ?

— Revenons au verset qui parle de « la Bête écarlate » :

> Il me transporta au désert, en esprit. Et je vis une femme, assise sur une Bête écarlate couverte de titres blasphématoires et portant sept têtes et dix cornes[92].

— Quels sont les versets suivants ?

Dimitri s'empara du texte de saint Jean et lut :

> La femme, vêtue de pourpre et d'écarlate, étincelait d'or, de pierres précieuses et de perles ; elle tenait à la main une coupe en or, remplie d'abominations et des souillures de sa prostitution.
> Sur son front, un nom était inscrit — un mystère ! — « Babylone la Grande, la mère des prostituées et des abominations de la terre[93]. »

---

92. XVII, 3.
93. XVII, 4 et XVII, 5.

Je me rendis au tableau noir.

— Continuons d'appliquer notre méthode habituelle. Quels mots, tous versets confondus, vous semblent « porteurs » ?

Dimitri répondit aussitôt :

— Indiscutablement les mots « une femme », et « la prostituée ».

Jean-Pierre surenchérit :

— J'ajouterais aussi « Babylone ».

— Mais nous savons déjà ce qu'il représente : le symbole du mal.

— Bien sûr... Qu'avons-nous à perdre ?

J'acquiesçai et écrivis sur l'ardoise :

UNE FEMME
LA PROSTITUÉE
BABYLONE

J'interrogeai David :

— Peux-tu nous communiquer leur valeur ?

Il s'exécuta :

— Une femme = 316 ou **1**. La prostituée = 73 ou **1**. Babylone = 34 ou **7**.

— Nous avons déjà une première concordance entre la femme et la prostituée.

— Et Babylone ?

Dimitri vint me rejoindre devant le tableau :

— Réfléchissons. Pour l'apôtre, Babylone représente le mal. Le mensonge. La trahison. Or, bizarrement, c'est contre Babylone que Gog, c'est-à-dire la Chine et ses alliés, devrait livrer combat lors de la prochaine guerre. Si Gog représente la Chine, et...

Il s'interrompit brusquement :

— Sommes-nous stupides ! Mais Magog c'est Babylone !

Il rédigea hâtivement :

Babylone = 7
Magog = 52 ou 7

— Nous avons un camp figuré par Gog et un autre par Magog. D'un côté la Chine et ses dix alliés, de l'autre, comme nous l'avons pressenti, l'Amérique et l'Europe.

— Où est la confirmation ? demandai-je.

Ce fut David qui répondit :

— Europe = 302 ou **5**. Amérique = 356 ou **5**. Les deux rassemblés totalisent 10. Soit **1**.

Il se leva à son tour et écrivit d'un trait rapide :

Une femme = 1
La Prostituée = 1
Europe + Amérique = 1

— Je crois qu'aucun doute n'est plus possible. Nous aurons bien un face à face Occident/Asie.

Jean-Pierre hocha la tête avec gravité :

— Et tout porte à croire qu'il sera sans pitié. Voyez ce que dit saint Jean :

> Mais ces dix cornes-là et la Bête, ils vont prendre en haine la Prostituée, ils la dépouilleront de ses vête-

ments, toute nue, ils en mangeront la chair, ils la consumeront par le feu[94].

— Nous pourrions laisser libre cours à notre imagination... Et nous serions encore très loin de la réalité... Ce sera effroyable...
— Ce qui m'échappe, rétorqua David, c'est pourquoi ? Pourquoi tout à coup cet amoncellement de haine à l'égard de l'Occident, de l'Amérique ? Pourquoi ce renversement des symboles ? L'image absolue de la perdition est désormais attribuée à ceux qui combattirent le nazisme, la première Bête. Je n'y comprends rien...

Nous fûmes dans l'incapacité de répondre. Mais une voix intérieure me soufflait qu'un homme savait l'explication... Un homme malade, là-bas, sur le mont Athos...

---
94. XVII, 16.

Chapitre dix-neuvième

*Où que soit le cadavre,
là se rassembleront les vautours.*
Mathieu, XXIV, 28

La voix du père Alexandre était claire, ferme. Et dans l'instant j'eus l'impression que sa santé s'était rétablie.
— Mon ami, vous croyez donc que le monde est immuable ? Que les sentiments sont figés depuis la nuit des temps et que les données ne peuvent s'inverser ? Vous vous étonnez que les bons d'hier puissent devenir les méchants de demain. N'en soyez pas offensé, mais je trouve votre étonnement puéril. Auriez-vous oublié que l'être humain peut se révéler d'une extraordinaire versatilité ? Regardez donc autour de vous. Qu'est devenue notre brillante civilisation occidentale ? Qu'a-t-elle fait de son humanisme, de ses idéaux si chèrement conquis ? L'homme est écrasé par ses propres inventions ; la science toujours plus fébrile s'affole de ses

propres découvertes. Partout où le regard se pose que voit-on ? une civilisation dilapidant les richesses de la terre ; des sociétés qui tendent à annihiler l'individualité au seul profit du groupe qui nous gouverne ; l'évolution s'effectuant dans le sens d'une sélection fondée sur la puissance et la domination. Qu'y a-t-il dans tout ça qui mérite d'être sauvé ?

Il prit une profonde inspiration avant de reprendre :
– Et le tiers-monde qui n'en finit pas de mourir… c'est un lieu commun, je sais… et nous de contempler son agonie avec l'attention bienveillante du spectateur confortablement installé au premier rang d'un théâtre. Huit malades du sida sur dix sont africains… C'est aussi un lieu commun… Nos abris antinucléaires sont faits de nos lieux communs et de la banalisation de la misère humaine. Soudan, Éthiopie, Sahel… Des générations entières sont décapitées. Peu importe puisque l'Occident, lui, a les moyens d'endiguer en ses murs le cataclysme ! Voilà des siècles que nous dominons l'Asie, l'Orient, l'Afrique du haut de notre science. Des siècles que notre avance technologique nous permet de dicter nos lois et leurs humiliations. Que voulez-vous que je vous dise de plus ? Vous risqueriez de ne voir dans mes propos que les exagérations d'un vieil homme malade ou, pire encore, vous m'accuseriez de faire dans le mélodrame. Tant pis. Je vous fais don de quelques informations au hasard. Saviez-vous qu'entre 1945 et 1965, près de 20 millions de Chinois sont morts terrassés par la faim ? Que plus du tiers des populations des pays en développement, soit 800 millions d'hommes, sont des

« pauvres absolus ». Que 600 millions d'entre eux sont en état permanent de sous-alimentation. Que, pour la seule année 1981, dix-sept millions d'enfants sont morts de faim[95]. Et vous vous imaginez qu'il en sera ainsi jusqu'à la fin des temps ?

Je l'entendis qui soupirait au bout du fil.

– Le culte du veau d'or, mon cher. La course aux biens matériels, toujours, encore et à n'importe quel prix, assez fous que nous sommes pour payer l'or au prix fort, celui du bonheur et de la dignité. D'ailleurs, la définition de saint Jean est éloquente : « La femme, vêtue de pourpre et d'écarlate, étincelait d'or, de pierres précieuses et de perles ; elle tenait à la main une coupe en or. » Et cet or nous aveugle et nous prive de l'essentiel, puisqu'il nous exile de la vision de Dieu. Je repense tout à coup à la remarque de votre théologienne juive à propos du mot « Emeth » qui veut dire vérité. En lui retirant la première lettre, le sens bascule, et « Emeth » devient « Meth » : c'est-à-dire « mort ». Le néant. J'ai bien peur hélas que notre civilisation ne soit à deux doigts d'accomplir le geste fatidique : soustraire la lettre qui lui permettrait de survivre. Quoi d'étonnant dès lors que le châtiment nous guette ? et qu'importe que le bras vengeur soit chinois ou autre. Le nucléaire n'apparaît plus comme une punition imméritée, mais comme l'aboutissement normal d'une civilisation qui aspire à disparaître, comme le pistolet que le désespéré dirige contre sa tempe. Quant au fascisme... À quoi sert de l'évoquer ? Pour paraphraser un de vos hommes politiques, ce n'est qu'un détail. Dites-vous seulement que

---

[95]. Informations confirmées par l'UNICEF.

ce détail n'est pas mort un soir d'avril 1945, dans un bunker, il n'a jamais été qu'en sommeil. Une fois sorti de sa léthargie, il a changé de nom c'est tout.

— Pardonnez-moi, mais en vous écoutant j'ai l'impression que vous trouveriez naturel que l'Occident payât le prix de ses progrès économiques et de son confort.

— Je ne trouve rien de naturel, mon ami. Je suis le premier à déplorer ce processus autodestructeur dans lequel nous nous sommes enferrés. Toutefois, permettez-moi de comparer cette situation avec la corrida : Tuer un taureau parce qu'il est enragé, cela s'appelle de l'autodéfense ; mais enrager un taureau pour le mettre à mort, c'est un meurtre. Eh bien, c'est exactement ce que nous avons fait depuis des siècles : nous avons enragé un animal qui s'appelle Asie, Tiers-Monde. Nous ne l'avons pas mis à mort mais c'est tout comme. Alors, apprêtons-nous à lui faire face lorsqu'il entrera dans l'arène...

Cette nuit-là, je n'ai pas beaucoup dormi. Il y avait quelque chose de déconcertant dans cette idée que la Chine — pays athée s'il en est — pouvait devenir un jour le bras séculier de Dieu. Et si c'était vrai ?

Deux jours plus tard, une nouvelle information vint alimenter les affirmations du père Alexandre.

David débarqua avec une série de notes qui résultaient de ses opérations informatiques et livra une copie à chacun d'entre nous.

— Tu m'avais demandé d'établir une liste des pays asiatiques selon leur importance militaire ou stratégique et de vérifier si l'un d'entre eux avait la même valeur numérique que le cheval rouge (6) ou le cheval noir (1). Je n'ai trouvé qu'un seul répondant à ce double critère. C'est totalement inattendu. Voyez plutôt…

Corée = 312 ou **6**
Cheval rouge = **6**

Je questionnai :
— La Corée ? Mais laquelle ? Celle du Nord ou du Sud ?
— Tu penses bien que c'est la première question que je me suis posée… Voici la réponse :

Pyongyang = 213 soit **6**

— La capitale de la Corée du Nord… Et à nouveau le chiffre de la Bête : 666.
Dimitri leva les yeux au ciel :
— Que diable vient faire ici la Corée ?
Je lui rétorquai sur un ton de reproche :
— C'est l'historien qui pose cette question ? Si j'osais, je te dirais que s'il est un pays qui, en toute logique, s'inscrit parfaitement aux côtés de la Chine, c'est bien la Corée du Nord.
David répliqua à son tour :
— Voudrais-tu être plus explicite ?
— Je vais être obligé de faire un retour dans le passé. Pardon d'avance si mon exposé se révèle un peu long. Voici les grands axes :
« Le 2 septembre 1945, l'acte de reddition du Japon fut signé, et, le même jour, le commandement suprême

des forces alliées annonça que la Corée serait divisée en deux parties à peu près égales, qui seraient occupées l'une par les États-Unis, l'autre par l'URSS.

« En 1947, l'Assemblée générale de l'ONU adopta une résolution qui consistait à créer un gouvernement unique en organisant des élections générales sur l'ensemble du territoire qui seraient supervisées par une commission. Celle-ci n'ayant pu opérer dans la partie Nord, les élections n'eurent lieu, le 10 mai 1948, qu'au Sud. Le parti de Syngman Rhee remporta la victoire et le gouvernement militaire américain fut remplacé par la république de Corée, proclamée le 15 août 1948 et reconnue par l'ONU.

« Dix jours plus tard, en guise de réponse la partie septentrionale organisa à son tour des élections. Le 18 septembre fut proclamée la république populaire de Corée, qui devint peu de temps après la république populaire démocratique de Corée. Elle fut aussitôt reconnue par l'URSS et ses alliés, ainsi que par la Chine populaire.

« Après la création des deux républiques, les armées soviétique et américaine évacuèrent leur zone d'occupation respective en 1949.

« Un an plus tard, au courant du mois de juin, la Corée du Nord lançait une offensive générale vers le sud. Séoul tomba aux mains des agresseurs le 28 juin. Dès lors, les troupes communistes ne cessèrent de progresser en direction du sud.

« Le 28 juin, le président Truman ordonna aux forces navales et aériennes américaines de soutenir la Corée du Sud et de protéger Formose. Trois jours après, il engagea l'infanterie américaine et autorisa l'aviation à attaquer le Nord. Passons sur les péripéties de cette guerre, qui se prolongea trois années durant, pour retenir surtout que, le 25 octobre 1950, la guerre prit une autre tournure avec l'intervention de 850 000 "volontaires" chinois. En fait, il s'agissait des unités régulières de la prestigieuse IVe armée populaire, commandée par le général Lin Piao. Ce fut le repli des troupes sudistes et de l'ONU vers le sud. Face à cette situation, Truman déclara : "L'emploi de la bombe atomique demeure à l'étude", ce qui n'arrêta pas la poussée des forces communistes qui reprirent Pyongyang le 4 décembre.

« Finalement, l'armistice fut signé entre les représentants des forces de l'ONU d'une part et des forces chinoises et nord-coréennes d'autre part, le 27 juillet 1953.

« Le total des pertes en vies humaines qui résulta de ces années d'affrontement (tués, disparus et blessés) s'élève à plus de deux millions. Cette guerre terrible n'a rien réglé en matière de réunification. Elle a laissé de très profondes séquelles qui subsistent plus que jamais. Voilà, vous savez tout, ou presque[96]... »

— Et qu'en est-il aujourd'hui ? interrogea David.
— Disons succinctement, qu'à partir de 1993, devant l'échec de sa politique d'autosuffisance, le régime du président Kim Il-Sung s'est efforcé d'attirer les capitaux étrangers. Mais son intransigeance dans le domaine nucléaire l'a privé de concours extérieurs ; le pays ayant entre-temps procédé au premier essai, réussi, de son

---

[96]. Encyclopédies *Britannica*, *Universalis*.

missile Rodong-I, capable de porter une charge nucléaire jusqu'au Japon.

« Le 4 février 1994, quatre des cinq membres permanents du Conseil de sécurité des Nations unies – les États-Unis, la France, la Grande-Bretagne et la Russie – ont menacé la Corée du Nord d'engager une procédure visant à lui appliquer des sanctions économiques si celle-ci n'autorisait pas, avant le 21, l'inspection de ses sites nucléaires et l'on parvint à un accord, qui fut rapidement bafoué.

« Le 21 mars 1996, le président américain Bill Clinton a annoncé le déploiement, dans les 45 jours, de missiles antimissiles Patriot en Corée du Sud où sont stationnés 37 000 soldats américains. La Corée du Nord a déclaré qu'elle considérerait ce déploiement comme une agression. Le 31, le Conseil de sécurité de l'ONU a adopté à l'unanimité une déclaration peu contraignante qui demande simplement à la Corée du Nord de permettre aux experts d'achever leurs inspections. Ce texte résulte d'un compromis entre la Chine, alliée de la Corée du Nord, et les États-Unis.

« Le 17 décembre, un hélicoptère militaire américain a été abattu au nord de la ligne de démarcation entre les deux Corées. Un pilote fut tué. Washington plaida l'erreur de navigation, tandis que Pyongyang cria à l'espionnage.

« Du 5 au 7 avril 1996, à la suite de déclarations belliqueuses de Pyongyang, des troupes nord-coréennes ont effectué des incursions dans la zone démilitarisée située entre les deux Corées, le long du 38ᵉ parallèle, violant ainsi l'accord d'armistice signé en juillet 1953. Et ce regain de tension entre les deux pays s'est illustré en septembre 1996 par l'échouage d'un sous-marin nord-coréen sur les côtes sud-coréennes.

« Comme vous pouvez le constater, une Corée du Nord alliée à la Chine au cours d'un prochain conflit est plus qu'une hypothèse, c'est une certitude. »

— Vous savez ce que cela signifierait… Le Japon serait en première ligne.

— Le Japon sûrement, approuva Dimitri, et le reste du monde suivra dans le brasier.

— Si nous avons raison, la confirmation doit se trouver quelque part.

— Certainement, fit David. Ainsi que je vous l'avais dit précédemment, les événements majeurs des deux conflits sont dans le chapitre VIII.

> Les sept Anges aux sept trompettes s'apprêtèrent à sonner.
>
> Et le premier sonna… Il y eut alors de la grêle et du feu mêlés de sang qui furent jetés sur la terre : et le tiers de la terre fut consumé, et le tiers des arbres fut consumé, et toute herbe verte fut consumée.
>
> Et le deuxième Ange sonna… Alors une énorme masse embrasée, comme une montagne, fut projetée dans la mer, et le tiers de la mer devint du sang : il périt ainsi le tiers des créatures vivant dans la mer, et le tiers des navires fut détruit.
>
> Et le troisième Ange sonna… Alors tomba du ciel un grand astre, brûlant comme une torche. Il tomba sur le tiers des fleuves et sur les sources ; l'astre se nomme « Absinthe » : le tiers des eaux se

changea en absinthe, et bien des gens moururent de ces eaux devenues amères.

Et le quatrième Ange sonna... Alors furent frappés le tiers du soleil et le tiers de la lune et le tiers des étoiles : ils s'assombrirent d'un tiers, et le jour perdit le tiers de sa clarté, et la nuit de même.

— Le premier ange figurait Hiroshima. Je reste persuadé que – nonobstant vos réticences – le deuxième représente Nagasaki. Le troisième et le quatrième ont certainement trait à la guerre à venir. Et comme toutes les pièces de cette mosaïque sont clairsemées, je pense que l'ensemble des quatre anges symbolise les pays ou les régions qui seront frappés en 2043.

J'observai :

— À moins qu'ils ne concernent les dix nations qui seront alliées à la Chine. Je vous ferai remarquer qu'à cette heure nous n'avons toujours pas pu découvrir à quoi correspondent ces « dix rois », que saint Jean cite au chapitre XVII, verset 12 : « Et ces dix cornes-là, ce sont **dix rois.** »

— Nous en avons tout de même identifié un sur les dix : la Corée du Nord.

— C'est vrai, mais...

David nous rappela à l'ordre :

— Je vous en prie. Ne nous dispersons pas. Revenons au chapitre VIII. Si vous examinez attentivement les versets, vous constaterez qu'il est un mot qui revient constamment : « tiers ».

> Le **tiers** de la terre fut consumé, et le **tiers** des arbres fut consumé, et le **tiers** de la mer devint du sang : il périt ainsi le **tiers** des créatures vivant dans la mer, et le **tiers** des navires fut détruit.
> Il tomba sur le **tiers** des fleuves et sur les sources ;
> Le **tiers** des eaux se changea en absinthe.
> Alors furent frappés le **tiers** du soleil et le **tiers** de la lune et le **tiers** des étoiles : ils s'assombrirent d'un **tiers,** et le jour perdit le **tiers** de sa clarté, et la nuit de même.

— Le mot est réitéré 12 fois… soit 3.
— Serait-ce un indice ? interrogea Dimitri.
— C'est probable.
J'intervins :
— Mais un indice qui mènerait vers quelle piste ?
David se leva et s'empara d'un bâtonnet de craie :
— Que faut-il conserver ? Quelles expressions ? Le tiers des arbres ? De la mer ? Des créatures ?
Après un temps de réflexion, Dimitri fit remarquer :
— Tout bien pesé, trois termes se détachent de tous les autres.
— Lesquels ?
— Relisez le dernier verset :

> Alors furent frappés le **tiers** du soleil et le **tiers** de la lune et le **tiers** des étoiles : ils s'assombrirent d'un **tiers,** et le jour perdit le **tiers** de sa clarté, et la nuit de même.

— C'est le seul des sept qui mentionne des astres : « soleil, lune, étoiles ». Les autres évoquent des éléments plus généraux : arbres, forêts, ou créatures.

— En effet. Que suggères-tu ?

— De commencer par calculer bien entendu leur valeur numérique. Nous verrons bien...

Sans attendre, l'informaticien inséra les trois mots dans l'ordinateur. La réponse apparut presque immédiatement :

Soleil = 640 ou **1**
Lune = 218 ou **2**
Étoiles = 98 ou **8**

— Je ne vois pas à quoi ces nombres nous mènent.
Je suggérai :
— Et si, par ces astres, saint Jean voulait nous signifier tout à la fois des pays et une religion ?

Ma question eut le don d'accroître la perplexité qui régnait déjà.

— Vous allez comprendre. Ne pourrait-on imaginer que le soleil soit l'emblème du Japon.

— Par référence à son drapeau ?

J'acquiesçai.

— Et la lune, n'est-elle pas le symbole de l'Islam ? Quant aux étoiles...

David me coupa :

— Tu songes aux États-Unis. La bannière étoilée...

— Ce n'est qu'une hypothèse.

— Que nous pourrions aisément confirmer ou infirmer...

David calcula la valeur numérique des deux nations et de la religion citée et reporta les résultats sur le tableau :

Japon = 140 ou **5**
Islam = 141 ou **6**
États-Unis = 208 ou **1**
Amérique = 356 ou **5**

De toute évidence, rien ne correspondait à ma théorie.
Nous sommes restés un moment à méditer sur ces chiffres, incapables d'en tirer la moindre conclusion.
Je proposai :
— Pourquoi ôter le mot « tiers » ? Il fait partie du tout. Replaçons-le.
David rectifia la question :

Tiers du soleil = 1325 ou **2**
Tiers de la lune = 903 ou **2**
Tiers des étoiles = 783 ou **9**

Total : 3011 ou **5**

Le résultat se révélait toujours aussi décevant.
— Et maintenant ? soupira Dimitri. Où aller ?
— Puisque nous cherchons l'identité des 9 rois manquants, proposa David, donc de 9 nations, vérifions s'il en existe trois qui auraient une valeur identique à tiers du soleil, de la lune ou des étoiles.
Je protestai :
— Absurde ! Primo, d'un point de vue purement sta-

tistique, il y a toutes les chances pour que nous en trouvions au moins trois. Deuzio : le fait de les découvrir ne prouvera strictement rien. Alors que pour la Corée du Nord nous avons eu une triple confirmation : cheval rouge (6), Pyongyang (6), Corée (6), cette fois nous n'aurions rien sur quoi nous appuyer.

La facilité avec laquelle l'informaticien accepta ma critique laissait à penser que, dans son for intérieur, lui aussi avait pressenti qu'il s'était lancé sur une fausse piste.

— J'abandonne, dit-il d'un air las… Je ne sais plus…

Manifestement, le découragement gagnait du terrain. C'est à ce moment que Dimitri suggéra :

— Et s'il s'agissait de continents ?

J'objectai :

— Nous n'avons que trois expressions…

— Quelle importance ? Peut-être que la prochaine guerre ne concernera que trois continents sur les cinq.

Indifférent à mon scepticisme affiché, l'historien poursuivit sur sa lancée, mais à l'intention de David :

— Peux-tu me calculer la valeur de chacun des continents et additionne-les.

Un instant plus tard les cinq nombres se détachaient sur le tableau noir :

Asie = 76 ou **4**
Afrique = 396 ou **9**
Amérique = 356 ou **5**
Europe = 302 ou **5**
Océanie = 192 ou **3**
Total : 1322 ou **8**

Je ne pus que constater :
— Vous voyez bien. Nous nous égarons.

Dans un mouvement rageur, David éteignit son ordinateur. Dimitri rangea ses notes. Jean-Pierre fit de même. Quant à moi, j'étais tellement épuisé nerveusement que je demeurai là, fixant d'un œil amorphe nos graffitis et ce, bien longtemps après que mes camarades se furent éclipsés.

Je ne me souviens plus très bien à quel moment je décidai de décrocher mon téléphone pour appeler Myriam. Quelque chose me soufflait qu'il fallait tout à coup un regard neuf.

Ce fut le surlendemain que je découvris le courrier de la théologienne sur l'écran de mon ordinateur.

> Chalom !
> Vous n'étiez pas très éloignés de la solution. J'avoue que j'ai moi-même failli passer à côté. Il s'agit bien en effet de continents. Mais à une différence près : l'Océanie n'en fait pas partie. Et pour cause, nous sommes devant un amas d'archipels et d'îlots. Bien que leur nombre soit relativement élevé, ces terres immergées ne représentent au total qu'une très petite superficie par comparaison avec les immensités océaniques. D'ailleurs on voit mal quel rôle elles pourraient jouer — tout au moins directement — dans un prochain conflit. De plus, si nous avions un doute, le résultat ci-dessous, nous l'ôterait :

Tiers du soleil (שליש מהשמש) = 1325
Tiers de la lune (שליש מהירח) = 903
Tiers des étoiles (שליש מהכוכבים) = 783

Total : **3011** ou **5**

Asie (אסיה) = 76
Afrique (אפריקה) = 396
Amérique (אמריקה) = 356
Europe (אירופה) = 302

Total : **1130** soit **5**

Bombardement nucléaire = **1013**

Notez bien – et c'est très important – que nous avons très exactement les mêmes chiffres à l'intérieur des trois nombres : **3011**, **1130** et **1013**. Preuve que nous sommes dans le vrai.
En conclusion, tout porte à croire que, le 5 février, 2043 à midi, ces quatre continents seront touchés de plein fouet. Permettez-moi d'ajouter une précision : l'expression « tiers » ne doit être comprise que dans une acception beaucoup plus large. Nul besoin d'être prophète pour imaginer que les dégâts causés par une guerre mondiale nucléaire dépasseront et de fort loin le tiers. Ce n'est pas un feu de brousse qui nous attend… C'est un embrasement à l'échelle planétaire.

Chapitre vingtième

*Cet effroi bête et inexplicable
grandissait toujours et
devenait de la terreur.*
Maupassant, Contes, Sur l'eau

Savoir à quel moment l'on va disparaître, c'est déjà ne plus respirer la qualité d'air indispensable à l'action ; c'est pénétrer dans un élément proprement inhumain. Nous n'avions toujours pas découvert quels seraient les 9 rois, ou 9 nations qui s'allieraient à la Chine, mais cela ne comptait guère face à la perspective qui nous guettait.

Mais était-ce crédible ? Était-il possible que la fin du monde ou d'un monde fût gravée dans un texte vieux de deux mille ans, rédigé dans la solitude d'une île grecque par un homme du nom de Jean ?

J'avais sous les yeux une date : **5 février 2043 à midi.**

Le nom de la deuxième Bête : **la Chine.**

L'identité de son allié, à moins qu'il ne s'agisse de son alibi : **la Corée du nord** et sa capitale.

Quatre continents : **l'Europe, l'Afrique, l'Asie, et l'Amérique** voués à la destruction.

La fatalité existe-t-elle ?

Depuis quelque temps, je n'arrêtais pas de ressasser les propos que m'avait tenus un jour un ami oriental et que, dans l'instant, j'avais trouvés assez naïfs. Il disait : « Voyez-vous, mon cher, en Orient, nous croyons à certaines choses. Des choses que vous, gens d'Occident, considérez comme absurdes ou même ridicules. Le mauvais œil fait partie de ces croyances, mais aussi, j'allais dire et surtout, la prédestination. Nous sommes convaincus que tout a été écrit à l'avance sur le Grand Livre des étoiles : nos joies, nos peines, nos amours, l'heure de notre naissance et de notre mort. Refusant d'adhérer à cette philosophie, vous préférez employer, lorsque se produisent des événements extraordinaires, les mots de Providence, de coïncidence ou encore de hasard. »

Aujourd'hui encore, j'avais du mal à faire mienne cette pensée et préférais m'abriter derrière les mots de Romain Rolland écrivant : « La fatalité, c'est l'excuse des âmes sans volonté. »

Et pourtant... Il y avait eu l'annonce de la première Bête, Goebbels, Roosevelt, Hiroshima... Alors pourquoi pas demain, la Chine ? Pour y répondre, il n'y avait qu'un seul moyen : continuer de fouiller, glaner d'autres indices, nous enfoncer plus profondément encore, tels des spéléologues, dans la grotte du visionnaire de Patmos.

Nous étions alors à la fin novembre 1997.

Myriam était à nouveau parmi nous. À peine notre séance de travail était-elle commencée qu'elle lança la discussion sur un thème qui nous prit tous au dépourvu :

– Durant tout ce temps, je n'ai cessé de réfléchir sur le fond même de l'Apocalypse. Au-delà de la vision prophétique, j'ai désormais la conviction que le texte contient plus que cela : il y a un avertissement. J'en suis certaine. Si, dans le chapitre VIII, reposent très probablement les quatre données fondamentales ; à savoir Hiroshima, Nagasaki et le futur, il y a trois phrases où est clairement stipulée cette mise en garde.

Elle entrouvrit le livre et récita :

> Je suis l'Alpha et l'Oméga, dit le Seigneur Dieu, « Il est, Il était et Il vient.
> C'en est fait, me dit-il encore, je suis l'Alpha et l'Oméga, le Principe et la Fin.
> Je suis l'Alpha et l'Oméga, le Premier et le Dernier, le Principe et la Fin.

– Ce qui a attiré mon attention, c'est la position qu'occupent ces versets dans le texte : I, 8 ; XXI, 6 ; XXII, 13. Ce qui nous donne : **9, 9** et **8**. Vous vous souvenez de l'exemple que j'avais pris concernant le mot Emeth, valeur **441** ou **9**. Je vous avais expliqué que, depuis le péché d'Adam, l'homme le plus parfait ne pourrait jamais se hisser au-delà de ce chiffre **9**. En revanche, Dieu, vérité suprême, était le seul à avoir pour valeur **10**. J'avais précisé ensuite que dans ce mot,

Emeth, le chiffre 1 placé à la fin représentait l'oméga, (la fin). Et en ajoutant l'alpha – le commencement –, (1) en tête du nombre, nous obtenions **1441**, égale **10**, la vérité absolue. Vous vous en souvenez ?

Je m'en souvenais d'autant mieux que, quelques semaines auparavant, le père Alexandre avait cité cet exemple.

La théologienne reprit :

– Observez bien la numérologie des trois versets : 9, 9, 8. Nous avons une configuration qui réunit à la fois le passé et l'avenir.

– C'est-à-dire ? s'étonna David.

– Le premier **9** figure l'homme, Adam (45), avec ses faiblesses, et sa part de divinité. Le **8** symbolise l'Alpha, le premier pas vers son autodestruction : le Japon, ou « Grand-Huit-Îles », ou encore Hiroshima.

– Et le second 9 ? s'enquit Jean-Pierre.

Elle n'eut pas besoin de répondre. Nous avions tous deviné que cet ultime chiffre représentait la fin et le recommencement. Le Japon martyr à nouveau : un 5 février 2043 à midi. (2 + 4 + 3 = **9**)

– Ce serait démentiel, bredouilla Dimitri. Mais si la Corée et la Chine sont réellement les futurs déclencheurs de la future guerre, c'est possible en effet.

– Nous pouvons le vérifier, déclarai-je mal à l'aise. Reprenons les versets liés au troisième Ange.

J'écrivis sur le tableau en grandes lettres :

> Et le troisième Ange sonna... Alors tomba du ciel un grand astre, brûlant comme une torche. Il

tomba sur **le tiers des fleuves** et sur **les sources;** **l'astre se nomme « Absinthe »** : le tiers des eaux se changea en absinthe, et bien des gens moururent de ces eaux devenues amères.

– Quels mots proposez-vous d'extraire ?

Les propositions fusèrent et finalement trois d'entre elles furent retenues qui nous paraissaient réunir l'essentiel des deux versets. Myriam vint me rejoindre et rédigea à la droite de chacune des expressions sa valeur chiffrée :

Astre d'absinthe (כוכב לענה) = 203 ou 5
Tiers des fleuves (שליש מהנהרות) = 1346 ou 5
Les sources (המעינות) = 581 ou 5

Il y eut un temps de réflexion, puis David prit la parole :

– Si le raisonnement de Myriam est correct, nous n'avons qu'une alternative : soit nous allons droit au but et nous le prouvons, soit nous tergiversons en usant de chemins de traverse.

– Sois plus clair, répliqua la théologienne.

– Si j'ai bien compris ta théorie, le Japon fut et sera la première cible. « L'Alpha et l'Oméga. »

– C'est exact.

– Dans ce cas. Deux mots et deux mots seuls nous en apporteront la confirmation.

– Lesquels ?

– Japon, Tokyo. Tout ce que nous chercherons en marge ne sera que littérature, digression.

Myriam approuva silencieusement. Et d'un geste posé elle écrivit :

Japon valeur 140 ou... **5**
Tokyo (טוקיו) valeur 131 ou... **5**

« Nous sommes convaincus que tout a été écrit à l'avance sur le Grand Livre des étoiles... »

Les propos de mon ami oriental déferlèrent à nouveau dans ma tête à la manière d'un torrent fou.

« Fatalité ? Prédestination ? »

Une idée incongrue surgit dans ma pensée, que je lançai comme une sorte de défi, comme si j'avais voulu désespérément donner tort au texte de l'apôtre.

Je m'exclamai :

— Absinthe, nous le savons, se dit Tchernobyl en ukrainien. Quelle est sa valeur ?

— 155 soit **2**, répondit Myriam.

— Parfait. Compare-le au mot « radioactivité » !

La jeune femme eut un temps d'hésitation, puis elle répondit :

— 758... soit **2** aussi.

J'avais l'impression que le sol se dérobait sous mes pieds :

— Qu'essaies-tu de prouver ?

Comment lui expliquer ? Comment lui dire que je cherchais tout à coup et sciemment à mettre un terme à ce qui devenait un cauchemar ? Que toute cette histoire était invraisemblable ! Un homme, fait de chair et de sang, un homme mortel, aujourd'hui poussière, cet homme n'avait pu lire dans les astres, dans le visage de Dieu, deux mille ans auparavant, des termes comme « radioactivité », il ne pouvait savoir que ces termes auraient la même valeur numérique qu'« absinthe » et qu'absinthe se disait Tchernobyl !

Je revins à la charge avec une rage intérieure :

– Le verset parle de ces eaux devenues amères. Chiffre-moi « eaux amères » !

Mes camarades me dévisageaient comme si je leur étais devenu étranger.

Myriam s'exécuta et sa main courut le long de l'ardoise avec une lenteur étudiée :

Eaux amères (מים מרים) = 380 soit **2**

Je fus pris de vertige.

Astre d'absinthe = 203 ou **5**
Tiers des fleuves = 1346 ou **5**
Les sources = 581 ou **5**
Japon = 140 ou... **5**
Tokyo valeur 131 ou... **5**

Eaux amères = 380 soit **2**
Absinthe (לענה) = 155 ou **2**
Radioactivité (רדיו אקטיביות) = 758 ou **2**

Eschyle, déjà, dans son *Prométhée enchaîné*, prédisait que Dieu se préparait en l'homme un adversaire redoutable capable de le détrôner parce qu'il inventerait un jour « un feu auprès duquel la foudre serait risible et qui couvrirait de son fracas le fracas du tonnerre ».

— Arrêtons, dis-je. Nous reprendrons plus tard.

Durant toute la semaine qui suivit je fus saisi par la tentation de mettre fin à nos recherches. Pour des raisons diamétralement opposées à celles qui avaient déclenché une prise de conscience chez David, je ne me sentais plus la force de poursuivre. David avait voulu tout abandonner, envahi par ses scrupules d'homme de science; je voulais en faire autant, mais tourmenté par la foi. Je ne pouvais me convaincre que ce Dieu auquel je croyais de toutes mes forces eût été capable de concevoir pareille destinée pour ses créatures. S'Il savait... alors pourquoi ? À quoi rimait cette mise en scène ? Un père pouvait-il donner naissance à un enfant, tout en étant conscient que cet enfant distribuera la mort avant de s'anéantir lui-même ? Auschwitz, Treblinka, Hiroshima...

J'avais besoin de comprendre...

Je décrochai mon téléphone et j'appelai le monastère du mont Athos.

— Le père Alexandre, je vous prie.

Il y eut un imperceptible flottement au bout du fil. On me répondit dans un français approximatif:

— Le père Alexandre... malheureusement, plus là. Il nous a quittés.

J'eus la sensation d'un coup de poing en plein cœur.

– Quand ?
– Il y a deux jours. Vous… un ami ?
Je bredouillai un oui éperdu.
– Votre nom ?
– Bodson, Gérard Bodson.
– Ah, monsieur Bodson.
On aurait dit tout à coup qu'il espérait mon appel.
– Le père Alexandre… il vous avait écrit une lettre. Il comptait vous la poster sans doute. Moi-même j'allais…
– Inutile. Pourriez-vous me la lire ?
– C'est que mon français…
– Ce n'est pas grave… C'est très important, je vous en prie.
J'entendis que l'on posait le combiné. Un moment se passa qui me parut une éternité.
– Monsieur Bodson ?
– Vous avez la lettre ?
– Oui…
Un froissement de feuilles résonna dans l'écouteur :
– Pardonnez si ma lecture…
– Aucune importance… Je vous écoute.
La voix commença d'ânonner :

« Mon très cher ami, depuis notre dernière conversation mon esprit n'a cessé d'être assailli par le remords. Je m'en suis voulu pour la sévérité de mes jugements, la dureté de mes conclusions. Je m'en suis voulu aussi d'avoir dressé un portrait aussi désespéré de l'homme et de son devenir. Je vous ai dit, entre autres, cette phrase terrible : "Le nucléaire n'apparaît plus comme une punition imméritée, mais comme l'aboutissement normal d'une civilisation qui aspire à disparaître, comme le pistolet que le désespéré dirige contre sa tempe." C'est une affirmation impardonnable, parce qu'elle sous-entend un monde suicidaire, un monde abandonné par son Créateur, livré à sa propre démence ; une pensée qu'au fond de moi je rejette. Voyez-vous, si l'homme a été capable en quelques siècles de se donner les moyens de s'anéantir, il peut, il a le pouvoir d'anéantir ces moyens. Dieu nous a voulus libres. Libres de tout choix. Et cette liberté accordée est le plus grand, le plus beau geste d'amour. Que diriez-vous d'un père qui passe son temps à pourchasser son enfant, à le châtier chaque fois qu'il commet un faux pas, et ce, jusqu'à l'âge adulte et au-delà ? Cet enfant, pour sûr, serait bon à interner. Vous avez certainement lu ce merveilleux roman de George Orwell, *1984*. Dieu n'est pas "*Big Brother*", un ordinateur omniprésent qui gère le quotidien des hommes, leur pensée, leurs actes, la manière dont ils se meuvent, aiment ou respirent. Je vous le répète, si Dieu jouait ce rôle, l'humanité serait ce soir dans un asile planétaire. Libres, vous comprenez ? Il nous a créés libres. Il a conçu l'univers avec ses beautés infinies, comme un architecte de génie conçoit une maison, Il nous y a installés, puis Il a jeté la clef dans les abîmes du cosmos pour ne plus être tenté d'intervenir. »

Il marqua un temps. Une fraction de seconde, j'eus l'impression qu'il se retranchait dans une prière muette :

« Un tel langage dans la bouche d'un prêtre pourrait vous surprendre. Cependant, c'est ma foi et ma foi seule qui me souffle ces mots. Non, rien n'est déterminé à l'avance. Saint Jean dans son Apocalypse ne fait rien d'autre que nous mettre en garde. Il trace sous nos yeux le cheminement de Caïn, sachant qu'Abel est présent en chacun de nous, qu'il peut à tout moment prendre la relève. La destruction de l'homme n'est pas inéluctable. Il maîtrise le choix de vivre ou de mourir. »

Un nouveau silence, puis :

« Non, mon ami. Ne rendons pas Dieu responsable de nos égarements. Il a passé sa jeunesse à nous envoyer des messagers qui avaient pour noms Moïse, Daniel, Jésus… Il nous a prévenus, cent fois, mille fois… Les Saintes Écritures ne sont rien d'autre que des lettres postées du ciel. Il ne tient qu'à nous de les relire et d'y puiser la force de vaincre la Bête, d'empêcher que la machine infernale ne s'emballe définitivement. N'avez-vous pas déterminé vous-même que la Bête et l'Agneau ne sont qu'une et même personne ? C'est-à-dire l'homme. S'il le veut, il peut anéantir à jamais ce double néfaste qui sommeille en lui. Il en a le pouvoir et ce pouvoir c'est Notre Père qui est dans les cieux qui le lui a conféré le jour où il l'a tiré de la glaise… Je vous embrasse fraternellement. »

Sitôt le téléphone raccroché, j'eus l'impression qu'une lumière se déversait dans tout mon être pour en irradier les recoins les plus sombres.

Par ce message expédié de l'au-delà, le prêtre venait de me restituer ma force, et surtout il me rendait à l'espérance. Tout n'était donc pas perdu. Plus que jamais je retrouvais la volonté de poursuivre le décryptage de cette Apocalypse ; non plus par voyeurisme ou poussé par une curiosité morbide, mais pour en transmettre mieux encore les tenants et les aboutissants, de façon à ce qu'un jour, qui sait, quelqu'un, se dresse au milieu du chemin pour barrer la route au malheur...

Chapitre vingt et unième

*Il y aura de grands tremblements de terre et,
par endroits, des pestes et des famines ;
il y aura aussi des phénomènes terribles
et, venant du ciel, de grands signes.*
Luc, XXI, 11

— Finalement, dit David, le scénario qui se dessine pourrait se résumer ainsi : En 2043, un homme sera à la tête de la Chine, un homme qui est déjà parmi nous aujourd'hui. Il aura le profil de la première Bête, Adolf Hitler, et sans doute la même violence intérieure et les mêmes désirs d'hégémonie. Sous des prétextes que nous ne sommes pas en mesure de cerner à l'heure actuelle, cet homme, associé à la Corée du Nord, déclenchera une attaque nucléaire sur le Japon. Si nous tenons compte des progrès qui ont été accomplis depuis 1945, le feu qui s'abattra sera d'une violence telle que — n'en doutons pas — plus rien ne subsistera ni de Tokyo, ni du Japon lui-même. « Et le troisième Ange sonna. Alors tomba du ciel un grand astre, brûlant comme une torche. » Par la suite, il est plus que probable que les États-Unis et leurs alliés occidentaux lanceront une contre-offensive et ils ne pourront en aucun cas se contenter d'une réplique conventionnelle : elle sera à la hauteur de l'agression. Dans quel camp seront les Russes ? Impossible de le savoir. Mais nul doute qu'ils interviendront dans un camp ou dans l'autre et un torrent de feu déferlera sur nos pays.

Il s'empara d'un document :

— Une bombe à hydrogène est dix mille fois plus puissante que la bombe atomique qui ravagea Hiroshima. Dix mille... En 1961, lorsque les Russes expérimentèrent une ogive thermonucléaire d'une capacité d'environ 80 mégatonnes, son onde de choc fit trois fois le tour de la terre... Il est intéressant de comparer certains versets de saint Jean à la description des effets provoqués par une expérience de ce type. Prenez par exemple ceux du chapitre VI : « [...] et les astres du ciel s'abattirent sur la terre comme les figues avortées que projette un figuier tordu par la tempête, et le ciel disparut comme un livre qu'on roule, et les monts et les îles s'arrachèrent de leur place[97]. » Si nous traduisons ces mots en langage moderne, voici l'interprétation : l'onde de choc formée de gaz à très haute température et à très forte pression, s'accompagnera d'un vent d'une extrême violence qui balaiera tout sur son passage et transformera en projectiles meurtriers le moindre des objets rencontrés. À la surpression de 0,35 bar[98] – qui correspond au risque de rupture des tympans –, la vitesse maximum du vent peut

---

97. VI, 13 ; VI, 14.
98. Unité de mesure de pression des fluides, utilisée notamment en météorologie pour mesurer la pression atmosphérique.

atteindre 250 km/heure. À la surpression de 2 bars, elle dépasse 1 000 km/heure. Il y a de quoi frémir, lorsque l'on sait que, au cours des ouragans les plus meurtriers, la vitesse du vent dépasse rarement les 200 km/heure.

Il marqua une pause et cita un autre verset :

« Alors tomba du ciel un grand astre, brûlant comme une torche[99]. » En clair : l'énergie dégagée lors d'une explosion thermonucléaire, élèvera la température de plusieurs millions de degrés, alors que pour une explosion classique elle ne surpasse guère les 5 000 C°. En moins d'un millionième de seconde, se diffuseront des quantités d'énergie absolument inouïes. Une « boule de feu », composée de masse d'air et de résidus gazeux, plus brillante que le soleil, se dilatera et se refroidira en quelques secondes créant ainsi un flux thermique capable de calciner tout se qui se trouve à sa portée.

L'informaticien prit le temps de boire une lampée de café avant d'enchaîner :

– À présent, relisez le verset 12, du chapitre VIII : « Alors furent frappés le tiers du soleil et le tiers de la lune et le tiers des étoiles : ils s'assombrirent d'un tiers, et le jour perdit le tiers de sa clarté, et la nuit de même. » En supposant qu'au cours de la prochaine guerre, dix mille mégatonnes – soit uniquement la moitié du stock actuel des armes nucléaires – seraient utilisées de la manière suivante : 90 % sur l'Europe, l'Asie et l'Amérique du Nord, 10 % en Amérique latine, il en résulterait qu'un habitant de la terre sur deux serait éliminé. Soit plus de 3 milliards d'individus. Toutes les infrastructures seraient réduites à néant. Les épidémies déclenchées par la putré-

---

99. VIII, 10.

faction de plusieurs millions de cadavres seront impossibles à maîtriser, sans compter la prolifération de milliards d'insectes plus résistants que l'homme aux radiations. Et s'ensuivrait l'hiver nucléaire...

— L'hiver nucléaire ? s'étonna Myriam. Qu'est-ce que cela signifie ?

David posa sa main à plat sur l'Apocalyse :

— Saint Jean... Tout est là... Gravé dans le verset que je viens de vous lire. Les explosions et les incendies entraîneront des tourbillons gigantesques de poussière et des fumées toxiques dans la stratosphère qui voileront le soleil : « ils s'assombrirent d'un tiers, et le jour perdit le tiers de sa clarté, et la nuit de même. » Il en résultera une chute des températures. De plus, la couche d'ozone sera très largement détruite. Nous savons ce que cela représente : privée de son bouclier, la terre sera littéralement bombardée par les rayons ultra-violets. Plus de plancton marin, plus de semailles, ni de récoltes, mais pire encore : nos rétines seront carbonisées. Nous aurions alors un peuple de survivants, privés de la vision, qui déambuleraient à tâtons, pareils à des fantômes aveugles parmi les décombres...

Nous écoutions sans pouvoir réagir.

— Aujourd'hui, huit pays détiennent le pouvoir de déclencher ce cataclysme : les États-Unis, la Russie, la France, la Grande-Bretagne, la Chine, l'Inde, Israël et le Pakistan. Quant aux pays susceptibles d'acquérir l'arme nucléaire d'ici 2043, ils sont au nombre de 6. L'Iran, les deux Corées, le Brésil, l'Argentine et éventuellement l'Irak. Mais ils ne sont pas les seuls. D'autres nations, à partir des déchets des réacteurs des centrales nucléaires répartis dans le monde, pourraient elles aussi accéder à l'arme suprême : l'Algérie et la Libye (toutes deux, curieusement, avec l'aide de la Chine) l'Allemagne, l'Australie, l'Autriche, la Belgique, et la liste est loin d'être exhaustive... Je pourrais encore ajouter ceci.

Il s'empara d'une note, la parcourut brièvement et :

— Un ami physicien m'a confié pas plus tard qu'hier une information que j'ignorais. Au-delà de l'atome, existe une particule de masse intermédiaire, entre l'électron et le proton : les Mésons. Cette particule fut pressentie en 1935, par un chercheur japonais, le professeur Yukawa, et confirmée en 1948 par un scientifique brésilien, le professeur Lattès. Aujourd'hui nous sommes tout à fait en mesure de produire ces Mésons en laboratoire. Sans entrer dans les arcanes techniques, dites-vous que quelques kilos pourraient développer d'un seul coup la puissance de 10 000 bombes H. Devant une telle capacité de destruction, la bombe d'Hiroshima aura l'aspect d'une goutte d'eau tombant dans les chutes du Niagara... Pour l'instant, il est vrai, nous sommes dans l'incapacité de contrôler le temps de désintégration de ces particules, leur durée de vie étant extrêmement éphémère. Néanmoins, peut-on jurer qu'une telle arme ne verra pas le jour d'ici 2043 ? Entre les mains de la Bête...

Le crépuscule s'était glissé dans la pièce, jetant des ombres grimaçantes sur les murs. Nous nous étions retranchés dans le silence, comme pour nous protéger de Dieu sait quoi.

Quelqu'un se décida enfin à reprendre la parole, Dimitri, je crois :

— L'Asie, l'Afrique, l'Europe, l'Amérique. Mais quelle place occupera le Moyen-Orient ? Jusqu'ici nous n'avons pas vu la moindre allusion à cette région. C'est curieux, vous ne trouvez pas ?

Ce fut Myriam qui répondit :

— Que nous ne l'ayons pas vu ne signifie pas que la région n'est pas mentionnée parmi les 22 chapitres. Nous la découvrirons peut-être. Mais, au préalable, j'aimerais revenir sur la description que nous a faite David. Si je suis d'accord sur les conclusions, je n'adhère pas en revanche aux versets sur lesquels il s'est appuyé. J'y ai réfléchi. L'information qui correspond à ces deux catastrophes se trouve en réalité au chapitre IX, dans les versets 1 et 2 :

> Et le cinquième Ange sonna... Alors je vis un astre qui du ciel avait chu sur la terre. On lui remit la clef du puits de l'Abîme. Il ouvrit le puits de l'Abîme et il en monta une fumée, comme celle d'une immense fournaise – le soleil et l'atmosphère en furent obscurcis.

Myriam quitta son siège et poursuivit tout en se dirigeant vers le tableau noir :

— Examinez le texte... À la première lecture que découvre-t-on ?

Je fis observer aussitôt :

— Tout y est : l'astre, que l'on pourrait traduire par

ogive ou missile. La fumée qui obscurcit l'atmosphère et le soleil, ce sont les signes annonciateurs de l'hiver nucléaire.

La jeune femme esquissa un léger sourire.

— Mais nous ne sommes que dans la théorie...

— Tu as raison, fit Dimitri. Par ailleurs, mais vous l'avez certainement remarqué le mot « atmosphère » est mal traduit. C'est un anachronisme. Le texte grec dit « ahr », air.

— C'est exact, mais cela ne change rien au sens profond du verset. Je faisais remarquer que nous étions dans la théorie. Jusque-là, nous avons toujours essayé de prouver notre interprétation par l'arithmosophie. Nous ne pouvons nous satisfaire de décrire l'événement de manière subjective et en fonction des termes qui frappent notre imaginaire. De plus...

— Je présume, l'interrompit David, que tu as ton idée ?

Elle opina.

— Et elle m'a été inspirée par le mot « abîme ». Voyez-vous, il revient près d'une quarantaine de fois, tant dans la Thora que dans le Nouveau Testament. Et, la plupart du temps, il n'a pas du tout le sens qu'on imagine. Qu'est-ce qu'un abîme ? sinon une cavité creusée dans la terre. Et pourtant...

Elle fouilla dans ses notes et reprit :

— Voici quelques exemples : Genèse, chapitre I verset 2 :

> Or la terre était vide et vague, **les ténèbres couvraient l'abîme,** un vent de Dieu tournoyait sur les eaux.

– Les Proverbes, VIII, 27 :

Quand il affermit les cieux, j'étais là, quand il traça **un cercle à la surface de l'abîme.**

– Mais c'est dans les Psaumes que j'ai trouvé les versets les plus étranges[100] :

Tu poses la terre sur ses bases, inébranlable pour les siècles des siècles.
De l'abîme tu la couvres comme d'un vêtement, sur les montagnes se tenaient les eaux.

– Ainsi que vous pouvez le constater, dans aucun de ces passages le verset n'a le sens conventionnel qu'on lui attribue généralement. Prenons la Genèse. Les ténèbres peuvent-elles « recouvrir un abîme » sur « une terre vide » ? Et dans les Proverbes. Dieu « affermit les cieux et trace un cercle à la surface de l'abîme ». L'abîme serait donc au-dessus de la terre ? Et dans l'extrait tiré des Psaumes, ne vous paraît-il pas surprenant que Dieu crée la terre, puis « la couvre d'un vêtement… l'abîme » ?

– Quelle conclusion en tirer ?

– Lorsque Jean écrit : « Il ouvrit le puits de l'abîme », il sous-entend en vérité que l'ange déchire le « vêtement de la terre ».

– Donc la couche d'ozone…

Myriam écrivit sur le tableau :

---

100. CIV, 5 et 6.

La couche d'ozone (שיכבת האוזון) = 807 ou **6**
L'atmosphère (אוירה) = 222 ou **6**

— Nous pourrions aussi extrapoler en remplaçant le mot « fumée », par « gaz toxiques ».

Fumée (עשן) = 420 ou **6**
Gaz toxiques (גזים רעילים) = 420 ou **6**

— Deux nombres parfaitement égaux.
La jeune femme se tourna vers David :
— Cela ne fait que renforcer tes déductions. Mais nous pouvons aller plus loin encore dans la confirmation du scénario que tu as développé. Jetons un coup d'œil au chapitre VI, verset 12 :

> Lorsqu'il ouvrit le sixième sceau, alors il se fit un violent tremblement de terre, et **le soleil devint noir** comme une étoffe de crin, et **la lune devint tout entière** comme du sang.

— On trouve ici une incohérence qui saute aux yeux. Comment les deux astres peuvent-ils cohabiter dans le même temps ? S'il s'agit d'une éclipse du soleil, il n'y aurait pas de soleil ; et inversement, s'il est question d'une éclipse lunaire, nous n'aurions pas de lune. Il ne peut donc s'agir que d'une métaphore. Le soleil étant l'astre du jour, il faudrait remplacer le mot soleil, par le mot jour et lune par le mot nuit. Ce qui en clair voudrait dire qu'au moment culminant du conflit, « le jour deviendra la nuit »...

Dimitri s'immisça dans le dialogue pour préciser :

— Souvenez-vous que, chez les Grecs, le Chaos est la personnification du vide primordial, antérieur à la création, au temps où l'ordre n'avait pas été imposé aux éléments. Cette notion correspond au tohu-bohu de la Genèse. Tohu et bohu traduisant le désert et le vide... Or, toujours selon la mythologie grecque, c'est le Chaos qui engendra la nuit. Ainsi l'expression de saint Jean signifie bien qu'après le grand désordre, et les cataclysmes nous entrerons dans les ténèbres...

— L'hiver nucléaire que David décrivait il y a un instant. Autant d'éléments qui, s'ajoutant à tous les autres, tendent à prouver que c'est bien une guerre nucléaire totale qui s'abattra sur le monde le 5 février 2043 à midi. Et au vu de ce bilan, l'interprétation du symbole qui nous manquait apparaît dans toute sa limpidité.

— Quel symbole ?

— Le quatrième cheval. Nous avons prouvé que le cheval blanc, ce sont les États-Unis. Le cheval verdâtre, la « peste brune » ou le fascisme. Le Cheval rouge, la Corée du Nord et indirectement son allié, la Chine. Restait à décrypter le cheval noir :

> Lorsqu'il ouvrit le troisième sceau, j'entendis le troisième Vivant crier : « Viens ! » Et voici qu'apparut à mes yeux un cheval noir ; celui qui le montait tenait à la main une balance, et j'entendis comme une voix, du milieu des quatre Vivants, qui disait : « Un litre de blé pour un denier, trois litres d'orge pour un denier ! Quant à l'huile et au vin, ne les gâche pas[101] ! »

---

101. VI, 5 ; VI, 6.

— Rien ne pourrait mieux résumer le sens de la métaphore exploitée dans ce verset que les propos d'un auteur que j'ai retrouvés récemment, un certain Kadinsky : « Le noir, écrit-il, c'est comme un rien sans possibilités, comme un rien mort après la mort du soleil, comme un silence éternel, sans avenir, l'espérance même d'un avenir... »

Le noir c'est la perte définitive, la chute sans retour, dans le néant. Il est l'obscurité des origines : « Or la terre était vide et vague, les ténèbres couvraient l'abîme[102]. » La planète subira des convulsions climatiques qui défient l'imagination : ouragans, pluies radioactives, incendies, soleil voilé, destruction de la couche d'ozone...

Le cheval noir ne peut donc figurer que la fin et la faim... La famine. Que tient le cavalier qui monte ce cheval ? Une balance. Il a ordre de peser blé, orge, huile, vin... donc de limiter le produit des récoltes terrestres. En résumé, le cheval noir est la conséquence des trois autres. Il est d'ailleurs convoqué au moment de l'ouverture du troisième sceau. Et nous savons que le nombre trois représente – entre autres –, le tout indissoluble.

Dans la kabbale, il est le principe agissant, le sujet de l'action. Il est aussi l'action de ce sujet et le verbe, et enfin l'objet de cette action, et son résultat. Le cheval noir ainsi que le troisième sceau reflètent cet ensemble : la famine, le néant, seront l'aboutissement d'un dérèglement de la pensée pure, de l'ordre moral et physique. Le cheval noir est l'ultime coup asséné à l'humanité. Je me demande comment ceux qui par miracle auront échappé aux frappes nucléaires pourront survivre faute d'eau et de nourriture...

— Les survivants..., murmura Dimitri... Y en aura-t-il ?

---

102. Genèse, I, 2.

Chapitre vingt-deuxième

Aussitôt après la tribulation de ces jours-là,
le soleil s'obscurcira, la lune ne donnera plus sa lumière,
les étoiles tomberont du ciel,
et les puissances des cieux seront ébranlées.
Mathieu, XXIV, 29

Faye avait passé toute la nuit dans un tripot de Las Vegas, assis à une table de roulette, où les joueurs avaient mené un jeu d'enfer. Comme il ne pouvait trouver le sommeil, il alla vers son garage, monta dans sa petite voiture étrangère, et fonça le long de l'avenue. Du côté de l'est, à dix milles environ, le terrain était légèrement surélevé. Ce n'était pas grand-chose. Mais parmi toutes ces routes rectilignes qui traversent le désert du Nevada, c'était le seul endroit d'où l'on eût une vue étendue. L'aube n'allait pas tarder à venir. Il voulait la voir se lever et regarder vers l'est. C'est là qu'était la Mecque...

Los-Alamos, là où était née la première bombe atomique.

Il arriva au sommet de la colline juste à temps pour voir le soleil surgir à l'est du grand plateau désertique, et il tendit le regard dans cette direction. La grande ville de jeux du sud-ouest était là quelque part derrière lui, et Faye se rappela le jour où, ayant joué durant tout le tour du cadran, sans même s'arrêter à l'aube, une grande lueur blanche – rien de plus qu'un reflet de l'explosion originelle qui avait lieu au même instant dans le désert – avait ébloui les joueurs illuminant leurs visages durs et morts.

Là-bas, quelque part dans le désert, se dressait une usine géante. Des files de camions déversaient dans sa gueule des tonnes de minerai et l'usine travaillait, elle travaillait vingt-quatre heures par jour ; comme les joueurs de roulette, transformant une montagne de terre en une destruction. Il se pouvait même qu'en cet instant, des colonnes de soldats descendissent vers des tranchées, creusées à quelques kilomètres d'une tour de lancement chargée, tandis que des officiers leur donnaient des explications dans un langage emprunté aux reportages des grands quotidiens.

Mais qu'elle vienne, se dit Faye, qu'elle vienne donc cette explosion salutaire ! Et puis qu'il en vienne une autre, et mille autres, jusqu'à ce que le Dieu soleil ait brûlé la terre ! Qu'elle vienne, se dit-il, en tendant son regard vers l'est, dans la direction de cette Mecque où les bombes faisaient entendre leur tic-tac monotone. Qu'elle vienne vite, suppliait Faye, comme un homme perdu dans le désert implore la venue de la pluie. Qu'elle vienne et qu'elle anéantisse toute cette pourriture, cette puanteur et cette sanie ; qu'elle vienne pour tous et partout ; qu'elle détruise tout, et qu'il ne reste rien qu'un monde calciné, roulant à tout jamais dans l'aube blanche et morte.

Je refermai le livre de Norman Mailer, *The Deer Park,* et restai songeur, le regard perdu dans le vague. Un tel désespoir était-il possible ? S'il l'était, il ne devait être que le fait de quelques individus isolés. Mais si un jour de février 2043, les prédictions annoncées par saint Jean devaient se réaliser, alors ce désespoir ne tarderait pas à s'étendre comme les taches vertes qui apparaissent à la surface des corps en décomposition. Il s'emparerait des survivants et la mort n'apparaîtra plus comme un fléau, mais comme une délivrance…
Les survivants…
Je repris l'Apocalypse et tentai de trouver quelque chose, un signe, un mot qui raviverait l'espoir. Depuis quelques jours déjà, des versets du chapitre VII me revenaient comme un leitmotiv. S'il y avait une lueur, elle devait se trouver là…

> VII.3 – Attendez, pour malmener la terre et la mer et les arbres, que nous ayons marqué au front les serviteurs de notre Dieu.

VII.4 – Et j'ai appris combien furent alors marqués du sceau : cent quarante-quatre mille, de toutes les tribus des fils d'Israël.

VII.5 – De la tribu de Juda, douze mille furent marqués ; de la tribu de Ruben, douze mille ; de la tribu de Gad, douze mille ;

VII.6 – de la tribu d'Aser, douze mille ; de la tribu de Nephtali, douze mille ; de la tribu de Manassé, douze mille ;

VII.7 – de la tribu de Siméon, douze mille ; de la tribu de Lévi, douze mille ; de la tribu d'Issachar, douze mille ;

VII.8 – de la tribu de Zabulon, douze mille ; de la tribu de Joseph, douze mille ; de la tribu de Benjamin, douze mille furent marqués.

En effet, que pouvait signifier ce passage sinon que le Créateur avait décidé de préserver quelques âmes.

Et j'ai appris combien furent alors marqués du sceau : **cent quarante-quatre mille,** de toutes les tribus des fils d'Israël

Pourquoi 144 000 ? Était-ce un nombre symbolique ? Et au nom de quels mérites ? Que pouvaient bien avoir accompli ces êtres pour avoir droit au salut ?

Bien qu'aucune séance de travail ne fût prévue dans l'immédiat, je m'empressais tout de même de soumettre les versets en question à mes camarades.

Contraintes professionnelles obligent, nous n'avons pu nous réunir que deux mois plus tard, vers la mi-janvier 1998, et uniquement à quatre ; Dimitri ayant été contraint de se rendre en Grèce pour des raisons familiales.

Aussitôt installé, David nous confia une note en triple exemplaire, extraite de son ordinateur.

La voici :

Juda =   12 000 = **3**
Ruben =   12 000 = **3**
Gad =   12 000 = **3**
Aser =   12 000 = **3**
Nephtali = 12 000 = **3**
Manassé = 12 000 = **3**
Siméon =   12 000 = **3**
Lévi =   12 000 = **3**
Issachar = 12 000 = **3**
Zabulon = 12 000 = **3**
Joseph =   12 000 = **3**
Benjamin = 12 000 = **3**

Total :   144 000   36 ou **9**

— Les Adventistes du Septième jour étaient persuadés que ce passage et ce nombre les concernaient. De leur côté, les témoins de Jéhovah prêchaient à qui voulait l'entendre que la fin du monde surviendrait le jour où leurs adeptes atteindraient 144 000. Bien évidemment, lorsque le 144 001ᵉ adepte se joignit à eux, force leur fut alors de jeter leur théorie aux orties.

Myriam observa :

— À mon sens, un seul chiffre mérite que l'on s'y intéresse : le chiffre 9.

— Pour quelle raison ?

— Il résume la condition humaine selon l'exemple du mot « Emeth ». La Vérité.

— Qui a pour valeur 9.

— Exactement ; tout comme le premier homme : Adam. Souvenez-vous : la Vérité divine a valeur **10**. Mais depuis le péché originel, l'être humain est dans l'incapacité d'aller au-delà du 9ᵉ degré. Pour moi, ces 144 000 ne représentent pas une indication sur le nombre précis de survivants, mais un symbole. Jean nous fait uniquement comprendre qu'il y aura des rescapés, mais ce seront uniquement les « serviteurs de Dieu ». En clair : les hommes de bonne volonté, ceux qui se seront rapprochés de la Vérité absolue ; donc du chiffre 9 qui la figure. Combien seront-ils ? nul ne peut le dire.

Un sourire éclaira les lèvres de David :

— Toi qui as toujours insisté pour que nous prouvions ce que nous avançons : où est la preuve ?

Myriam resta imperturbable :

— Très précisément dans le nombre 144 000 et dans sa correspondance directe avec le mot Emeth. Emeth a pour valeur **441**. Vous voyez bien que ce mot est présent, mais inversé dans le nombre **144**. Dans Emeth,

Dieu est à la fin du mot, il est l'oméga. Dans **144**, on le retrouve au début. Il est l'alpha. En résumé, nous avons Adam, (9), et donc l'homme et nous avons le mot vérité qui est par deux fois confirmé. Cela me semble assez convaincant. Je le répète, seuls les hommes de bien, ceux qui auront vécu une vie exemplaire, seront épargnés.

– Imagines-tu les conséquences de cette affirmation ? Il y aura donc une sorte de jugement dernier. D'un côté les élus, de l'autre les damnés…

Myriam se contenta de citer le chapitre XXI, verset 8 :

> Mais les lâches, les renégats, les dépravés, les assassins, les impurs, les sorciers, les idolâtres, bref, **tous les hommes de mensonge** […].

Puis elle ajouta :

– D'un côté la Vérité, de l'autre le mensonge. Le mal et le bien. Le dernier acte du combat de l'homme contre l'homme, de l'Agneau contre la Bête. L'ultime face à face de Dieu et du diable.

– Mais alors, s'étonna Jean-Pierre, qu'en est-il de cette fameuse « Jérusalem Céleste » que saint Jean nous prédit. Je cite :

> Il me transporta donc en esprit sur une montagne de grande hauteur, et me montra la Cité sainte, Jérusalem, qui descendait du ciel, de chez Dieu, avec en elle la gloire de Dieu.

— Et il la décrit même avec une précision de géomètre :

> Elle resplendit telle une pierre très précieuse, comme une pierre de jaspe cristallin. Elle est munie d'un rempart de grande hauteur pourvu de douze portes près desquelles il y a douze Anges et des noms inscrits, ceux des douze tribus des Israélites ; à l'orient, trois portes ; au nord, trois portes ; au midi, trois portes ; à l'occident, trois portes. Le rempart de la ville repose sur douze assises portant chacune le nom de l'un des douze Apôtres de l'Agneau. Celui qui me parlait tenait une mesure, un roseau d'or, pour mesurer la ville, ses portes et son rempart ; cette ville dessine un carré : sa longueur égale sa largeur. Il la mesura donc à l'aide du roseau, soit douze mille stades ; longueur, largeur et hauteur y sont égales. Puis il en mesura le rempart, soit cent quarante-quatre coudées. — L'Ange mesurait d'après une mesure humaine[103].

Myriam leva les yeux comme pour prendre le ciel à témoin et s'exclama :

— Pardonnez-leur, Seigneur, ils ont des yeux avec lesquels ils ne voient pas ; ils ont des oreilles avec lesquelles ils n'entendent pas.

Se penchant vers David, elle chuchota :

— Il n'y a pas de « Jérusalem Céleste »...

Et se levant d'un seul coup, elle se rendit au tableau :

— Reprenons le verset...

12 portes

---

[103]. XXI, 10 à 17.

12 anges
12 tribus

Total ? 36 soit **9** !

3 portes à l'orient
3 portes au nord
3 portes au midi
3 portes à l'occident
12 assises
12 apôtres

Total ? 36 soit **9** !

– Continuons :

12 000 stades de longueur
12 000 stades de largeur
12 000 stades de hauteur

Total ? 36 soit **9** !

– Et encore :

Un rempart de 144 coudées.
1 + 4 + 4 = **9**

– Et pour conclure, je me permettrai de frapper à la porte de votre mémoire pour vous rappeler que le Mur occidental, ou Mur des Lamentations, vestige du Temple de la... Jérusalem terrestre se dresse à... 18 mètres soit... **9** ! De surcroît, comme s'il craignait de n'être pas compris, saint Jean nous lance cette phrase on ne peut plus explicite : L'Ange mesurait d'après une mesure humaine ! Qu'est-ce que cela veut dire sinon la mesure que tout homme doit chercher à atteindre : **9**. La Vérité ! Toujours et encore la Vérité ! Point de salut pour celui qui s'écarte de cette quête... D'ailleurs le mot « rempart », nous en apporte la confirmation définitive...

Le rempart (החומה) = 64 ou **10**

— Ici, le rempart n'est autre que Dieu... On le voit bien. Cette Jérusalem n'a rien de Céleste. Il s'agit d'une métaphore, une de plus, à travers laquelle l'apôtre essaie de nous faire comprendre que c'est bien à nous de créer notre Jérusalem terrestre, celle qui s'élèvera vers l'Éternel. Car, ce n'est point à Dieu de descendre au niveau de sa créature, mais à la créature de se hisser vers Dieu. Dieu ne peut séjourner dans une cité impure, habitée par des hommes impurs. La Jérusalem que Jean a vue est celle à laquelle il aspirait de tout son cœur. Une Jérusalem lavée de toute souillure. Celle dans laquelle Dieu a promis d'entrer avant même que naisse la « Jérusalem Céleste ». Mais...

Elle laissa sa phrase en suspens, comme si tout à coup quelque chose la tracassait.

Je m'en inquiétai.

— Ce n'est rien, dit-elle, évasivement.

— Allons, Myriam, que se passe-t-il ?

Elle se décida à répondre :

— Tous les jours depuis des mois, à force de relire ce texte, j'en suis arrivée, comme vous tous d'ailleurs, à le connaître pratiquement par cœur. À chaque relecture, je découvre une étrangeté, un signe qui m'avait échappé la veille. Comme par exemple...

Elle eut un temps d'hésitation, puis écrivit :

> À l'instant, je tombai en extase. Voici, un trône était dressé dans le ciel, et, siégeant sur le trône, **Quelqu'un**[104]...

— J'ai analysé ce verset sous tous les angles... Il m'a fascinée. Et savez-vous pourquoi ?

David fut le premier à répondre :

— Oui, je sais... Moi-même je me suis posé mille questions.

Il articula lentement :

— Quelqu'un...

Myriam acquiesça :

— Parfaitement... Quelqu'un... Pourquoi saint Jean s'autorise-t-il une expression aussi floue ? Il cite des vieillards, le Dragon, les Bêtes, la femme, l'Agneau, il indique avec minutie le nombre de portes, de stades et là, brusquement : « Quelqu'un »...

Il est vrai qu'il y avait quelque chose d'imparfait dans cette formule.

Myriam poursuivait :

— J'ai bien entendu calculé la valeur du mot. Et le résultat n'a pas comblé ma curiosité pour autant.

— Quelle est sa valeur ?

---

104. IV, 2.

— 361.
— 10 !
— C'est exact. 10, symbole du Tout-Puissant...
— Ce serait donc Dieu qui siège sur le trône ?

Une expression de gêne réapparut sur les traits de la jeune femme. Elle rectifia sur un ton vacillant :

— Ou Jésus...

J'ouvris de grands yeux :

— Jésus ?

— Même valeur numérique que « Quelqu'un »... (מישהו) Jésus (ישו) 316. Là aussi, symbole de la vérité divine.

Je répétai, malgré moi :

— 361 et 316...

— Curieux, n'est-ce pas ?

J'approuvai tout en répliquant :

— Pas pour un chrétien... Et en toute objectivité, je suis convaincu que Jésus – quelle que soit l'image que les uns ou les autres s'en font – avait certainement accédé au degré supérieur de la Connaissance et de la Vérité divine.

Myriam sourit avec une pointe d'espièglerie :

— À moins que sur le trône... Il n'y ait ni Dieu, ni Jésus, mais... « Quelqu'un »...

Chapitre vingt-troisième

Mieux vaut régner en enfer que servir au Ciel…
Lucifer, dans Le Paradis perdu *de Milton.*

Penché sur son ordinateur, David murmura :
— Une heure. Une heure et plus de quatre milliards de morts. C'est complètement fou.
— Et pourtant… C'est bien ce qui risque de se passer.
Je me levai et jetai un coup d'œil distrait par la fenêtre. Il faisait nuit. La rue était déserte. Trois semaines environ nous séparaient de notre dernière réunion. Myriam était rentrée en Israël. Dimitri et Jean-Pierre s'apprêtaient à partir en vacances pour la période des fêtes.
Je revins vers David et lus par-dessus son épaule la liste qu'il avait établie deux jours plus tôt. Elle était composée d'une suite de versets, entre les chapitres VIII et XX, qui tous relataient certaines péripéties de cette heure de fin du monde. Je les relus pour la troisième fois comme pour me convaincre de je ne sais quoi :

Alors s'ouvrit le temple de Dieu, dans le ciel et son arche d'alliance apparut, dans le temple; puis ce furent des **éclairs** et des **voix** et des **tonnerres** et un **tremblement de terre,** et la **grêle** tombait dru[105]. Puis l'Ange saisit la pelle et l'emplit du feu de l'autel qu'il jeta sur la terre. Ce furent alors des tonnerres, des voix et des éclairs, et tout trembla[106]. Et ce furent des éclairs et des voix et des tonnerres, avec un violent tremblement de terre; non, depuis qu'il y a des hommes sur la terre, jamais on n'avait vu pareil tremblement de terre, aussi violent[107]. Et des **grêlons énormes** – près de quatre-vingts livres! – s'abattirent du ciel sur les hommes[108]! Alors, toute île prit la fuite, et les montagnes disparurent[109]. Alors, ce fut du sang – on aurait dit un meurtre! – et tout être vivant mourut dans la mer[110].

Et, sur une autre page, l'informaticien avait dressé une deuxième liste, composée des termes contemporains qui auraient pu correspondre par leur valeur numérique aux descriptions de l'apôtre:

Des éclairs = 357 ou **6**
Des missiles nucléaires = 492 ou **6**

Des voix = 542 ou **2**
Des hurlements = 704 ou **2**

Des tonnerres = 360 ou **9**
Des bombes = 666 ou **9**

---

105. XI, 19.
106. VIII, 5.
107. XVI, 18.
108. XVI, 21.
109. XVI, 20.
110. XVI, 3.

Tremblement de terre = 734 ou **5**
Des bombardements = 671 ou **5**

La grêle = 211 ou **4**
Explosion atomique = 1543 ou **4**

Des grêlons énormes = 525 = **3**
Ogives nucléaires = 1002 = **3**

Certes, cette énumération était aléatoire et bien évidemment subjective, mais elle n'en demeurait pas moins éloquente.

Je me tournai successivement vers Dimitri et Jean-Pierre :

— Qu'en pensez-vous ?

— Pour ce qui me concerne, fit le premier, je préfère ne pas en tenir compte. J'y vois un amalgame forcé.

— C'est aussi mon opinion, approuva le second. De plus je ne vois pas l'intérêt de chercher à confirmer ce que nous savons déjà : il y aura une guerre nucléaire et elle sera — n'en doutons pas — dévastatrice. En revanche, ce qui m'échappe c'est la conclusion.

— La conclusion ? s'étonna David. Mais nous la savons aussi : une planète anéantie ; une poignée de survivants...

En guise de réponse, Jean-Pierre ouvrit l'Apocalypse au chapitre XX et lut :

> Les mille ans écoulés, Satan, relâché de sa prison, s'en ira séduire les nations des quatre coins de la terre, Gog et Magog, et les rassembler pour la guerre,

> aussi nombreux que le sable de la mer ; ils montèrent sur toute l'étendue du pays, puis ils investirent le camp des saints, la Cité bien-aimée[111].

— Vous avez bien entendu ? « Gog et Magog » rassemblés pour la guerre… investiront la « Cité bien-aimée ». Je trouve ici quelque chose de totalement incompréhensible. Par quel sortilège, Gog (la Chine et ses alliés) s'uniront-ils tout à coup avec Magog (les États-Unis et leurs alliés) (car il s'agit bien d'une alliance), pour aller conquérir la « Cité bien-aimée » qui est bien évidemment Jérusalem ? Voilà deux adversaires qui se seront livré bataille jusqu'à l'épuisement et qui trouvent, non seulement la force de prolonger le combat, mais de se retourner tous les deux contre Israël… Avouez que c'est incongru.

Dimitri opina :

— D'autant plus incongru qu'il ne leur restera que des lambeaux de forces.

— Quels que soient les résidus de leur puissance militaire, pourquoi Israël ?

Force était de reconnaître que cette pièce du puzzle avait du mal à s'emboîter dans le tableau général du conflit.

— Et puis, reprit Jean-Pierre, il y a aussi ce premier verset du chapitre 14 :

> Voici que l'Agneau apparut à mes yeux ; il se tenait sur le mont Sion, avec cent quarante-quatre milliers de gens portant inscrits sur le front son nom et le nom de son Père.

---

111. XX, 7, 8, 9.

– Les survivants, les 144 000, seront donc rassemblés en Israël ?

Pas un seul d'entre nous n'arrivait à entrevoir la solution à cet imbroglio. Gog, Magog associés ? Israël, leur cible conjointe ? Comment dénouer l'écheveau ? Quelque chose nous soufflait que nous n'étions pas loin du dénouement de cette Apocalypse, mais il nous échappait encore.

Ce fut vers le milieu de la nuit qu'une idée germa dans mon esprit. Je m'empressai de la soumettre :

– Et s'il ne s'agissait pas d'Israël ?

– Que veux-tu dire ?

– Si Israël n'était qu'un symbole… Tout comme la « Cité bien-aimée » et Sion.

– Je veux bien, répliqua David. Mais le symbole de quoi ?

– D'une région… Tout simplement le Moyen-Orient. Si la bataille finale…

Je m'interrompis brusquement :

– Mais oui… C'est l'évidence !

Je me précipitai vers mes notes :

– Écoutez !

> XVI.11 – Mais, loin de se repentir de leurs agissements, les hommes blasphémèrent le Dieu du ciel sous le coup des douleurs et des plaies.

> XVI.12 – Et le sixième [ange] répandit sa coupe sur le grand fleuve Euphrate ; alors, ses eaux tarirent, livrant passage aux rois de l'Orient.

XVI.15 – Voici que je viens comme un voleur : heureux celui qui veille et garde ses vêtements pour ne pas aller nu et laisser voir sa honte.

XVI.16 – Ils les rassemblèrent au lieu dit, en hébreu, Harmagedôn.

– Tout semble nous indiquer le Moyen-Orient : l'Euphrate, les rois de l'Orient, Harmagedôn ! Harmagedôn... La bataille finale !
Pris d'une fièvre subite, je demandai à David de chiffrer les mots suivants : Moyen-Orient, la Cité bien-aimée, le camp des Saints, Sion...
Et voici ce qu'il obtint :

Moyen-Orient = 741 soit **3**
La Cité bien-aimée = 309 soit **3**
Le camp des Saints = 903 soit **3**
Sion = 156 soit **3**

J'exultai :
– C'est bien du Moyen-Orient dont il s'agit ! C'est là-bas que se déroulera le dernier acte.
Mes camarades essayèrent de tempérer mon enthousiasme.
– Tu as manifestement raison, approuva Dimitri. Mais, ce que je ne comprends toujours pas, c'est le motif. Stratégiquement où est l'intérêt ? Que le Moyen-Orient ait été épargné au cours de l'affrontement, passe encore, mais sa mort est de toute façon programmée. Poussée par

les vents, la radioactivité qui empoisonnera l'atmosphère, dérivera, à plus ou moins brève échéance, vers la région. La rupture de la couche d'ozone ne l'épargnera pas non plus. Et comment expliquer que la Chine et ses adversaires soient tout à coup complices pour se lancer dans cette entreprise ?

Les arguments du Grec étaient parfaitement logiques... Il y avait une faille dans mon raisonnement.

— De plus, surenchérit Jean-Pierre, nous savons combien cette parcelle du monde est – depuis près d'un demi-siècle – en proie aux déchirements. D'un côté nous avons les Israéliens, de l'autre les pays arabes. On les voit mal faisant bloc contre un adversaire commun, fût-il la Chine. Ils auront certainement choisi leur camp dès le début de la guerre. Alors quels sont ces « rois d'Orient » que saint Jean mentionne ?

Nous étions dans les ténèbres une fois de plus.

Il ne nous restait guère d'autre choix que de transmettre à Myriam le condensé de nos hypothèses... Ce que nous fîmes en espérant qu'elle aurait peut-être une explication.

Il ne nous restait plus que 48 heures avant que les vacances ne nous éparpillent aux cinq coins de l'hexagone.

Ce fut très précisément la veille de notre séparation que la jeune femme répondit par le biais d'un courrier électronique.

> Mes amis,
> Je n'ai trouvé aucune réponse, sinon celle que je vous soumets et qui, je crois, vous surprendra.

Après avoir pris un certain recul, je me suis intéressée à un tout autre verset, un tout autre chapitre :

> XXI.1 – Puis je vis un ciel nouveau, une terre nouvelle – car le premier ciel et la première terre ont disparu, et de mer, il n'y en a plus.

Ce verset m'a fait penser tout naturellement à Israël et à son Histoire.

Le règne du roi Saül, premier roi d'Israël a duré de 1035 à 1015 soit vingt ans.

Celui du roi David a duré de 1015 à 975, soit 40 ans. Si l'on additionne ces deux règnes, nous obtenons 60 ans.

Or, ces deux rois furent avant tout des rois guerriers qui passèrent le plus clair de leur existence à faire la guerre à leurs voisins afin de consolider les frontières de leur Royaume.

Il faudra attendre l'avènement du roi Salomon, pour qu'enfin la paix domine et que s'instaure un climat de bonne entente, d'harmonie et de prospérité pour toute la région.

Si nous prenons 1948 de notre ère, date de la création de l'État d'Israël, et que nous y additionnions les années des règnes de Saül et David, soit 60 ans, nous pouvons imaginer – l'Histoire n'étant qu'un éternel recommencement – que **la paix au Moyen-Orient verra le jour en l'an 2008.** Pas avant.

Si je me fie au verset de saint Jean, à partir de cette date, les fils d'Abraham, d'Ismaël ainsi que tous les

chrétiens de la région, ne feront plus partie que d'un seul et même camp: celui de la fraternité et de la paix. Plus une goutte de sang ne sera versée. Plus une seule vie ne sera arrachée par la violence à cette terre.
Si vous calculez « Terre nouvelle », vous obtenez : 608 ou **5**.
Comparez cette expression à « terre unie » et vous avez 509 soit **5** aussi.
Étrangement, le mot « mer », qui équivaut à 50 ou **5**, a la même valeur que « nationalité », 77 ou **5** aussi.
Par conséquent, que déduire lorsque Jean écrit : « Et de mer il n'y a plus » ?
Mais, sachant votre scepticisme, j'ai cherché une confirmation à cette théorie. Je l'ai trouvée au verset 9 du chapitre XVII :

> XVII.9 – C'est ici qu'il faut un esprit doué de finesse ! Les sept têtes, ce sont sept collines sur lesquelles la femme est assise. Ce sont aussi sept rois…

Comme Jean nous le demande, faites aussi preuve de finesse :

Collines = 481 soit **4**
Pays = 697 soit **4**

Sept rois = 517 soit **4**
Le Moyen-Orient = 751 soit **4**

Le message est – me semble-t-il – clair. Nous l'avons affirmé, le père Alexandre en premier : voici des siècles que l'Occident domine l'Asie, le tiers-monde et l'Orient. Nous avons vu que cette femme assise, cette prostituée, Babylone, n'était autre que Magog et qu'elle personnifiait l'Occident dans cette nouvelle guerre.
J'interprète donc le verset de la manière suivante :

Les sept têtes ne sont autres que les sept pays sur lesquels la femme (l'Occident) est assise, mais c'est aussi l'Orient en général.

D'ailleurs, si vous aviez un doute, il vous suffirait de lire le verset 15 du chapitre XVII, pour avoir la confirmation de ce que j'avance…

> XVII.15 – Et ces eaux-là, où la Prostituée est assise, **ce sont des peuples, des foules, des nations et des langues.**

Vous avez bien lu : des peuples, des foules, des nations…

Et, pour finir, voici un dernier argument qui souligne les propos de l'apôtre :

> V.6 – Alors je vis… un Agneau… comme égorgé, portant sept cornes et sept yeux…

> Savez-vous combien de pays entourent Israël ? six. Le Liban, l'Égypte, la Syrie, la Jordanie, l'Irak et l'Arabie Saoudite. Avec Israël nous arrivons à 7. Sept, comme le chandelier à sept branches...
> À vous de tirer les conclusions de mon exposé...
> Amitiés... Myriam.

Nous avons passé la soirée à lire et relire le document. Si effectivement l'analyse de la jeune femme était la bonne – et tout portait à croire qu'elle l'était –, deux questions demeuraient toujours en suspens : Pourquoi Gog et Magog passaient du rang d'adversaires à celui de complices ? Et pour quelle raison décidaient-ils de livrer un dernier combat dans cette région du monde ?

C'est au moment où nous allions nous quitter que David déclara à brûle-pourpoint :

– As-tu jamais lu *Le Paradis perdu,* de Milton ?

Je répondis par la négative.

– Lucifer dit : « Mieux vaut régner en enfer que servir au Ciel... » Je crois qu'il y a deux raisons pour expliquer pourquoi la bataille finale se déroulera au Moyen-Orient... La première se trouve dans cette phrase de Lucifer. Nous savons que la deuxième Bête, celle qui régnera sur la Chine, sera le portrait de la première, Adolf Hitler. Comme lui, elle s'abreuvera du sang des hommes... Comme lui, elle poursuivra la même ambition : gouverner la planète. Comme lui, elle se jettera dans la politique aveugle de la terre brûlée. Comme lui, elle s'écriera au milieu des décombres, mais en parlant de la Chine : « L'armée m'a trahi ! mes généraux sont des bons à rien. On n'obéit pas à mes ordres. Tout est fini. Le pays est perdu, mais il n'était pas tout à fait prêt ou pas tout à fait assez fort pour la mission que je lui ai confiée. Puisque la guerre est perdue, le peuple le sera également. Inutile de nous inquiéter de ce qu'il fera pour survivre. Au contraire, il vaut mieux que nous détruisions tout cela. Car notre pays s'est montré le plus faible. D'ailleurs seuls ont survécu les médiocres. » Ce discours, la Bête le tiendra pour sûr, mais à une différence près : au contraire de son prédécesseur, elle aura vaincu Magog ou ce qu'il en restera, et Magog sera forcé de lui obéir et de lui emboîter le pas jusqu'au lieu où se déroulera sa dernière bataille : à Harmagedôn. Contrairement à ce que nous avons pensé, ils ne seront pas complices, mais l'un dominera l'autre et le contraindra à le suivre dans les flammes de l'ultime brasier. Comme le précise le verset de Jean : « Loin de se repentir de leurs agissements, les hommes blasphémèrent le Dieu du ciel sous le coup des douleurs et des plaies. »

Troublé, je demandai :

— J'insiste : pourquoi le Moyen-Orient ?

— Pour deux raisons. Un fou ne permettra pas qu'il subsiste un dernier îlot préservé. Même si les jours de cet îlot sont comptés. Il ira jusqu'au bout de sa folie. Jusqu'à l'extrême limite : « Mieux vaut régner en enfer que servir au Ciel… » La deuxième raison est d'un ordre purement stratégique. Au terme de cette heure diabolique, nous serons retournés quasiment à l'âge de pierre. Et le seul endroit du monde où subsistera encore une once d'énergie, la plus vieille, ce sera au Moyen-Orient : le pétrole. Pour l'obtenir, la Bête sera prête à tout. Et ce tout consistera à dévaster – mais cette fois avec le soutien d'armes conventionnelles – les villes demeurées debout.

J'avalai péniblement ma salive et je gardai le silence jusqu'au moment de franchir l'entrée de la gare.

– David... Depuis le début de cette aventure, il y a trois versets... trois versets qui m'obsèdent.

Il me lança un regard interrogateur.

> Et lorsque l'Agneau ouvrit le septième sceau, il se fit un silence dans le ciel, environ une demi-heure[112]... Après quoi, les sept tonnerres firent retentir leurs voix. Quand les sept tonnerres eurent parlé, j'allais écrire mais j'entendis du ciel une voix me dire : « Tiens secrètes les paroles des sept tonnerres et ne les écris pas[113]. »

– Pourquoi ce silence d'une demi-heure ? Quel est le mystère des sept tonnerres que Jean n'a pas eu le droit de transcrire ?

L'informaticien plongea ses yeux dans les miens :
– Nous sommes en février 2043... À Harmagedôn. Les deux armées sont face à face... Il se fait un silence d'une demi-heure... Le mystère des sept tonnerres va s'accomplir...

Je bafouillai :
– Je ne comprends pas...

---
112. VIII, 1.
113. X, 3, 4.

– Je dois partir. Je vais rater mon train.

Je le vis disparaître dans le wagon, tandis que je restais sur le quai, immobile, dans l'attente de je ne sais quoi.

Au moment où le train s'ébranlait, je vis apparaître le visage de David à une fenêtre. Il cria :

– Quelles recommandations Dieu a faites au visionnaire de Patmos ?

Ce fut tout.

Je repartis, les épaules un peu voûtées...

Dans ma tête résonnaient comme un glas les mots de Dieu :

« Tiens secrètes les paroles des sept tonnerres et ne les écris pas. »

Épilogue

Au début de cet ouvrage, nous avons laissé entendre que nous n'envisagions pas de publication. Nous avons précisé qu'il a fallu qu'un événement se produise au cours du mois de septembre 1998, pour que notre décision fût remise en question. En voici le détail :

La Corée du Sud a tiré un missile balistique au-dessus du Japon

Le gouvernement nippon a tenu une réunion de crise

Après les essais atomiques pakistanais et indiens, le spectre de la guerre nucléaire a de nouveau plané, lundi 31 août, sur l'Asie. Tiré par la Corée du Nord, un missile balistique expérimental – qui pourrait être capable d'emporter des têtes nucléaires – a survolé le Japon avant de s'abîmer dans le Pacifique. Dernier dinosaure communiste hérité de la guerre froide, la Corée du Nord a-t-elle « risqué la guerre » – comme l'affirme un haut responsable du parti au pouvoir au Japon – en procédant, sans sommation, à ce tir au-dessus de l'archipel nippon ? Le premier ministre japonais, Keizo Obuchi, a reconnu avoir été prévenu à l'avance des préparatifs de l'essai, sans doute par ses services de renseignements car Pyongyang n'avait rien annoncé.

Pourtant, le gouvernement japonais a tenu, mardi 1er septembre, une réunion extraordinaire pour discuter de la « gestion de la crise ». Rien n'a filtré de cette rencontre. Mais le porte-parole du gouvernement avait annoncé à l'avance que Tokyo entendait « protester fermement » auprès de Pyongyang. Le Japon et la Corée du Nord n'entretiennent pas de relations diplomatiques.

En mesure de rétorsion, le Japon et les autres pays du consortium chargé de financer la construction de deux réacteurs nucléaires en Corée du Nord avaient déjà suspendu la signature, lundi, de l'accord de financement. Il y a quatre ans, Pyongyang et Washington avaient conclu un accord prévoyant le gel du programme nucléaire nord-coréen à des fins militaires, en échange de deux réacteurs à eau légère construits par ce consortium associant les États-Unis, la Corée du Sud et le Japon. Washington s'était également engagé à livrer à la Corée du Nord quelque 500 000 tonnes de fuel par an, jusqu'à ce que les réacteurs soient opérationnels. Mais le Congrès américain a bloqué les fonds nécessaires car Pyongyang aurait fourni des missiles au Pakistan. La Corée du Nord a alors laissé entendre qu'elle pourrait relancer son programme nucléaire.

Par la voix de leur secrétaire d'État, Madeleine Allbright, les États-Unis, qui protègent le Japon sous leur « parapluie nucléaire », se sont déclarés « inquiets » de ce lancement expérimental jugé « réussi » mais qualifié d'événement « sérieux » bien que « pas complètement surprenant » par le Pentagone. Malgré ce tir, les représentants américains et nord-coréens ont repris leurs discussions lundi à New York sur les questions nucléaires.

Le missile serait un Taepo-Dong 1 d'une portée de 1 500 à 2 000 kilomètres. Tokyo se trouve environ à 1 000 km de la Corée du Nord et paraît désormais à portée de ce nouveau missile, ce qui bouleverserait les données stratégiques dans la région. Outre des missiles tactiques Scud B et C (d'une portée de 300 à 500 kilomètres), qu'elle a acquis auprès de l'ancienne URSS et qu'elle a expérimentés dans les années 80, la Corée du Nord a déjà déployé des missiles Rodong 1, dont les caractéristiques (environ 1 000 kilomètres de portée) lui permettaient d'atteindre certaines régions du Japon. En 1993, Pyongyang avait déjà suscité une vive émotion à Tokyo en procédant aux essais d'un missile de moyenne portée Rodong 1 en mer du Japon, démontrant ainsi qu'une partie du littoral occidental de l'archipel nippon était à portée de ses armes.

Aujourd'hui, elle s'attache à mettre au point deux types de missiles à plus longue portée : les Taepo Dong 1 et les Taepo Dong 2, capables respectivement de s'en prendre à des objectifs distants de quelque 1 500 à 4 000 kilomètres et d'emporter des charges explosives classiques de l'ordre de la tonne. Le parc nord-coréen est estimé à un total de 150 missiles de tous les types. La Corée du Nord est suspectée, enfin, d'avoir exporté en 1987 de tels engins, notamment des Scud, à des pays comme l'Iran et la Syrie.

Le Monde, mercredi 2 septembre 1998.

TABLEAU DES CORRESPONDANCES NUMÉRIQUES DE L'ALPHABET HÉBRAÏQUE

Alef	Beith	Guimel	Daleth	Hé	Vav	Zaïn	Heith	Teith	Yod	Kaf
א	ב	ג	ד	ה	ו	ז	ח	ט	י	כ
1	2	3	4	5	6	7	8	9	10	20

Lamed	Mem	Noun	Samekh	Ayin	Pé	Tsadé	Qof	Reish	Shin	Tav
ל	מ	נ	ס	ע	פ	צ	ק	ר	ש	ת
30	40	50	60	70	80	90	100	200	300	400

L'Apocalypse

I.1 – Révélation de Jésus Christ : Dieu la lui donna pour montrer à ses serviteurs ce qui doit arriver bientôt ; Il envoya son Ange pour la faire connaître à Jean son serviteur,

I.2 – lequel a attesté la Parole de Dieu et le témoignage de Jésus Christ : toutes ses visions.

I.3 – Heureux le lecteur et les auditeurs de ces paroles prophétiques s'ils en retiennent le contenu, car le Temps est proche !

I.4 – Jean, aux sept Églises d'Asie. Grâce et paix vous soient données par « Il est, Il était et Il vient », par les sept Esprits présents devant son trône,

I.5 – et par Jésus Christ, le témoin fidèle, le Premier-né d'entre les morts, le Prince des rois de la terre. Il nous aime et nous a lavés de nos péchés par son sang,

I.6 – il a fait de nous une Royauté de Prêtres, pour son Dieu et Père ; à lui donc la gloire et la puissance pour les siècles des siècles. Amen.

I.7 – Voici, il vient avec les nuées ; chacun le verra, même ceux qui l'ont transpercé, et sur lui se lamenteront toutes les races de la terre. Oui, Amen !

I.8 – Je suis l'Alpha et l'Oméga, dit le Seigneur Dieu, « Il est, Il était et Il vient », le Maître-de-tout.

I.9 – Moi, Jean, votre frère et votre compagnon dans l'épreuve, la royauté et la constance, en Jésus. Je me trouvais dans l'île de Patmos, à cause de la Parole de Dieu et du témoignage de Jésus.

I.10 – Je tombai en extase, le jour du Seigneur, et j'entendis derrière moi une voix clamer, comme une trompette :

I.11 – « Ce que tu vois, écris-le dans un livre pour l'envoyer aux sept Églises : à Éphèse, Smyrne, Pergame, Thyatire, Sardes, Philadelphie et Laodicée. »

I.12 – Je me retournai pour regarder la voix qui me parlait ; et m'étant retourné, je vis sept candélabres d'or,

I.13 – et, au milieu des candélabres, comme un Fils d'homme revêtu d'une longue robe serrée à la taille par une ceinture en or.

I.14 – Sa tête, avec ses cheveux blancs, est comme de la laine blanche, comme de la neige, ses yeux comme une flamme ardente,

I.15 – ses pieds pareils à de l'airain précieux que l'on aurait purifié au creuset, sa voix comme la voix des grandes eaux.

I.16 – Dans sa main droite il a sept étoiles, et de sa bouche sort une épée acérée, à double tranchant ; et son visage, c'est comme le soleil qui brille dans tout son éclat.

I.17 – À sa vue, je tombai à ses pieds, comme mort ; mais il posa sur moi sa main droite en disant : « Ne crains pas, je suis le Premier et le Dernier,

I.18 – le Vivant ; je fus mort, et me voici vivant pour les siècles des siècles, détenant la clef de la Mort et de l'Hadès.

I.19 – Écris donc ce que tu as vu : le présent et ce qui doit arriver plus tard.

I.20 – Quant au mystère des sept étoiles que tu as vues dans ma main droite et des sept candélabres d'or, le voici : les sept étoiles sont les Anges des sept Églises ; et les sept candélabres sont les sept Églises.

II.1 – « À l'Ange de l'Église d'Éphèse, écris : Ainsi parle celui qui tient les sept étoiles en sa droite et qui marche au milieu des sept candélabres d'or.

II.2 – Je connais ta conduite, tes labeurs et ta constance ; je le sais, tu ne peux souffrir les méchants : tu as mis à l'épreuve ceux qui usurpent le titre d'apôtres, et tu les as trouvés menteurs.

II.3 – Tu as de la constance : n'as-tu pas souffert pour mon nom, sans te lasser ?

II.4 – Mais j'ai contre toi que tu as perdu ton amour d'antan.

II.5 – Allons ! rappelle-toi d'où tu es tombé, repens-toi, reprends ta conduite première. Sinon, je vais venir à toi pour changer ton candélabre de son rang, si tu ne te repens.

II.6 – Il y a cependant pour toi que tu détestes la conduite des Nicolaïtes, que je déteste moi-même.

II.7 – Celui qui a des oreilles, qu'il entende ce que l'Esprit dit aux Églises : au vainqueur, je ferai manger de l'arbre de vie placé dans le Paradis de Dieu.

II.8 – « À l'Ange de l'Église de Smyrne, écris : Ainsi parle le Premier et le Dernier, celui qui fut mort et qui a repris vie.

II.9 – Je connais tes épreuves et ta pauvreté – tu es riche pourtant – et les diffamations de ceux qui usurpent le titre de Juifs – une synagogue de Satan plutôt ! –

II.10 – Ne crains pas les souffrances qui t'attendent : voici, le Diable va jeter des vôtres en prison pour vous tenter, et vous aurez dix jours d'épreuve. Reste fidèle jusqu'à la mort, et je te donnerai la couronne de vie.

II.11 – Celui qui a des oreilles, qu'il entende ce que l'Esprit dit aux Églises : le vainqueur n'a rien à craindre de la seconde mort.

II.12 – « À l'Ange de l'Église de Pergame, écris : Ainsi parle celui qui possède l'épée acérée à double tranchant.

II.13 – Je sais où tu demeures : là est le trône de Satan. Mais tu tiens ferme à mon nom et tu n'as pas renié ma foi, même aux jours d'Antipas, mon témoin fidèle, qui fut mis à mort chez vous, là où demeure Satan.

II.14 – Mais j'ai contre toi quelque grief : tu en as là qui tiennent la doctrine de Balaam ; il incitait Balaq à tendre un piège aux fils d'Israël pour qu'ils mangent des viandes immolées aux idoles et se prostituent.

II.15 – Ainsi, chez toi aussi, il en est qui tiennent la doctrine des Nicolaïtes.

II.16 – Allons ! repens-toi, sinon je vais bientôt venir à toi pour combattre ces gens avec l'épée de ma bouche.

II.17 – Celui qui a des oreilles, qu'il entende ce que l'Esprit dit aux Églises : au vainqueur, je donnerai de la manne cachée et je lui donnerai aussi un caillou blanc, un caillou portant gravé un nom nouveau que nul ne connaît, hormis celui qui le reçoit.

II.18 – « À l'Ange de l'Église de Thyatire, écris : Ainsi parle le Fils de Dieu, dont les yeux sont comme une flamme ardente et les pieds pareils à de l'airain précieux.

II.19 – Je connais ta conduite : ton amour, ta foi, ton dévouement, ta constance ; tes œuvres vont sans cesse en se multipliant.

II.20 – Mais j'ai contre toi que tu tolères Jézabel, cette femme qui se dit prophétesse ; elle égare mes serviteurs, les incitant à se prostituer en mangeant des viandes immolées aux idoles.

II.21 – Je lui ai laissé le temps de se repentir, mais elle refuse de se repentir de ses prostitutions.

II.22 – Voici, je vais la jeter sur un lit de douleurs, et ses compagnons de prostitution dans une épreuve terrible, s'ils ne se repentent de leur conduite.

II.23 – Et ses enfants, je vais les frapper de mort : ainsi, toutes les Églises sauront que c'est moi qui sonde les reins et les cœurs ; et je vous paierai chacun selon vos œuvres.

II.24 – Quant à vous autres, à Thyatire, qui ne partagez pas cette doctrine, vous qui n'avez pas connu « les profondeurs de Satan », comme ils disent, je vous déclare que je ne vous impose pas d'autre fardeau ;

II.25 – du moins, ce que vous avez, tenez-le ferme jusqu'à mon retour.

II.26 – Le vainqueur, celui qui restera fidèle à mon service jusqu'à la fin, je lui donnerai pouvoir sur les nations :

II.27 – c'est avec un sceptre de fer qu'il les mènera comme on fracasse des vases d'argile !

II.28 – Ainsi moi-même j'ai reçu ce pouvoir de mon Père. Et je lui donnerai l'Étoile du matin.

II.29 – Celui qui a des oreilles, qu'il entende ce que l'Esprit dit aux Églises.

III.1 – « À l'Ange de l'Église de Sardes, écris : Ainsi parle celui qui possède les sept Esprits de Dieu et les sept étoiles. Je connais ta conduite ; tu passes pour vivant, mais tu es mort.

III.2 – Réveille-toi, ranime ce qui te reste de vie défaillante ! Non, je n'ai pas trouvé ta vie bien pleine aux yeux de mon Dieu.

III.3 – Allons ! rappelle-toi comment tu accueillis la parole ; garde-la et repens-toi. Car si tu ne veilles pas, je viendrai comme un voleur sans que tu saches à quelle heure je te surprendrai.

III.4 – À Sardes, néanmoins, quelques-uns des tiens n'ont pas souillé leurs vêtements ; ils m'accompagneront, en blanc, car ils en sont dignes.

III.5 – Le vainqueur sera donc revêtu de blanc ; et son nom, je ne l'effacerai pas du livre de vie, mais j'en répondrai devant mon Père et devant ses Anges.

III.6 – Celui qui a des oreilles, qu'il entende ce que l'Esprit dit aux Églises.

III.7 – « À l'Ange de l'Église de Philadelphie, écris : Ainsi parle le Saint, le Vrai, celui qui détient la clef de David : s'il ouvre, nul ne fermera, et s'il ferme, nul n'ouvrira.

III.8 – Je connais ta conduite : voici, j'ai ouvert devant toi une porte que nul ne peut fermer, et, disposant pourtant de peu de puissance, tu as gardé ma parole sans renier mon nom.

III.9 – Voici, je forcerai ceux de la synagogue de Satan – ils usurpent la qualité de Juifs, les menteurs –, oui, je les forcerai à venir se prosterner devant tes pieds, à reconnaître que je t'ai aimé.

III.10 – Puisque tu as gardé ma consigne de constance, à mon tour je te garderai de l'heure de l'épreuve qui va fondre sur le monde entier pour éprouver les habitants de la terre.

III.11 – Mon retour est proche : tiens ferme ce que tu as, pour que nul ne ravisse ta couronne.

III.12 – Le vainqueur, je le ferai colonne dans le temple de mon Dieu : il n'en sortira plus jamais et je graverai sur lui le nom de mon Dieu, et le nom de la Cité de mon Dieu, la nouvelle Jérusalem qui descend du Ciel, de chez mon Dieu, et le nom nouveau que je porte.

III.13 – Celui qui a des oreilles, qu'il entende ce que l'Esprit dit aux Églises.

III.14 – « À l'Ange de l'Église de Laodicée, écris : Ainsi parle l'Amen, le Témoin fidèle et vrai, le Principe de la création de Dieu.

III.15 – Je connais ta conduite : tu n'es ni froid ni chaud – que n'es-tu l'un ou l'autre ! –

III.16 – ainsi, puisque te voilà tiède, ni chaud ni froid, je vais te vomir de ma bouche.

III.17 – Tu t'imagines : me voilà riche, je me suis enrichi et je n'ai besoin de rien ; mais tu ne le vois donc pas : c'est toi qui es malheureux, pitoyable, pauvre, aveugle et nu !

III.18 – Aussi, suis donc mon conseil : achète chez moi de l'or purifié au feu pour t'enrichir ; des habits blancs pour t'en revêtir et cacher la honte de ta nudité ; un collyre enfin pour t'en oindre les yeux et recouvrer la vue.

III.19 – Ceux que j'aime, je les semonce et les corrige. Allons ! Un peu d'ardeur, et repens-toi !

III.20 – Voici, je me tiens à la porte et je frappe ; si quelqu'un entend ma voix et ouvre la porte, j'entrerai chez lui pour souper, moi près de lui et lui près de moi.

III.21 – Le vainqueur, je lui donnerai de siéger avec moi sur mon trône, comme moi-même, après ma victoire, j'ai siégé avec mon Père sur son trône.

III.22 – Celui qui a des oreilles, qu'il entende ce que l'Esprit dit aux Églises.

IV.1 – J'eus ensuite une vision. Voici, une porte était ouverte au ciel, et la voix que j'avais naguère entendue me parler comme une trompette me dit : Monte ici, que je te montre ce qui doit arriver par la suite.

IV.2 – À l'instant, je tombai en extase. Voici, un trône était dressé dans le ciel, et, siégeant sur le trône, Quelqu'un...

IV.3 – Celui qui siège est comme une vision de jaspe et de cornaline ; un arc-en-ciel autour du trône est comme une vision d'émeraude.

IV.4 – Vingt-quatre sièges entourent le trône, sur lesquels sont assis vingt-quatre Vieillards vêtus de blanc, avec des couronnes d'or sur leurs têtes.

IV.5 – Du trône partent des éclairs, des voix et des tonnerres, et sept lampes de feu brûlent devant lui, les sept Esprits de Dieu.

IV.6 – Devant le trône, on dirait une mer, transparente autant que du cristal. Au milieu du trône et autour de lui, se tiennent quatre Vivants, constellés d'yeux par-devant et par-derrière.

IV.7 – Le premier Vivant est comme un lion ; le deuxième Vivant est comme un jeune taureau ; le troisième Vivant a comme un visage d'homme ; le quatrième Vivant est comme un aigle en plein vol.

IV.8 – Les quatre Vivants, portant chacun six ailes, sont constellés d'yeux tout autour et en dedans. Ils ne cessent de répéter jour et nuit : « Saint, Saint, Saint, Seigneur, Dieu Maître-de-tout, "Il était, Il est et Il vient". »

IV.9 – Et chaque fois que les Vivants offrent gloire, honneur et action de grâces à Celui qui siège sur le trône et qui vit dans les siècles des siècles,

IV.10 – les vingt-quatre Vieillards se prosternent devant Celui qui siège sur le trône pour adorer Celui qui vit dans les siècles des siècles ; ils lancent leurs couronnes devant le trône en disant :

IV.11 – « Tu es digne, ô notre Seigneur et notre Dieu, de recevoir la gloire, l'honneur et la puissance, car c'est toi qui créas l'univers ; par ta volonté, il n'était pas et fut créé. »

V.1 – Et je vis dans la main droite de Celui qui siège sur le trône un livre roulé, écrit au recto et au verso, et scellé de sept sceaux.

V.2 – Et je vis un Ange puissant proclamant à pleine voix : « Qui est digne d'ouvrir le livre et d'en briser les sceaux ? »

V.3 – Mais nul n'était capable, ni dans le ciel, ni sur la terre, ni sous la terre, d'ouvrir le livre et de le lire.

V.4 – Et je pleurais fort de ce que nul ne s'était trouvé digne d'ouvrir le livre et de le lire.

V.5 – L'un des Vieillards me dit alors : « Ne pleure pas. Voici : il a remporté la victoire, le Lion de la tribu de Juda, le Rejeton de David ; il ouvrira donc le livre aux sept sceaux. »

V.6 – Alors je vis, debout entre le trône aux quatre Vivants et les Vieillards, un Agneau, comme égorgé, portant sept cornes et sept yeux, qui sont les sept Esprits de Dieu en mission par toute la terre.

V.7 – Il s'en vint prendre le livre dans la main droite de Celui qui siège sur le trône.

V.8 – Quand il l'eut pris, les quatre Vivants et les vingt-quatre Vieillards se prosternèrent devant l'Agneau, tenant chacun une harpe et des coupes d'or pleines de parfums, les prières des saints ;

V.9 – ils chantaient un cantique nouveau : « Tu es digne de prendre le livre et d'en ouvrir les sceaux, car tu fus égorgé et tu rachetas pour Dieu, au prix de ton sang, des hommes de toute race, langue, peuple et nation ;

V.10 – tu as fait d'eux pour notre Dieu une Royauté de Prêtres régnant sur la terre. »

V.11 – Et ma vision se poursuivit. J'entendis la voix d'une multitude d'Anges rassemblés autour du trône, des Vivants et des Vieillards – ils se comptaient par myriades de myriades et par milliers de milliers ! –

V.12 – et criant à pleine voix : « Digne est l'Agneau égorgé de recevoir la puissance, la richesse, la sagesse, la force, l'honneur, la gloire et la louange. »

V.13 – Et toute créature, dans le ciel, et sur la terre, et sous la terre, et sur la mer, l'univers entier, je l'entendis s'écrier : « À Celui qui siège sur le trône, ainsi qu'à l'Agneau, la louange, l'honneur, la gloire et la puissance dans les siècles des siècles ! »

V.14 – Et les quatre Vivants disaient : « Amen ! » ; et les Vieillards se prosternèrent pour adorer.

VI.1 – Et ma vision se poursuivit. Lorsque l'Agneau ouvrit le premier des sept sceaux, j'entendis le premier des quatre Vivants crier comme d'une voix de tonnerre : « Viens ! »

VI.2 – Et voici qu'apparut à mes yeux un cheval blanc ; celui qui le montait tenait un arc ; on lui donna une couronne et il partit en vainqueur, et pour vaincre encore.

VI.3 – Lorsqu'il ouvrit le deuxième sceau, j'entendis le deuxième Vivant crier : « Viens ! »

VI.4 – Alors surgit un autre cheval, rouge feu ; celui qui le montait, on lui donna de bannir la paix hors de la terre, et de faire que l'on s'entr'égorgeât ; on lui donna une grande épée.

VI.5 – Lorsqu'il ouvrit le troisième sceau, j'entendis le troisième Vivant crier : « Viens ! » Et voici qu'apparut à mes yeux un cheval noir ; celui qui le montait tenait à la main une balance,

VI.6 – et j'entendis comme une voix, du milieu des quatre Vivants, qui disait : « Un litre de blé pour un denier, trois litres d'orge pour un denier ! Quant à l'huile et au vin, ne les gâche pas ! »

VI.7 – Lorsqu'il ouvrit le quatrième sceau, j'entendis le cri du quatrième Vivant : « Viens ! »

VI.8 – Et voici qu'apparut à mes yeux un cheval verdâtre ; celui qui le montait, on le nomme : la Mort ; et l'Hadès le suivait. Alors, on leur donna pouvoir sur le quart de la terre, pour exterminer par l'épée, par la faim, par la peste, et par les fauves de la terre.

VI.9 – Lorsqu'il ouvrit le cinquième sceau, je vis sous l'autel les âmes de ceux qui furent égorgés pour la Parole de Dieu et le témoignage qu'ils avaient rendu.

VI.10 – Ils crièrent d'une voix puissante : « Jusques à quand, Maître saint et vrai, tarderas-tu à faire justice, à tirer vengeance de notre sang sur les habitants de la terre ? »

VI.11 – Alors on leur donna à chacun une robe blanche en leur disant de patienter encore un peu, le temps que fussent au complet leurs compagnons de service et leurs frères qui doivent être mis à mort comme eux.

VI.12 – Et ma vision se poursuivit. Lorsqu'il ouvrit le sixième sceau, alors il se fit un violent tremblement de terre, et le soleil devint noir comme une étoffe de crin, et la lune devint tout entière comme du sang,

VI.13 – et les astres du ciel s'abattirent sur la terre comme les figues avortées que projette un figuier tordu par la tempête,

VI.14 – et le ciel disparut comme un livre qu'on roule, et les monts et les îles s'arrachèrent de leur place ;

VI.15 – et les rois de la terre, et les hauts personnages, et les grands capitaines, et les gens enrichis, et les gens influents, et tous enfin, esclaves ou libres, ils allèrent se terrer dans les cavernes et parmi les rochers des montagnes,

VI.16 – disant aux montagnes et aux rochers : « Croulez sur nous et cachez-nous loin de Celui qui siège sur le trône et loin de la colère de l'Agneau. »

VI.17 – Car il est arrivé, le grand Jour de sa colère, et qui donc peut tenir ?

VII.1 – Après quoi je vis quatre Anges, debout aux quatre coins de la terre, retenant les quatre vents de la terre pour qu'il ne soufflât point de vent, ni sur la terre, ni sur la mer, ni sur aucun arbre.

VII.2 – Puis je vis un autre Ange monter de l'orient, portant le sceau du Dieu vivant ; il cria d'une voix puissante aux quatre Anges auxquels il fut donné de malmener la terre et la mer :

VII.3 – « Attendez, pour malmener la terre et la mer et les arbres, que nous ayons marqué au front les serviteurs de notre Dieu. »

VII.4 – Et j'ai appris combien furent alors marqués du sceau : cent quarante-quatre mille, de toutes les tribus des fils d'Israël.

VII.5 – De la tribu de Juda, douze mille furent marqués ; de la tribu de Ruben, douze mille ; de la tribu de Gad, douze mille ;

VII.6 – de la tribu d'Aser, douze mille ; de la tribu de Nephtali, douze mille ; de la tribu de Manassé, douze mille ;

VII.7 – de la tribu de Siméon, douze mille ; de la tribu de Lévi, douze mille ; de la tribu d'Issachar, douze mille ;

VII.8 – de la tribu de Zabulon, douze mille ; de la tribu de Joseph, douze mille ; de la tribu de Benjamin, douze mille furent marqués.

VII.9 – Après quoi, voici qu'apparut à mes yeux une foule immense, que nul ne pouvait dénombrer, de toute nation, race, peuple et langue ; debout devant le trône et devant l'Agneau, vêtus de robes blanches, des palmes à la main,

VII.10 – ils crient d'une voix puissante : « Le salut à notre Dieu, qui siège sur le trône, ainsi qu'à l'Agneau ! »

VII.11 – Et tous les Anges en cercle autour du trône, des Vieillards et des quatre Vivants, se prosternèrent devant le trône, la face contre terre, pour adorer Dieu ;

VII.12 – ils disaient : « Amen ! Louange, gloire, sagesse, action de grâces, honneur, puissance et force à notre Dieu pour les siècles des siècles ! Amen ! »

VII.13 – L'un des Vieillards prit alors la parole et me dit : « Ces gens vêtus de robes blanches, qui sont-ils et d'où viennent-ils ? »

VII.14 – Et moi de répondre : « Monseigneur, c'est toi qui le sais. » Il reprit : « Ce sont ceux qui viennent de la grande épreuve : ils ont lavé leurs robes et les ont blanchies dans le sang de l'Agneau.

VII.15 – C'est pourquoi ils sont devant le trône de Dieu, le servant jour et nuit dans son temple ; et Celui qui siège sur le trône étendra sur eux sa tente.

VII.16 – Jamais plus ils ne souffriront de la faim ni de la soif ; jamais plus ils ne seront accablés ni par le soleil, ni par aucun vent brûlant.

VII.17 – Car l'Agneau qui se tient au milieu du trône sera leur pasteur et les conduira aux sources des eaux de la vie. Et Dieu essuiera toute larme de leurs yeux.

VIII.1 – Et lorsque l'Agneau ouvrit le septième sceau, il se fit un silence dans le ciel, environ une demi-heure...

VIII.2 – Et je vis les sept Anges qui se tiennent devant Dieu ; on leur remit sept trompettes.

VIII.3 – Un autre Ange vint alors se placer près de l'autel, muni d'une pelle en or. On lui donna beaucoup de parfums pour qu'il les offrît, avec les prières de tous les saints, sur l'autel d'or placé devant le trône.

VIII.4 – Et, de la main de l'Ange, la fumée des parfums s'éleva devant Dieu, avec les prières des saints.

VIII.5 – Puis l'Ange saisit la pelle et l'emplit du feu de l'autel qu'il jeta sur la terre. Ce furent alors des tonnerres, des voix et des éclairs, et tout trembla.

VIII.6 – Les sept Anges aux sept trompettes s'apprêtèrent à sonner.

VIII.7 – Et le premier sonna... Il y eut alors de la grêle et du feu mêlés de sang qui furent jetés sur la terre : et le tiers de la terre fut consumé, et le tiers des arbres fut consumé, et toute herbe verte fut consumée.

VIII.8 – Et le deuxième Ange sonna... Alors une énorme masse embrasée, comme une montagne, fut projetée dans la mer, et le tiers de la mer devint du sang :

VIII.9 – il périt ainsi le tiers des créatures vivant dans la mer, et le tiers des navires fut détruit.

VIII.10 – Et le troisième Ange sonna... Alors tomba du ciel un grand astre, brûlant comme une torche. Il tomba sur le tiers des fleuves et sur les sources ;

VIII.11 – l'astre se nomme « Absinthe » : le tiers des eaux se changea en absinthe, et bien des gens moururent de ces eaux devenues amères.

VIII.12 – Et le quatrième Ange sonna... Alors furent frappés le tiers du soleil et le tiers de la lune et le tiers des étoiles : ils s'assombrirent d'un tiers, et le jour perdit le tiers de sa clarté, et la nuit de même.

VIII.13 – Et ma vision se poursuivit. J'entendis un aigle volant au zénith et criant d'une voix puissante : « Malheur, malheur, malheur aux habitants de la terre, à cause de la voix des dernières trompettes dont les trois Anges vont sonner.

IX.1 – Et le cinquième Ange sonna... Alors je vis un astre qui du ciel avait chu sur la terre. On lui remit la clef du puits de l'Abîme.

IX.2 – Il ouvrit le puits de l'Abîme et il en monta une fumée, comme celle d'une immense fournaise – le soleil et l'atmosphère en furent obscurcis –

IX.3 – et, de cette fumée, des sauterelles se répandirent sur la terre ; on leur donna un pouvoir pareil à celui des scorpions de la terre.

IX.4 – On leur dit d'épargner les prairies, toute verdure et tout arbre, et de s'en prendre seulement aux hommes qui ne porteraient pas sur le front le sceau de Dieu.

IX.5 – On leur donna, non de les tuer, mais de les tourmenter durant cinq mois. La douleur qu'elles provoquent ressemble à celle d'une piqûre de scorpion.

IX.6 – Et ces jours-là, les hommes rechercheront la mort sans la trouver, ils souhaiteront mourir et la mort les fuira !

IX.7 – Or ces sauterelles, à les voir, font penser à des chevaux équipés pour la guerre ; sur leur tête on dirait des couronnes d'or, et leur face rappelle des faces humaines ;

IX.8 – leurs cheveux, des chevelures de femmes, et leurs dents, des dents de lions ;

IX.9 – leur thorax, des cuirasses de fer, et le bruit de leurs ailes, le vacarme de chars aux multiples chevaux se ruant au combat ;

IX.10 – elles ont des queues pareilles à des scorpions, avec des dards ; et dans leurs queues se trouve leur pouvoir de torturer les hommes durant cinq mois.

IX.11 – À leur tête, comme roi, elles ont l'Ange de l'Abîme ; il s'appelle en hébreu : « Abaddôn », et en grec : « Apollyôn ».

IX.12 – Le premier « Malheur » a passé, voici encore deux « Malheurs » qui le suivent…

IX.13 – Et le sixième Ange sonna… Alors j'entendis une voix venant des quatre cornes de l'autel d'or placé devant Dieu ;

IX.14 – elle dit au sixième Ange portant trompette : « Relâche les quatre Anges enchaînés sur le grand fleuve Euphrate. »

IX.15 – Et l'on relâcha les quatre Anges qui se tenaient prêts pour l'heure et le jour et le mois et l'année, afin d'exterminer le tiers des hommes.

IX.16 – Leur armée comptait deux cents millions de cavaliers : on m'en précisa le nombre.

IX.17 – Tels m'apparurent en vision les chevaux et leurs cavaliers : ceux-ci portent des cuirasses de feu, d'hyacinthe et de soufre ; quant aux chevaux, leur tête est comme celle du lion, et leur bouche crache feu et fumée et soufre.

IX.18 – Alors le tiers des hommes fut exterminé par ces trois fléaux : le feu, la fumée et le soufre vomis de la bouche des chevaux.

IX.19 – Car la puissance des chevaux réside en leur bouche ; elle réside aussi dans leur queue : ces queues, en effet, ainsi que des serpents, sont munies de têtes dont elles se servent pour nuire.

IX.20 – Or les hommes échappés à l'hécatombe de ces fléaux ne renoncèrent même pas aux œuvres de leurs mains : ils ne cessèrent d'adorer les démons, ces idoles d'or, d'argent, de bronze, de pierre et de bois, incapables de voir, d'entendre ou de marcher.

IX.21 – Ils n'abandonnèrent ni leurs meurtres, ni leurs sorcelleries, ni leurs débauches, ni leurs rapines.

X.1 – Je vis ensuite un autre Ange puissant, descendre du ciel enveloppé d'une nuée, un arc-en-ciel au-dessus de la tête, le visage comme le soleil et les jambes comme des colonnes de feu.

X.2 – Il tenait en sa main un petit livre ouvert. Il posa le pied droit sur la mer, le gauche sur la terre,

X.3 – et il poussa une puissante clameur pareille au rugissement du lion. Après quoi, les sept tonnerres firent retentir leurs voix.

X.4 – Quand les sept tonnerres eurent parlé, j'allais écrire mais j'entendis du ciel une voix me dire : « Tiens secrètes les paroles des sept tonnerres et ne les écris pas. »

X.5 – Alors l'Ange que j'avais vu, debout sur la mer et la terre, leva la main droite au ciel

X.6 – et jura par Celui qui vit dans les siècles des siècles, qui créa le ciel et tout ce qu'il contient, la terre et tout ce qu'elle contient, la mer et tout ce qu'elle contient : « Plus de délai !

X.7 – Mais aux jours où l'on entendra le septième Ange, quand il sonnera de la trompette, alors sera consommé le mystère de Dieu, selon la bonne nouvelle qu'il en a donnée à ses serviteurs les prophètes. »

X.8 – Puis la voix du ciel, que j'avais entendue, me parla de nouveau : « Va prendre le petit livre ouvert dans la main de l'Ange debout sur la mer et sur la terre. »

X.9 – Je m'en fus alors prier l'Ange de me donner le petit livre ; et lui me dit : « Tiens, mange-le ; il te remplira les entrailles d'amertume, mais en ta bouche il aura la douceur du miel. »

X.10 – Je pris le petit livre de la main de l'Ange et l'avalai ; dans ma bouche, il avait la douceur du miel, mais quand je l'eus mangé, il remplit mes entrailles d'amertume.

X.11 – Alors on me dit : « Il te faut de nouveau prophétiser contre une foule de peuples, de nations, de langues et de rois. »

XI.1 – Puis on me donna un roseau, une sorte de baguette, en me disant : « Lève-toi pour mesurer le Temple de Dieu, l'autel et les adorateurs qui s'y trouvent ;

XI.2 – quant au parvis extérieur du Temple, laisse-le, ne le mesure pas, car on l'a donné aux païens : ils fouleront la Ville Sainte durant quarante-deux mois.

XI.3 – Mais je donnerai à mes deux témoins de prophétiser pendant mille deux cent soixante jours, revêtus de sacs. »

XI.4 – Ce sont les deux oliviers et les deux flambeaux qui se tiennent devant le Maître de la terre.

XI.5 – Si l'on s'avisait de les malmener, un feu jaillirait de leur bouche pour dévorer leurs ennemis ; oui, qui s'aviserait de les malmener, c'est ainsi qu'il lui faudrait périr.

XI.6 – Ils ont pouvoir de clore le ciel afin que nulle pluie ne tombe durant le temps de leur mission ; ils ont aussi pouvoir sur les eaux, de les changer en sang, et pouvoir de frapper la terre de mille fléaux, aussi souvent qu'ils le voudront.

XI.7 – Mais quand ils auront fini de rendre témoignage, la Bête qui surgit de l'Abîme viendra guerroyer contre eux, les vaincre et les tuer.

XI.8 – Et leurs cadavres, sur la place de la Grande Cité, Sodome ou Égypte comme on l'appelle symboliquement, là où leur Seigneur aussi fut crucifié,

XI.9 – leurs cadavres demeurent exposés aux regards des peuples, des races, des langues et des nations, durant trois jours et demi, sans qu'il soit permis de les mettre au tombeau.

XI.10 – Les habitants de la terre s'en réjouissent et s'en félicitent ; ils échangent des présents, car ces deux prophètes leur avaient causé bien des tourments.

XI.11 – Mais, passé les trois jours et demi, Dieu leur infusa un souffle de vie qui les remit sur pieds, au grand effroi de ceux qui les regardaient.

XI.12 – J'entendis alors une voix puissante leur crier du ciel : « Montez ici ! » Ils montèrent donc au ciel dans la nuée, aux yeux de leurs ennemis.

XI.13 – À cette heure-là, il se fit un violent tremblement de terre, et le dixième de la ville croula, et dans le cataclysme périrent sept mille personnes. Les survivants, saisis d'effroi, rendirent gloire au Dieu du ciel.

XI.14 – Le deuxième « Malheur » a passé, voici que le troisième accourt !

XI.15 – Et le septième Ange sonna... Alors, au ciel, des voix clamèrent : « La royauté du monde est acquise à notre Seigneur ainsi qu'à son Christ ; il régnera dans les siècles des siècles. »

XI.16 – Et les vingt-quatre Vieillards qui sont assis devant Dieu, sur leurs sièges, se prosternèrent pour adorer Dieu en disant :

XI.17 – « Nous te rendons grâce, Seigneur, Dieu Maître-de-tout, "Il est et Il était", parce que tu as pris en main ton immense puissance pour établir ton règne.

XI.18 – Les nations s'étaient mises en fureur ; mais voici ta fureur à toi, et le temps pour les morts d'être jugés ; le temps de récompenser tes serviteurs les prophètes, les saints, et ceux qui craignent ton nom, petits et grands, et de perdre ceux qui perdent la terre. »

XI.19 – Alors s'ouvrit le temple de Dieu, dans le ciel et son arche d'alliance apparut, dans le temple ; puis ce furent des éclairs et des voix et des tonnerres et un tremblement de terre, et la grêle tombait dru...

XII.1 – Un signe grandiose apparut au ciel : une Femme ! le soleil l'enveloppe, la lune est sous ses pieds et douze étoiles couronnent sa tête ;

XII.2 – elle est enceinte et crie dans les douleurs et le travail de l'enfantement.

XII.3 – Puis un second signe apparut au ciel : un énorme Dragon rouge feu, à sept têtes et dix cornes, chaque tête surmontée d'un diadème.

XII.4 – Sa queue balaie le tiers des étoiles du ciel et les précipite sur la terre. En arrêt devant la Femme en travail, le Dragon s'apprête à dévorer son enfant aussitôt né.

XII.5 – Or la Femme mit au monde un enfant mâle, celui qui doit mener toutes les nations avec un sceptre de fer ; et son enfant fut enlevé jusqu'auprès de Dieu et de son trône,

XII.6 – tandis que la Femme s'enfuyait au désert, où Dieu lui a ménagé un refuge pour qu'elle y soit nourrie mille deux cent soixante jours.

XII.7 – Alors, il y eut une bataille dans le ciel : Michel et ses Anges combattirent le Dragon. Et le Dragon riposta, avec ses Anges,

XII.8 – mais ils eurent le dessous et furent chassés du ciel.

XII.9 – On le jeta donc, l'énorme Dragon, l'antique Serpent, le Diable ou le Satan, comme on l'appelle, le séducteur du monde entier, on le jeta sur la terre et ses Anges furent jetés avec lui.

XII.10 – Et j'entendis une voix clamer dans le ciel : « Désormais, la victoire, la puissance et la royauté sont acquises à notre Dieu, et la domination à son Christ, puisqu'on a jeté bas l'accusateur de nos frères, celui qui les accusait jour et nuit devant notre Dieu.

XII.11 – Mais eux l'ont vaincu par le sang de l'Agneau et par la parole dont ils ont témoigné, car ils ont méprisé leur vie jusqu'à mourir.

XII.12 – Soyez donc dans la joie, vous, les cieux et leurs habitants. Malheur à vous, la terre et la mer, car le Diable est descendu chez vous, frémissant de colère et sachant que ses jours sont comptés. »

XII.13 – Se voyant rejeté sur la terre, le Dragon se lança à la poursuite de la Femme, la mère de l'Enfant mâle.

XII.14 – Mais elle reçut les deux ailes du grand aigle pour voler au désert jusqu'au refuge où, loin du Serpent, elle doit être nourrie un temps et des temps et la moitié d'un temps.

XII.15 – Le Serpent vomit alors de sa gueule comme un fleuve d'eau derrière la Femme pour l'entraîner dans ses flots.

XII.16 – Mais la terre vint au secours de la Femme : ouvrant la bouche, elle engloutit le fleuve vomi par la gueule du Dragon.

XII.17 – Alors, furieux contre la Femme, le Dragon s'en alla guerroyer contre le reste de ses enfants, ceux qui gardent les commandements de Dieu et possèdent le témoignage de Jésus.

XII.18 – Et je me tins sur la grève de la mer.

XIII.1 – Alors je vis surgir de la mer une Bête ayant sept têtes et dix cornes, sur ses cornes dix diadèmes, et sur ses têtes des titres blasphématoires.

XIII.2 – La Bête que je vis ressemblait à une panthère, avec les pattes comme celles d'un ours et la gueule comme une gueule de lion ; et le Dragon lui transmit sa puissance et son trône et un pouvoir immense.

XIII.3 – L'une de ses têtes paraissait blessée à mort, mais sa plaie mortelle fut guérie ; alors émerveillée, la terre entière suivit la Bête.

XIII.4 – On se prosterna devant le Dragon, parce qu'il avait remis le pouvoir à la Bête ; et l'on se prosterna devant la Bête en disant : « Qui égale la Bête, et qui peut lutter contre elle ? »

XIII.5 – On lui donna de proférer des paroles d'orgueil et de blasphème ; on lui donna pouvoir d'agir durant quarante-deux mois ;

XIII.6 – alors elle se mit à proférer des blasphèmes contre Dieu, à blasphémer son nom et sa demeure, ceux qui demeurent au ciel.

XIII.7 – On lui donna de mener campagne contre les saints et de les vaincre ; on lui donna pouvoir sur toute race, peuple, langue ou nation.

XIII.8 – Et ils l'adoreront, tous les habitants de la terre dont le nom ne se trouve pas écrit, dès l'origine du monde, dans le livre de vie de l'Agneau égorgé.

XIII.9 – Celui qui a des oreilles, qu'il entende !

XIII.10 – Les chaînes pour qui doit être enchaîné ; la mort par le glaive pour qui doit périr par le glaive ! Voilà qui fonde l'endurance et la confiance des saints.

XIII.11 – Je vis ensuite surgir de la terre une autre Bête ; elle avait deux cornes comme un agneau, mais parlait comme un dragon.

XIII.12 – Au service de la première Bête, elle en établit partout le pouvoir, amenant la terre et ses habitants à adorer cette première Bête dont la plaie mortelle fut guérie.

XIII.13 – Elle accomplit des prodiges étonnants : jusqu'à faire descendre, aux yeux de tous, le feu du ciel sur la terre ;

XIII.14 – et, par les prodiges qu'il lui a été donné d'accomplir au service de la Bête, elle fourvoie les habitants de la terre, leur disant de dresser une image en l'honneur de cette Bête qui, frappée du glaive, a repris vie.

XIII.15 – On lui donna même d'animer l'image de la Bête pour la faire parler, et de faire en sorte que fussent mis à mort tous ceux qui n'adoreraient pas l'image de la Bête.

XIII.16 – Par ses manœuvres, tous, petits et grands, riches ou pauvres, libres et esclaves, se feront marquer sur la main droite ou sur le front,

XIII.17 – et nul ne pourra rien acheter ni vendre s'il n'est marqué au nom de la Bête ou au chiffre de son nom.

XIII.18 – C'est ici qu'il faut de la finesse ! Que l'homme doué d'esprit calcule le chiffre de la Bête, c'est un chiffre d'homme : son chiffre, c'est 666.

XIV.1 – Puis voici que l'Agneau apparut à mes yeux ; il se tenait sur le mont Sion, avec cent quarante-quatre milliers de gens portant inscrits sur le front son nom et le nom de son Père.

XIV.2 – Et j'entendis un bruit venant du ciel, comme le mugissement des grandes eaux ou le grondement d'un orage violent, et ce bruit me faisait songer à des joueurs de harpe touchant de leurs instruments ;

XIV.3 – ils chantent un cantique nouveau devant le trône et devant les quatre Vivants et les Vieillards. Et nul ne pouvait apprendre le cantique, hormis les cent quarante-quatre milliers, les rachetés à la terre.

XIV.4 – Ceux-là, ils ne se sont pas souillés avec des femmes, ils sont vierges ; ceux-là suivent l'Agneau partout où il va ; ceux-là ont été rachetés d'entre les hommes comme prémices pour Dieu et pour l'Agneau.

XIV.5 – Jamais leur bouche ne connut le mensonge : ils sont immaculés.

XIV.6 – Puis je vis un autre Ange qui volait au zénith, ayant une bonne nouvelle éternelle à annoncer à ceux qui demeurent sur la terre, à toute nation, race, langue et peuple.

XIV.7 – Il criait d'une voix puissante : « Craignez Dieu et glorifiez-le, car voici l'heure de son Jugement ; adorez donc Celui qui a fait le ciel et la terre et la mer et les sources. »

XIV.8 – Un autre Ange, un deuxième, le suivit en criant : « Elle est tombée, elle est tombée, Babylone la Grande, elle qui a abreuvé toutes les nations du vin de la colère. »

XIV.9 – Un autre Ange, un troisième, les suivit, criant d'une voix puissante : « Quiconque adore la Bête et son image, et se fait marquer sur le front ou sur la main,

XIV.10 – lui aussi boira le vin de la fureur de Dieu, qui se trouve préparé, pur, dans la coupe de sa colère. Il subira le supplice du feu et du soufre, devant les saints Anges et devant l'Agneau.

XIV.11 – Et la fumée de leur supplice s'élève pour les siècles des siècles ; non, point de repos, ni le jour ni la nuit, pour ceux qui adorent la Bête et son image, pour qui reçoit la marque de son nom. »

XIV.12 – Voilà qui fonde la constance des saints, ceux qui gardent les commandements de Dieu et la foi en Jésus.

XIV.13 – Puis j'entendis une voix me dire, du ciel : « Écris :

Heureux les morts qui meurent dans le Seigneur ; dès maintenant – oui, dit l'Esprit – qu'ils se reposent de leurs fatigues, car leurs œuvres les accompagnent. »

XIV.14 – Et voici qu'apparut à mes yeux une nuée blanche et sur la nuée était assis comme un Fils d'homme, ayant sur la tête une couronne d'or et dans la main une faucille aiguisée.

XIV.15 – Puis un autre Ange sortit du temple et cria d'une voix puissante à celui qui était assis sur la nuée : « Jette ta faucille et moissonne, car c'est l'heure de moissonner, la moisson de la terre est mûre. »

XIV.16 – Alors celui qui était assis sur la nuée jeta sa faucille sur la terre, et la terre fut moissonnée.

XIV.17 – Puis un autre Ange sortit du temple, au ciel, tenant également une faucille aiguisée.

XIV.18 – Et un autre Ange sortit de l'autel – l'Ange préposé au feu – et cria d'une voix puissante à celui qui tenait la faucille : « Jette ta faucille aiguisée, vendange les grappes dans la vigne de la terre, car ses raisins sont mûrs. »

XIV.19 – L'Ange alors jeta sa faucille sur la terre, il en vendangea la vigne et versa le tout dans la cuve de la colère de Dieu, cuve immense !

XIV.20 – Puis on la foula hors de la ville, et il en coula du sang qui monta jusqu'au mors des chevaux et sur une étendue de mille six cents stades.

XV.1 – Puis je vis dans le ciel encore un signe, grand et merveilleux : sept Anges, portant sept fléaux, les derniers puisqu'ils doivent consommer la colère de Dieu.

XV.2 – Et je vis comme une mer de cristal mêlée de feu, et ceux qui ont triomphé de la Bête, de son image et du chiffre de son nom, debout près de cette mer de cristal. S'accompagnant sur les harpes de Dieu,

XV.3 – ils chantent le cantique de Moïse, le serviteur de Dieu, et le cantique de l'Agneau : « Grandes et merveilleuses sont tes œuvres, Seigneur, Dieu Maître-de-tout ; justes et droites sont tes voies, ô Roi des nations.

XV.4 – Qui ne craindrait, Seigneur, et ne glorifierait ton nom ? Car seul tu es saint ; et tous les païens viendront se prosterner devant toi, parce que tu as fait éclater tes vengeances. »

XV.5 – Après quoi, ma vision se poursuivit. Au ciel s'ouvrit le temple, la tente du Témoignage,

XV.6 – d'où sortirent les sept Anges aux sept fléaux, vêtus de robes de lin pur, éblouissantes, serrées à la taille par des ceintures en or.

XV.7 – Puis, l'un des quatre Vivants remit aux sept Anges sept coupes en or remplies de la colère du Dieu qui vit pour les siècles des siècles.

XV.8 – Et le temple se remplit d'une fumée produite par la gloire de Dieu et par sa puissance, en sorte que nul ne put y pénétrer jusqu'à la consommation des sept fléaux des sept Anges.

XVI.1 – Et j'entendis une voix qui, du temple, criait aux sept Anges : « Allez, répandez sur la terre les sept coupes de la colère de Dieu. »

XVI.2 – Et le premier s'en alla répandre sa coupe sur la terre ; alors, ce fut un ulcère mauvais et pernicieux sur les gens qui portaient la marque de la Bête et se prosternaient devant son image.

XVI.3 – Et le deuxième répandit sa coupe dans la mer ; alors, ce fut du sang – on aurait dit un meurtre ! – et tout être vivant mourut dans la mer.

XVI.4 – Et le troisième répandit sa coupe dans les fleuves et les sources ; alors, ce fut du sang.

XVI.5 – Et j'entendis l'Ange des eaux qui disait : « Tu es juste, "Il est et Il était", le Saint, d'avoir ainsi châtié ;

XVI.6 – c'est le sang des saints et des prophètes qu'ils ont versé, c'est donc du sang que tu leur as fait boire, ils le méritent ! »

XVI.7 – Et j'entendis l'autel dire : « Oui, Seigneur, Dieu Maître-de-tout, tes châtiments sont vrais et justes. »

XVI.8 – Et le quatrième répandit sa coupe sur le soleil ; alors, il lui fut donné de brûler les hommes par le feu,

XVI.9 – et les hommes furent brûlés par une chaleur torride.

Mais, loin de se repentir en rendant gloire à Dieu, ils blasphémèrent le nom du Dieu qui détenait en son pouvoir de tels fléaux.

XVI.10 – Et le cinquième répandit sa coupe sur le trône de la Bête ; alors, son royaume devint ténèbres, et l'on se mordait la langue de douleur.

XVI.11 – Mais, loin de se repentir de leurs agissements, les hommes blasphémèrent le Dieu du ciel sous le coup des douleurs et des plaies.

XVI.12 – Et le sixième répandit sa coupe sur le grand fleuve Euphrate ; alors, ses eaux tarirent, livrant passage aux rois de l'Orient.

XVI.13 – Puis, de la gueule du Dragon, et de la gueule de la Bête, et de la gueule du faux prophète, je vis surgir trois esprits impurs, comme des grenouilles –

XVI.14 – et de fait, ce sont des esprits démoniaques, des faiseurs de prodiges, qui s'en vont rassembler les rois du monde entier pour la guerre, pour le grand Jour du Dieu Maître-de-tout. –

XVI.15 – Voici que je viens comme un voleur : heureux celui qui veille et garde ses vêtements pour ne pas aller nu et laisser voir sa honte.

XVI.16 – Ils les rassemblèrent au lieu dit, en hébreu, Harmagedôn.

XVI.17 – Et le septième répandit sa coupe dans l'air ; alors, partant du temple, une voix clama : « C'en est fait ! »

XVI.18 – Et ce furent des éclairs et des voix et des tonnerres, avec un violent tremblement de terre ; non, depuis qu'il y a des hommes sur la terre, jamais on n'avait vu pareil tremblement de terre, aussi violent !

XVI.19 – La Grande Cité se scinda en trois parties, et les cités des nations croulèrent ; et Babylone la grande, Dieu s'en souvint pour lui donner la coupe où bouillonne le vin de sa colère.

XVI.20 – Alors, toute île prit la fuite, et les montagnes disparurent.

XVI.21 – Et des grêlons énormes – près de quatre-vingts livres ! – s'abattirent du ciel sur les hommes. Et les hommes blasphémèrent Dieu, à cause de cette grêle désastreuse ; oui, elle est bien cause d'un effrayant désastre.

XVII.1 – Alors l'un des sept Anges aux sept coupes s'en vint me dire : « Viens, que je te montre le jugement de la Prostituée fameuse, assise au bord des grandes eaux ;

XVII.2 – c'est avec elle qu'ont forniqué les rois de la terre, et les habitants de la terre se sont saoulés du vin de sa prostitution. »

XVII.3 – Il me transporta au désert, en esprit. Et je vis une femme, assise sur une Bête écarlate couverte de titres blasphématoires et portant sept têtes et dix cornes.

XVII.4 – La femme, vêtue de pourpre et d'écarlate, étincelait d'or, de pierres précieuses et de perles ; elle tenait à la main une coupe en or, remplie d'abominations et des souillures de sa prostitution.

XVII.5 – Sur son front, un nom était inscrit – un mystère ! – « Babylone la Grande, la mère des prostituées et des abominations de la terre. »

XVII.6 – Et, sous mes yeux, la femme se saoulait du sang des saints et du sang des martyrs de Jésus. À sa vue, je fus bien stupéfait ;

XVII.7 – mais l'Ange me dit : « Pourquoi t'étonner ? je vais te dire, moi, le mystère de la femme et de la Bête qui la porte, aux sept têtes et aux dix cornes.

XVII.8 – « Cette Bête-là, elle était et elle n'est plus ; elle va remonter de l'Abîme, mais pour s'en aller à sa perte ; et les habitants de la terre, dont le nom ne fut pas inscrit dès l'origine du monde dans le livre de vie, s'émerveilleront au spectacle de la Bête, de ce qu'elle était, n'est plus, et reparaîtra.

XVII.9 – C'est ici qu'il faut un esprit doué de finesse ! Les sept têtes, ce sont sept collines sur lesquelles la femme est assise. « Ce sont aussi sept rois,

XVII.10 – dont cinq ont passé, l'un vit, et le dernier n'est pas encore venu ; une fois là, il faut qu'il demeure un peu.

XVII.11 – Quant à la Bête qui était et n'est plus, elle-même fait le huitième, l'un des sept cependant ; il s'en va à sa perte.

XVII.12 – Et ces dix cornes-là, ce sont dix rois ; ils n'ont pas encore reçu de royauté, ils recevront un pouvoir royal, pour une heure seulement, avec la Bête.

XVII.13 – Ils sont tous d'accord pour remettre à la Bête leur puissance et leur pouvoir.

XVII.14 – Ils mèneront campagne contre l'Agneau, et l'Agneau les vaincra, car il est Seigneur des seigneurs et Roi des rois, avec les siens : les appelés, les choisis, les fidèles.

XVII.15 – « Et ces eaux-là, poursuivit l'Ange, où la Prostituée est assise, ce sont des peuples, des foules, des nations et des langues.

XVII.16 – Mais ces dix cornes-là et la Bête, ils vont prendre en haine la Prostituée, ils la dépouilleront de ses vêtements, toute nue, ils en mangeront la chair, ils la consumeront par le feu ;

XVII.17 – car Dieu leur a inspiré la résolution de réaliser son propre dessein, de se mettre d'accord pour remettre leur pouvoir royal à la Bête, jusqu'à l'accomplissement des paroles de Dieu.

XVII.18 – Et cette femme-là, c'est la Grande Cité, celle qui règne sur les rois de la terre. »

XVIII.1 – Après quoi, je vis descendre du ciel un autre Ange, ayant un grand pouvoir, et la terre fut illuminée de sa splendeur.

XVIII.2 – Il s'écria d'une voix puissante : « Elle est tombée, elle est tombée, Babylone la Grande ; elle s'est changée en demeure de démons, en repaire pour toutes sortes d'esprits impurs, en repaire pour toutes sortes d'oiseaux impurs et dégoûtants.

XVIII.3 – Car au vin de ses prostitutions se sont abreuvées toutes les nations, et les rois de la terre ont forniqué avec elle, et les trafiquants de la terre se sont enrichis de son luxe effréné. »

XVIII.4 – Puis j'entendis une autre voix qui disait, du ciel : « Sortez, ô mon peuple, quittez-la, de peur que, solidaires de ses fautes, vous n'ayez à pâtir de ses plaies !

XVIII.5 – Car ses péchés se sont amoncelés jusqu'au ciel, et Dieu s'est souvenu de ses iniquités.

XVIII.6 – Payez-la de sa propre monnaie ! Rendez-lui au double de ses forfaits ! Dans la coupe de ses mixtures, mélangez une double dose !

XVIII.7 – À la mesure de son faste et de son luxe, donnez-lui tourments et malheurs ! Je trône en reine, se dit-elle, et je ne suis pas veuve, et jamais je ne verrai le deuil...

XVIII.8 – Voilà pourquoi, en un seul jour, des plaies vont fondre sur elle : peste, deuil et famine ; elle sera consumée par le feu. Car il est puissant, le Seigneur Dieu qui l'a condamnée. »

XVIII.9 – Ils pleureront, ils se lamenteront sur elle, les rois de la terre, les compagnons de sa vie lascive et fastueuse, quand ils verront la fumée de ses flammes,

XVIII.10 – retenus à distance par peur de son supplice : « Hélas, hélas ! Immense cité, ô Babylone, cité puissante, car une heure a suffi pour que tu sois jugée ! »

XVIII.11 – Ils pleurent et se désolent sur elle, les trafiquants de la terre ; les cargaisons de leurs navires, nul désormais ne les achète !

XVIII.12 – Cargaisons d'or et d'argent, de pierres précieuses et de perles, de lin et de pourpre, de soie et d'écarlate ; et les bois de thuya, et les objets d'ivoire, et les objets de bois précieux, de bronze, de fer ou de marbre ;

XVIII.13 – le cinnamome, l'amome et les parfums, la myrrhe et l'encens, le vin et l'huile, la farine et le blé, les bestiaux et les moutons, les chevaux et les chars, les esclaves et la marchandise humaine...

XVIII.14 – Et les fruits mûrs, que convoitait ton âme, s'en sont allés, loin de toi ; et tout le luxe et la splendeur, c'est à jamais fini pour toi, sans retour !

XVIII.15 – Les trafiquants qu'elle enrichit de ce commerce se tiendront à distance, par peur de son supplice, pleurant et gémissant :

XVIII.16 – « Hélas, hélas ! Immense cité, vêtue de lin, de pourpre et d'écarlate, parée d'or, de pierres précieuses et de perles,

XVIII.17 – car une heure a suffi pour ruiner tout ce luxe ! » Capitaines et gens qui font le cabotage, matelots et tous ceux qui vivent de la mer, se tinrent à distance

XVIII.18 – et criaient, regardant la fumée de ses flammes : « Qui donc était semblable à l'immense cité ? »

XVIII.19 – Et jetant la poussière sur leur tête, ils s'écriaient, pleurant et gémissant : « Hélas, hélas ! Immense cité, dont la vie luxueuse enrichissait tous les patrons des navires de mer, car une heure a suffi pour consommer sa ruine ! »

XVIII.20 – Ô ciel, sois dans l'allégresse sur elle, et vous, saints, apôtres et prophètes, car Dieu, en la condamnant, a jugé votre cause.

XVIII.21 – Un Ange puissant prit alors une pierre, comme une grosse meule, et la jeta dans la mer en disant : « Ainsi, d'un coup, on jettera Babylone, la grande cité, on ne la verra jamais plus... »

XVIII.22 – Le chant des harpistes et des trouvères et des joueurs de flûte ou de trompette chez toi ne s'entendra jamais plus ; les artisans de tout métier chez toi ne se verront jamais plus ; et la voix de la meule chez toi ne s'entendra jamais plus ;

XVIII.23 – la lumière de la lampe chez toi ne brillera jamais plus ; la voix du jeune époux et de l'épousée chez toi ne s'entendra jamais plus. Car tes marchands étaient les princes de la terre, et tes sortilèges ont fourvoyé tous les peuples ;

XVIII.24 – et c'est en elle que l'on a vu le sang des prophètes et des saints, et de tous ceux qui furent égorgés sur la terre.

XIX.1 – Après quoi j'entendis comme un grand bruit de foule immense au ciel, qui clamait : « Alleluia ! Salut et gloire et puissance à notre Dieu,

XIX.2 – car ses jugements sont vrais et justes : il a jugé la Prostituée fameuse qui corrompait la terre par sa prostitution, et vengé sur elle le sang de ses serviteurs. »

XIX.3 – Puis ils reprirent : « Alleluia ! Oui, sa fumée s'élève pour les siècles des siècles ! »

XIX.4 – Alors, les vingt-quatre Vieillards et les quatre Vivants se prosternèrent pour adorer Dieu, qui siège sur le trône, en disant : « Amen, alléluia ! »

XIX.5 – Puis une voix partit du trône : « Louez notre Dieu, vous tous qui le servez, et vous qui le craignez, les petits et les grands. »

XIX.6 – Alors j'entendis comme le bruit d'une foule immense, comme le mugissement des grandes eaux, comme le grondement de violents tonnerres ; on clamait : « Alleluia ! Car il a pris possession de son règne, le Seigneur, le Dieu Maître-de-tout.

XIX.7 – Soyons dans l'allégresse et dans la joie, rendons gloire à Dieu, car voici les noces de l'Agneau, et son épouse s'est faite belle :

XIX.8 – on lui a donné de se vêtir de lin d'une blancheur éclatante » – le lin, c'est en effet les bonnes actions des saints.

XIX.9 – Puis il me dit : « Écris : Heureux les gens invités au festin de noce de l'Agneau. Ces paroles de Dieu, ajouta-t-il, sont vraies. »

XIX.10 – Alors je me prosternai à ses pieds pour l'adorer, mais lui me dit : « Non, attention, je suis un serviteur comme toi et comme tes frères qui possèdent le témoignage de Jésus. C'est Dieu que tu dois adorer. » Le témoignage de Jésus, c'est l'esprit de prophétie.

XIX.11 – Alors je vis le ciel ouvert, et voici un cheval blanc ; celui qui le monte s'appelle « Fidèle » et « Vrai », il juge et fait la guerre avec justice.

XIX.12 – Ses yeux ? une flamme ardente ; sur sa tête, plusieurs diadèmes ; inscrit sur lui, un nom qu'il est seul à connaître ;

XIX.13 – le manteau qui l'enveloppe est trempé de sang ; et son nom ? le Verbe de Dieu.

XIX.14 – Les armées du ciel le suivaient sur des chevaux blancs, vêtues de lin d'une blancheur parfaite.

XIX.15 – De sa bouche sort une épée acérée pour en frapper les païens ; c'est lui qui les mènera avec un sceptre de fer ; c'est lui qui foule dans la cuve le vin de l'ardente colère de Dieu, le Maître-de-tout.

XIX.16 – Un nom est inscrit sur son manteau et sur sa cuisse : Roi des rois et Seigneur des seigneurs.

XIX.17 – Puis je vis un Ange, debout sur le soleil, crier d'une voix puissante à tous les oiseaux qui volent au zénith : « Venez, ralliez le grand festin de Dieu !

XIX.18 – Vous y avalerez chairs de rois, et chairs de grands capitaines, et chairs de héros, et chairs de chevaux avec leur cavaliers, et chairs de toutes gens, libres et esclaves, petits et grands ! »

XIX.19 – Je vis alors la Bête, avec les rois de la terre et leurs armées rassemblés pour engager le combat contre le Cavalier et son armée.

XIX.20 – Mais la Bête fut capturée, avec le faux prophète – celui qui accomplit au service de la Bête des prodiges par lesquels il fourvoyait les gens ayant reçu la marque de la Bête et les adorateurs de son image –, on les jeta tous deux, vivants, dans l'étang de feu, de soufre embrasé.

XIX.21 – Tout le reste fut exterminé par l'épée du Cavalier, qui sort de sa bouche, et tous les oiseaux se repurent de leurs chairs.

XX.1 – Puis je vis un Ange descendre du ciel, ayant en main la clef de l'Abîme, ainsi qu'une énorme chaîne.

XX.2 – Il maîtrisa le Dragon, l'antique Serpent – c'est le Diable, Satan – et l'enchaîna pour mille années.

XX.3 – Il le jeta dans l'Abîme, tira sur lui les verrous, apposa des scellés, afin qu'il cessât de fourvoyer les nations jusqu'à l'achèvement des mille années. Après quoi, il doit être relâché pour un peu de temps.

XX.4 – Puis je vis des trônes sur lesquels ils s'assirent, et on leur remit le jugement ; et aussi les âmes de ceux qui furent décapités pour le témoignage de Jésus et la Parole de Dieu, et tous ceux qui refusèrent d'adorer la Bête et son image, de se faire marquer sur le front ou sur la main ; ils reprirent vie et régnèrent avec le Christ mille années.

XX.5 – Les autres morts ne purent reprendre vie avant l'achèvement des mille années. C'est la première résurrection.

XX.6 – Heureux et saint celui qui participe à la première résurrection ! La seconde mort n'a pas pouvoir sur eux, mais ils seront prêtres de Dieu et du Christ avec qui ils régneront mille années.

XX.7 – Les mille ans écoulés, Satan, relâché de sa prison,

XX.8 – s'en ira séduire les nations des quatre coins de la terre, Gog et Magog, et les rassembler pour la guerre, aussi nombreux que le sable de la mer ;

XX.9 – ils montèrent sur toute l'étendue du pays, puis ils investirent le camp des saints, la Cité bien-aimée. Mais un feu descendit du ciel et les dévora.

XX.10 – Alors, le diable, leur séducteur, fut jeté dans l'étang de feu et de soufre, y rejoignant la Bête et le faux prophète, et leur supplice durera jour et nuit, pour les siècles des siècles.

XX.11 – Puis je vis un trône blanc, très grand, et Celui qui siège dessus. Le ciel et la terre s'enfuirent de devant sa face sans laisser de traces.

XX.12 – Et je vis les morts, grands et petits, debout devant le trône ; on ouvrit des livres, puis un autre livre, celui de la vie ; alors, les morts furent jugés d'après le contenu des livres, chacun selon ses œuvres.

XX.13 – Et la mer rendit les morts qu'elle gardait, la Mort et l'Hadès rendirent les morts qu'ils gardaient, et chacun fut jugé selon ses œuvres.

XX.14 – Alors la Mort et l'Hadès furent jetés dans l'étang de feu – c'est la seconde mort cet étang de feu –

XX.15 – et celui qui ne se trouva pas inscrit dans le livre de vie, on le jeta dans l'étang de feu.

XXI.1 – Puis je vis un ciel nouveau, une terre nouvelle – car le premier ciel et la première terre ont disparu, et de mer, il n'y en a plus.

XXI.2 – Je vis la Cité sainte, Jérusalem nouvelle, qui descendait du ciel, de chez Dieu ; elle s'est faite belle, comme une jeune mariée parée pour son époux.

XXI.3 – J'entendis alors une voix clamer, du trône : « Voici la demeure de Dieu avec les hommes. Il aura sa demeure avec eux ; ils seront son peuple, et lui, Dieu-avec-eux, sera leur Dieu.

XXI.4 – Il essuiera toute larme de leurs yeux : de mort, il n'y en aura plus ; de pleur, de cri et de peine, il n'y en aura plus, car l'ancien monde s'en est allé. »

XXI.5 – Alors, Celui qui siège sur le trône déclara : « Voici, je fais l'univers nouveau. » Puis il ajouta : « Écris : Ces paroles sont certaines et vraies. »

XXI.6 – « C'en est fait, me dit-il encore, je suis l'Alpha et l'Oméga, le Principe et la Fin ; celui qui a soif, moi, je lui donnerai de la source de vie, gratuitement.

XXI.7 – Telle sera la part du vainqueur ; et je serai son Dieu, et lui sera mon fils.

XXI.8 – Mais les lâches, les renégats, les dépravés, les assassins, les impurs, les sorciers, les idolâtres, bref, tous les hommes de mensonge, leur lot se trouve dans l'étang brûlant de feu et de soufre : c'est la seconde mort. »

XXI.9 – Alors, l'un des sept Anges aux sept coupes remplies des sept derniers fléaux s'en vint me dire : « Viens, que je te montre la Fiancée, l'Épouse de l'Agneau. »

XXI.10 – Il me transporta donc en esprit sur une montagne de grande hauteur, et me montra la Cité sainte, Jérusalem, qui descendait du ciel, de chez Dieu,

XXI.11 – avec en elle la gloire de Dieu. Elle resplendit telle une pierre très précieuse, comme une pierre de jaspe cristallin.

XXI.12 – Elle est munie d'un rempart de grande hauteur pourvu de douze portes près desquelles il y a douze Anges et des noms inscrits, ceux des douze tribus des Israélites ;

XXI.13 – à l'orient, trois portes ; au nord, trois portes ; au midi, trois portes ; à l'occident, trois portes.

XXI.14 – Le rempart de la ville repose sur douze assises portant chacune le nom de l'un des douze Apôtres de l'Agneau.

XXI.15 – Celui qui me parlait tenait une mesure, un roseau d'or, pour mesurer la ville, ses portes et son rempart ;

XXI.16 – cette ville dessine un carré : sa longueur égale sa largeur. Il la mesura donc à l'aide du roseau, soit douze mille stades ; longueur, largeur et hauteur y sont égales.

XXI.17 – Puis il en mesura le rempart, soit cent quarante-quatre coudées. – L'Ange mesurait d'après une mesure humaine. –

XXI.18 – Ce rempart est construit en jaspe, et la ville est de l'or pur, comme du cristal bien pur.

XXI.19 – Les assises de son rempart sont rehaussées de pierreries de toute sorte : la première assise est de jaspe, la deuxième de saphir, la troisième de calcédoine, la quatrième d'émeraude,

XXI.20 – la cinquième de sardoine, la sixième de cornaline, la septième de chrysolite, la huitième de béryl, la neuvième de topaze, la dixième de chrysoprase, la onzième d'hyacinthe, la douzième d'améthyste.

XXI.21 – Et les douze portes sont douze perles, chaque porte formée d'une seule perle ; et la place de la ville est de l'or pur, transparent comme du cristal.

XXI.22 – Du temple, je n'en vis point en elle ; c'est que le

Seigneur, le Dieu Maître-de-tout, est son temple, ainsi que l'Agneau.

XXI.23 – La ville peut se passer de l'éclat du soleil et de celui de la lune, car la gloire de Dieu l'a illuminée, et l'Agneau lui tient lieu de flambeau.

XXI.24 – Les nations marcheront à sa lumière, et les rois de la terre viendront lui porter leurs trésors.

XXI.25 – Ses portes resteront ouvertes le jour – car il n'y aura pas de nuit –

XXI.26 – et l'on viendra lui porter les trésors et le faste des nations.

XXI.27 – Rien de souillé n'y pourra pénétrer, ni ceux qui commettent l'abomination et le mal, mais seulement ceux qui sont inscrits dans le livre de vie de l'Agneau.

XXII.1 – Puis l'Ange me montra le fleuve de Vie, limpide comme du cristal, qui jaillissait du trône de Dieu et de l'Agneau.

XXII.2 – Au milieu de la place de part et d'autre du fleuve, il y a des arbres de Vie qui fructifient douze fois, une fois chaque mois ; et leurs feuilles peuvent guérir les païens.

XXII.3 – De malédiction, il n'y en aura plus ; le trône de Dieu et de l'Agneau sera dressé dans la ville, et les serviteurs de Dieu l'adoreront ;

XXII.4 – ils verront sa face, et son nom sera sur leurs fronts.

XXII.5 – De nuit, il n'y en aura plus ; ils se passeront de lampe ou de soleil pour s'éclairer, car le Seigneur Dieu répandra sur eux sa lumière, et ils régneront pour les siècles des siècles.

XXII.6 – Puis il me dit : « Ces paroles sont certaines et vraies ; le Seigneur Dieu, qui inspire les prophètes, a envoyé son Ange pour montrer à ses serviteurs ce qui doit arriver bientôt.

XXII.7 – Voici que mon retour est proche ! Heureux celui qui garde les paroles prophétiques de ce livre. »

XXII.8 – C'est moi, Jean, qui voyais et entendais tout cela ; une fois les paroles et les visions achevées, je tombai aux pieds de l'Ange qui m'avait tout montré, pour l'adorer.

XXII.9 – Mais lui me dit : « Non, attention, je suis un serviteur comme toi et tes frères les prophètes et ceux qui gardent les paroles de ce livre ; c'est Dieu qu'il faut adorer. »

XXII.10 – Il me dit encore : « Ne tiens pas secrètes les paroles prophétiques de ce livre, car le Temps est proche.

XXII.11 – Que le pécheur pèche encore, et que l'homme souillé se souille encore ; que l'homme de bien vive encore dans le bien, et que le saint se sanctifie encore.

XXII.12 – Voici que mon retour est proche, et j'apporte avec moi le salaire que je vais payer à chacun, en proportion de son travail.

XXII.13 – Je suis l'Alpha et l'Oméga, le Premier et le Dernier, le Principe et la Fin.

XXII.14 – Heureux ceux qui lavent leurs robes ; ils pourront disposer de l'arbre de Vie, et pénétrer dans la Cité, par les portes.

XXII.15 – Dehors les chiens, les sorciers, les impurs, les assassins, les idolâtres et tous ceux qui se plaisent à faire le mal ! »

XXII.16 – Moi, Jésus, j'ai envoyé mon Ange publier chez vous ces révélations concernant les Églises. Je suis le rejeton de la race de David, l'Étoile radieuse du matin.

XXII.17 – L'Esprit et l'Épouse disent : « Viens ! » Que celui qui entend dise : « Viens ! » Et que l'homme assoiffé s'approche, que l'homme de désir reçoive l'eau de la vie, gratuitement.

XXII.18 – Je déclare, moi, à quiconque écoute les paroles prophétiques de ce livre : « Qui oserait y faire des surcharges, Dieu le chargera de tous les fléaux décrits dans ce livre !

XXII.19 – Et qui oserait retrancher aux paroles de ce livre prophétique, Dieu retranchera son lot de l'arbre de Vie et de la Cité sainte, décrits dans ce livre !

XXII.20 – Le garant de ces révélations l'affirme : « Oui, mon retour est proche ! » Amen, viens, Seigneur Jésus !

XXII.21 – Que la grâce du Seigneur Jésus soit avec tous ! Amen.

TABLE DES MATIÈRES

Prologue 9
Chapitre premier 17
Chapitre deuxième 27
Chapitre troisième 39
Chapitre quatrième 51
Chapitre cinquième 65
Chapitre sixième 79
Chapitre septième 87
Chapitre huitième 109
Chapitre neuvième 121
Chapitre dixième 133
Chapitre onzième 145
Chapitre douzième 157
Chapitre treizième 169
Chapitre quatorzième 183
Chapitre quinzième 205
Chapitre seizième 219
Chapitre dix-septième 227
Chapitre dix-huitième 247
Chapitre dix-neuvième 261
Chapitre vingtième 277
Chapitre vingt et unième 289
Chapitre vingt-deuxième 301
Chapitre vingt-troisième 313
Épilogue 327
Alphabet hébraïque 331
L'Apocalypse 333

Composition réalisée par New Age Productions

*Impression réalisée sur Cameron par
Brodard et Taupin,
La Flèche*

Imprimé en France
Dépôt légal : mars 1999
N° d'édition : 09930 – N° d'impression : 1958 V
Codifs : 49-1167-3
ISBN : 2-86391-914-8